徳永 晴美

［ロシア語校正］タチヤーナ・シプコーヴァ

はじめに

ある好事家いわく「外国語で一番大事なのは，**トイレどこー？** の尋ね方を覚えることだよ」と。それって，ロシア語では「グ チェー トゥアリェート = **Где туалет?**」ですけど。ウーン，一理ありそうですね…

たしかに，車の運転の仕方を教わろうとする人たちの大多数は，「ボンネットの下の構造はどうでも良いから，その説明は置いといて，はやく運転できるようになりたい」と思っているでしょう。外国語の運用能力と文法知識もそのような綱引きの対象になっている，と言えます。

つまり，外国語の文法を学ぶオベンキョウとしての「文法学」と，「実践コミュニケーション文法」との間には大きな差があります。前者が，いわば暗号解読・翻訳の手段であるのに対し，後者は意思の疎通を図るための道具と言えるでしょう。本書はその後者「アクティブ・コミュニケーション」のツールとして企画されました。

執筆に際しては，端正なロシア語を話すために不可欠な発音と文法の基礎知識を提示することを心がけました。つまり，実践で多用される発話や文を身につける過程で，それを支える文法の仕組みや枠組も整理されるようにつとめました。

王道無しとは言え，近道もどこかにあるはず。それをご一緒に探しに出かけましょう。ちなみに，17 世紀のフランスの哲学者ルネ・デカルトは《困難を分割せよ》と教えています。「取り組む難問の 1 つ 1 つを，できるだけ多くの，しかも問題をよりよく解くために必要なだけの小部分に分割すること」の有用性を説いたものです。どんなに難しいことでも，それらを分割して攻略すれば目標は達成できる― まさに，金言ではありませんか。

このいささか異色な『入門ロシア語の教科書』の本作りは，語研編集部の西山美穂さんの足かけ 7 年に及ぶ（この間お子さんが二人誕生）辛抱強いサポートに恵まれました。また，外国人向けロシア語教授法の専門家タチヤーナ・シプコーヴァ先生（こちらも長男誕生）には本書全編校閲を引き受けていただき，さらに「ロシア語通訳協会」の同僚の野口福美，森田令子，清水陽子のみなさんによる細部にわたるチェックも得ました。ここに心からの，熱き謝意を表明させて頂きます。おかげで著作にすべての心血を注ぐことができました。

2022 年なかば

徳永晴美

本書の７大特長

本書の特長は，ロシア語の発音を重視した点にあります。その上でコミュニケーションの実践文法の基本的特徴を学ぶのが本書の目的です。

1 まず**導入編**では，会話の土台である音，発音，イントネーションを正確に学ぶことを主眼にしました。同時に，挨拶，お礼，お詫び，名前を問うなどのパターン表現を詳しい文法解釈抜きで身につけていただきます。

音声学習には付属の無料音声の内容を繰り返し聴き返すことをお勧めします。インプットでの理解を優先しつつアウトプット（反復発声）にも時間をかけるようにするのが効果的な学習方法です。短時間で，飽きがこない程度に継続しましょう。

「インプット ⇔ アウトプット」の相乗効果を図って，かなり精密なフリガナ（ルビ）を振りました。ルビは導入編の ***11* 課**まで振られています。しかし，ルビをそのまま読んでも，再現効果はさほど期待できません。ルビは音源を聴いた後に確認するための手段。聞き取った音声がどのようなものであったかを理解するために用いるくらいがよいでしょう。「まず原音の聞き取り→次にルビで確認」という順で実際のロシア語の音やリズムに慣れるようにしたいものです。

2 続く**本編**では，おもに質疑応答（ダイアローグ）の積み重ねでロシア語の理解と記憶の効率化を目指します。

3 学習内容は，「易→難」+「既知→未知」への過程を，いわば尺取り虫が螺旋階段を上って行くかのような構成になっています。

4 ロシア語習得において重要な「完了体と不完了体動詞」についての知識とその運用能力の基礎が早めに身につくような教材配分を心がけました。

5 さらに，外国語としてロシア語を学ぶ者にとって難関で，長期的な取り組みが求められる「移動の動詞」にも長い学習スパンと比較的多くの紙幅を割きました。

6 次々と顔を出す重要ポイントについて学習者各人が積極的に本書と対話する可能性を残すために，色彩や線による装飾を極力控えめにしてみました。

7 **巻末付記**の文法表も本書の特長の一つです。従来型の文法表体をかみ砕いて並び替え，それが視覚にうったえて記憶に定着しやすいような仕組みを提示したつもりです。これは M. Н. Лебедева を中心とする気鋭のロシア語教授法専門家の表示法に準じたもので，最小限の文法辞典としても役に立つでしょう。

付属音声について（無料ダウンロード）

本書の付属音声は無料でダウンロードすることができます。
または，本文中の QR コードを読み取り再生することができます。

ダウンロードをする場合

下記の URL または右の QR コードより本書紹介ページの【無料音声ダウンロード】にアクセスしてご利用ください。

https://www.goken-net.co.jp/catalog/card.html?isbn=978-4-87615-397-8

音声番号は本文中の各見出しに表示してあります（❶）。
場合により音声収録箇所を音符記号（♪）で示しています。

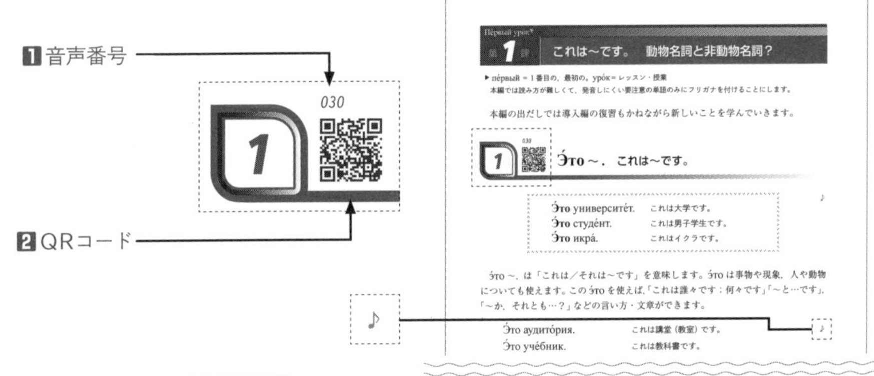

QR コードで再生する場合

本文中の各見出しに記載された QR コード（❷）を読み取ると，その項目内の音声を聴くことができます。

注意

- ダウンロードで提供する音声は ZIP 形式で圧縮されたファイルです。ダウンロード後に解凍（展開）してご利用ください。Wi-Fi 接続でのダウンロードを推奨します。
- ダウンロードされた音声ファイルは MP3 形式です。モバイル端末，パソコンともに，MP3 ファイルを再生可能なアプリ，ソフトを利用して聞くことができます。
- インターネット環境によってダウンロードできない場合や，ご使用の機器によって再生できない場合があります。
- 本書で提供される音声はすべて，一般家庭での私的使用の範囲内で使用する目的で頒布するものです。それ以外の目的で複製，改変，放送，送信などを行いたい場合には，著作権法の定めにより著作権者等に申し出て事前に許諾を受ける必要があります。

目次

導入編　ВВОДНАЯ ЧАСТЬ

本文中，導入編の参照を示す場合は 導 マークを記してあります。

本編　ОСНОВНАЯ ЧАСТЬ

【吹き込み】Allita Nagornaia（Аллита Нагорная）
Maxim Kovalyev（Максим Ковалёв）

導入編

ВВОДНАЯ ЧАСТЬ

Введéние: что такóе рýсский язы́к?

イントロダクション：ロシア語ってどんなことば？

1 ロシア語とは？

国連公用 6 言語の一つであるロシア語はインド・ヨーロッパ語族に属し，ウクライナ語およびベラルーシ語とともにスラヴ語派の東方群（東スラヴ諸語）を形成します。

文字の歴史をさかのぼると，9 世紀にギリシャ人の学僧キュリロス（キリル）とメトディオス兄弟が，スラヴ語のための文字を考案し，聖書の翻訳に従事したことが始まりとされています。このときに考案された文字は「グラゴル文字」と呼ばれます。

それが複雑な文字体系だったこともあって，後にギリシャ文字を基礎にした「キリル文字」が作られ，それが 10 世紀末にはキリスト教とともにロシアに伝わりました。

18 世紀初頭には国の近代化を目指したピョートル大帝が文字改革を断行。その結果，簡略化された文字から成る「大ロシア語」が普及しました。その後，1820 年代には国民詩人プーシキンが活躍し，彼の作品言語が広義のロシア標準語の規範になりました。

1918 年 10 月には，ロシア革命に伴う正書法改革によって，さらに簡略化されたアルファベットが制定されました。それに伴い現代ロシア標準語は 1930 年代後半に熟成して定まってきました。

こんにち，ロシア語は，ロシア国内で 1 億 4300 万人強にネイティブ言語として使われ，ヨーロッパでは最大の使用者数を誇り，全世界では総計 2 億 6000 万人に用いられています。

2 その特徴は

1. 一見するとロシア文字（キリル文字）は，ローマ字をひっくり返してぶちまけたような体裁ですね。しかし，**文字と音の対応**がかなり**密**なので，**ローマ字読みのようにそのまま発音しても**結構分かってもらえるほどです（もちろん，それなりの発音の基本ルールの習得は必須ですけれども）。
2. 音が文法の中で大きな比重を占める言語のひとつです。特に「**ア**，**イ**，**ウ**，**エ**，**オ**」による名詞や修飾語の文法的なグループ分けがロシア語の**屋台骨**と言えます。
3. ロシア語には英語の a や the のような冠詞はありません。

4 英語の「〜です」にあたる **be 動詞現在形はふつう用いられない**ので,「これはママ」(Это мама. [エータ マーマ]) という単純な構文で気楽に多くの表現が出来ます。

5 英語などと比較すると**時制も単純**で，大まかにいうと，過去・現在・未来形の3つのみです。たとえば進行形も現在形で表せるので,「彼はロシア語を話しています」と「彼はロシア語を話します」は同一表現で済ませます。

6 ロシア語では名詞が文の中で演じる役割に応じて形が変わります。日本語で助詞，いわゆる「てにをは」(ガ，ノ，ニ，ヲ等) が演じる役を，ロシア語では名詞の語末変化が担います。これを**格変化**といい，6つの格があります。たとえば主語の語形 (原形) を**主格**，直接目的を**対格**というように呼びます。この格変化の習得は徐々にジックリ進めなければなりません。

7 一方，格の機能が厳密かつロジカルなおかげで**語順の自由度が高い**と言えます。英語ではI love you. の語順は厳格ですが，ロシア語では「僕は好きだ君が；君が好きだ僕は；好きだ僕は君が；君が僕は好きだ」などの語順でも通じる仕組みになっています。

その他もろもろのことを学ぶにつれて，きっと“脳味噌の目”がカッと開いてくるような感触を味わうことになるでしょう。

3 ロシア語にみる歴史と文化

18世紀初頭の帝政ロシアではピョートル大帝が,「ヨーロッパへの窓」として洋風建築様式の運河都市サンクト・ペテルブルク (「北のベネチア」と呼ばれる) の建設を断行。これがロシアの近代化の強力な契機になります。西へ開け放った窓からは，諸外国語や文化をはじめ，あらゆるものが激流のように入り込んでくることになります。(18世紀末，江戸時代の日本からの漂流民たちもそれを目にして驚きの土産話を伝えています。)

その後，19世紀の初頭，ロシアはナポレオン配下のフランス軍に首都モスクワにまで攻め込まれます。が，ロシア軍が攻め返して1814年，ついにパリに入城します。

この遠征に出陣したロシアの貴族インテリ将校たちは，フランス・ヨーロッパの自由の空気を吸って帰ってきました。まもなく彼らの間では,「農奴制の廃止と立憲制の確立」を目指す愛国主義的な運動が芽生え，その秘密結社に加わった青年貴族将校たちは1825年の12月，ついにツァーリズム (帝政) 打倒を目指す反乱を起こします。これは悲劇的な結果に終わり，後にデカブリスト (12月党員) の乱と呼ばれます。

対ナポレオン戦争を描いた文豪トルストイの長編『戦争と平和』にも描かれている

ように，当時ロシアの上流階級の人々は社交の場ではフランス語でもやりとりをしていました。また，オランダ，ドイツ，イタリアなどの先進文明国からも広く情報・知識を取り入れたおかげでロシア語は，極めて多彩で国際性を帯びた言語になりました。

これについて，読者の皆さんは本書で幾度も実感することになるでしょう。たとえば看板にロシア語で **PECTOPAH** とあれば，その読みは？　いいえ，「ペクトパフ」ではありません。ローマ字に転写すると **RESTORAN** で，意味は「レストラン」。また，**METPO** と表示があれば **METRO** つまり「メトロ（地下鉄）」のことでして……まあ，後はどうぞお楽しみに！

また，ロシアといえば，文豪ツルゲーネフやドストエフスキー，トルストイ，チェーホフ，作曲家チャイコフスキーやボリショイバレエ，周期表の作成者（150 余年前）メンデレーエフ等々，日本人にもおなじみの人々や事象が多々あるものです。そういえば，二葉亭四迷によるロシア文学作品の翻訳文体が明治時代の言文一致運動に大きな影響を与えた，ということが忘却されて久しいですね。

第 2 次世界大戦では，ロシア主導のソ連軍がヒトラーのドイツの首都ベルリンを陥落させ，ヨーロッパをファシズムの暗雲から解放するのに重要な役割を果たしました。そして大戦後しばらくすると，ソ連・ロシアが牽引した宇宙開発ブームが炸裂。それに触発されて，1960 年代には，「バスに乗り遅れるな !!!」と色めき立つ米国を先頭に世界的な規模でのロシア語学習熱が高まります。こうした流れに沿って日本は，断続的かつ長期的にロシアという国の影響を受けてきた国でもあったと言えましょう。

1917 年のロシア革命を経てソビエト社会主義共和国連邦が成立し，地球の陸地の 6 分の 1 をも占めたものの，その国が 1991 年末には消滅。この間，ソビエト・ロシアは，わが国を含む西側諸国との対峙と共存を通して，常に世界のあり方に影を落とす一方の極として君臨してきました。

4 ロシアの現在と未来

距離的にロシアは日本と一番近い国。資源エネルギー開発および経済・技術・文化交流の発展の潜在的な可能性をひめる，いやでも「引っ越しの出来ない」隣国同士。しかも「ロシア連邦」は現在，国連創設国の一つだったソ連の法的継承国で，**安保理事会常任 5 カ国**のメンバーであり，旧ソ連諸国で構成する CIS（独立国家共同体）の中軸でもあり，BRICS（ブラジル，ロシア，インド，中国，南アフリカから成る新興 5 か国）の重鎮でもあります。さらに，ロシアは中国やインド，中央アジア諸国とともに SCO（上海協力機構）という地域協力組織の強化にも力を注いでおり，その結果として，経済・文化から安全保障の分野までをも包括する一大機構が形成されつつあります。

筆者は，会議同時通訳者，さらに新聞のモスクワ特派員として旧ソ連・新生ロシアと長く関わってきました。その体験から以下のことを確信しています。

いまだにソ連崩壊後の「地殻変動」を内外に抱える新生ロシアはこんにち，政・経・学術文化大国としてＶ字回復の途上にあり，近い将来，その豊富な天然資源の宝庫および先駆的な科学技術研究の蓄積をバックボーンに，日本とも緊密な相互補完関係にある国として大きく飛翔するでしょう。そして，どっこいそこに生きるお人好しでややお節介な，しかも温かくて大らかで忍耐強い人たちとお付き合いすると…もうやめられないと思います。

読める字もある！；音と文字；筆記体

▶ уро́к［ウるオーク］「レッスン／課」　▶ 1 = оди́н［アディーヌ］
урок 1は「1課」というわけです。以後 導11課 までの各課のナンバーを個数詞で表記します。

いきなりですが，少しだけ読んでみましょう。

кто	［クトー］	誰
там	［ターム］	あそこ／そちらに
как	［カーク］	どのように／いかに
ма́ма	［マーマ］	ママ（母）
мост	［ムォーストゥ］	橋
ке́та	［キェータ］	サケ（シロ鮭）
Кто там?▼	［クトー ターム］	あそこにいるのは誰ですか。
Там ма́ма.	［ターム マーマ］	あそこにいるのはママです。

▶ 文章の最初の単語は大文字で書き始めます。固有名詞の語頭もつねに大文字にします。
「文字」は бу́ква［ブ ウークヴァ］，「単語」は сло́во［スローヴァ］と言います。

— いかがですか？　うまく読めたでしょう。
ではさっそくロシア語の文字と音の学習にとりかかりましょう。

33の文字

アルファベットの文字（キリル文字）は全部で33。そのうち10が**母音文字**，21が**子音文字**，そして**記号文字**が2です。

大文字と小文字の違いは大きさだけです（例外は **А-а**，**Б-б**，**Е-е**，**Ё-ё** の4文字だけ）。

英語やフランス語などとは違って，だいたい書かれたとおりに読まれます。
基本はラテン文字（ローマ字）のように一つの音を一文字で表します。また，日本語の仮名文字（ヤ［**ja**］，ユ［**ju**］，ヨ［**jo**］）のように，「子音＋母音」の2音を1文字で表す文字（**е**［**je**］，**ё**［**jo**］，**ю**［**ju**］，**я**［**ja**］）もあります。そして，**音を表さない記号文字**（硬音記号 **ъ** と軟音記号 **ь**）が2つあります。

発音練習をすれば文字の大半は短時間で身につきます。あくまでも，**はじめに音あり**きです。

読める7文字

а　е　к　м　о　с　т

冒頭に挙げた単語や表現が準備なしで読めたように，**а，е，к，м，о，с，т**は，ラテン文字や英語でおなじみです（**е**の音はちょっと違いますが）。そして**с**はローマ字の［**s**］に対応します。確認しましょう―― ♪

кто	［クトー］	**мост**	［ムォーストゥ▼］
там	［ターム］	**ке́та**	［キェータ］
как	［カーク］	**Кто там?**	［クトー ターム］
ма́ма	［マーマ］	**Там ма́ма.**	［ターム マーマ］

▶便宜的に т を「トゥ」と表記しますが，この「ゥ」は発音されません（後述）。

おなじみのような？ 9文字

в　г　д　ё　н　п　р　у　х

ラテン文字と同形だけども音が違ったり，数学などでおなじみのギリシャ文字が使われたりしています。

まず見覚えがあるような文字の読み方や音になじみましょう。フリガナ（ルビ）はとりあえず「こんな感じに聞こえるはず」ということを示したものです。まずは参考程度に見てください。

Упражне́ние　練習問題 ♪

付録音声で読み方に耳を傾けてみましょう。それぞれ3回ずつ繰り返します。
発音を［ ］のなかに示しますが，その意味や音標方法については後述しますので，ヒアリングに集中してください。

- вот, вот, вот［ヴォートゥ］
- да, да, да［ダー］
- нет, нет, нет［ニェートゥ］
- спорт, спорт, спорт［スプォーるトゥ］
- хор, хор, хор［ふォーる］
- га́мма, га́мма, га́мма［ガームマ］
- её, её, её［イィヨー］
- па́па, па́па, па́па［パーパ］
- со́ус, со́ус, со́ус［スォーウス］

➡ 前ページの練習問題の単語を意味とともに次の表で確認しましょう。

в	ラテン文字と同じ形，でも音は **v** 。**вот** ［ヴォートゥ］「ほら，ここに」 💬上の前歯を下唇の内側に軽くあてて息を吹くように発音します。
г	ギリシャ語のガンマ，つまり **g** 。**га́мма** ［ガームマ］「ガンマ」
д	ギリシャ文字のデルタ。音は **d**。**да** ［ダー］「はい／イエス」
ё	**e** の変形，音は［**jo**］。**её** ［イィヨー］「彼女の；彼女を」 💬この音は常にアクセントを伴います。
н	音は **n**。**нет** ［ニェートゥ］「いいえ／ノー」
п	音は **p**。ギリシャ文字のパイ── 例の円周率の記号でおなじみ。 **π** ≒ 3.14159....。**па́па** ［パーパ］「パパ」 💬ロシア語では **п** の頭文字で始まる単語が最多です。
р	音は巻き舌の **r**。**спорт** ［スプォーるトゥ］「スポーツ」 💬本書では《**р**》のルビは「**らりるれろ**」で記します。
у	音は **u**。**со́ус** ［スォーウス］「ソース」
х	音は **kh**。**хор** ［ふォーる］「コーラス」

003

5 独特な 17 文字

б ж з и й л ф ц ч ш щ
ъ ы ь э ю я

残りの半分です。まず読み方・音を説明します。

б	英語の **b** の音です。**бар** ［バーる］「バー」
ж	**zh** 強い摩擦音です。舌先をスプーンのような形にして上アゴの方へ向けたままどこにも接触させず，宙に浮かせた状態で「ジ」と発音する（詳しいコツは **3** 課 **4** で詳述）。**жара́** ［ジァらー］「暑さ」

з	z にあたります。**зонт**［ズォーヌトゥ］「傘」
и	i にあたります。**вино́**［ヴィヌオー］「ワイン」
й	文字の名称は **и кра́ткое**［イ・クらートカャ］。短い「ィ」の意味です。 **музе́й**［ムウズィェーィ］「美術館」。母音の「イ」のような音ですが，実際は瞬間的な短い「ィ」の音（国際音声字母で記すと［**j**］）です。
л	ギリシャ語のラムダ，つまり **l** の音。**гол**［グオール］「ゴール」 本書では《**л**》のルビは「**ラリルレロ**」で記します。
ф	**f** の音。**ко́фе**［クォーフェ］「コーヒー」
ц	**ts** の音。日本語の「ツ」の音と同じ。**центр**［ツェーヌトる］「中心」
ч	**ch**「ち」の音（導**3**課**3**参照）。**чай**［ちャーィ］「お茶」
ш	**sh**　強い摩擦音で，既出の **ж** と同じ舌構えで出す無声音（清音）。 **ко́шка**［クォーシカ］「ねこ」
щ	**shsh** の音。「しー，静かに！」の「しー」を力強く言う感じ（導**4**課**2**で詳述）。**борщ**［ブォーるし］「ボルシチ（スープ）」
ъ	**硬音記号**。音を分離する記号。**субъе́кт**［スウブ・ィエークトゥ］「主体」
ы	「イ」の口構えで「ウ」と瞬時に発音する1母音。「ウ・イ」と発音しないこと（導**3**課**1**参照）。**му́зыка**［ムウーズゥィカ］「音楽」
ь	**軟音記号**。音を「軟らかく」する記号。つまりごく小さな「ィ」を表す（後述）。**Кремль**［クりェームり］「クレムリン（城塞）」
э	ラテン文字の **e**。「エンピツの“エ”」にあたる。 **э́ти**［エーチィ］「これらの（指示代名詞）」
ю	［**ju**］の音。**Ю́рий**［ユーりィ］「ユーリイ〔男性の名前〕」
я	［**ja**］の音。**я**［ィヤー］「僕／私」

Упражнéние　練習問題　♪

付録音声を聴きましょう。音をフリガナで示しますが，
とりあえずはヒアリングを優先しましょう。それぞれ 3 回ずつ繰り返します。

- **б**ар，бар，бар　［バーる］
- **ж**ара́，жара́，жара́　［ジァらー］
- **з**онт，зонт，зонт　［ズォーヌトゥ］
- в**и**но́，вино́，вино́　［ヴィヌオー］
- музе́**й**，музе́й，музе́й　［ムウズィェーィ］
- го**л**，гол，гол　［グォール］
- ко́**ф**е，ко́фе，ко́фе　［クォーフェ］
- **ц**ентр，центр，центр　［ツェーヌトる］
- **ч**ай，чай，чай　［ちゃーィ］
- ко́**ш**ка，ко́шка，ко́шка　［クォーシカ］
- бор**щ**，борщ，борщ　［ブォーるし］
- суб**ъ**е́кт，субъе́кт，субъе́кт　［スウブ・ィエークトゥ］
- му́з**ы**ка，му́зыка，му́зыка　［ムウーズゥィカ］
- Крем**ль**，Кремль，Кремль　［クりェームり］
- **э́**ти，э́ти，э́ти　［エーチィ］
- **Ю́**рий，Ю́рий，Ю́рий　［ユーりィ］
- **я**，я，я　［ィヤー］

以上で 33 文字です。

次のページには алфави́т の最初の а から最後の я までを順番に掲載しておきます。なお，ネットで検索すればロシア語のアルファベット **ру́сский алфави́т**（音入り）と筆記体の書き方の練習方法に関する情報が多数得られます。**russian alphabet** でも検索可能です。気が向いたときに検索してみましょう。

✱ロシア語の文字を書いてみよう！
筆記体を YouTube で教えています（2023 年 6 月時点）。
https://www.youtube.com/watch?v=dPlVG9uWjjA

✱Russian Alphabet — Slower　（ゆっくりと各文字と単語の読みが学べます）
https://www.youtube.com/watch?v=fhtL3SJNvWI

РУССКИЙ АЛФАВИТʼ　ロシア語のアルファベット

文字の名称と筆記体

▶ 大文字と小文字の違いは大きさだけ（例外は **А-а**，**Б-б**，**Е-е**，**Ё-ё** の 4 文字）。　ру́сский［るゥースキィイ］＝「ロシアの，ロシア語の」，алфави́т［アルファヴィート］＝「アルファベット」。алфа**ви́**т の **в** の発音は **v**。

А а	*Аа*	[а]	**Р р**	*Рр*	[эр]
Б б	*Бб*	[бэ]	**С с**	*Сс*	[эс]
В в	*Вв*	[вэ]	**Т т**	*Тт*	[тэ]
Г г	*Гг*	[гэ]	**У у**	*Уу*	[у]
Д д	*Дд*	[дэ]	**Ф ф**	*Фф*	[эф]
Е е	*Ее*	[е]	**Х х**	*Хх*	[ха]
Ё ё	*Ёё*	[ё]	**Ц ц**	*Цц*	[цэ]
Ж ж	*Жж*	[жэ]	**Ч ч**	*Чч*	[ча]
З з	*Зз*	[зэ]	**Ш ш**	*Шш*	[ша]
И и	*Ии*	[и]	**Щ щ**	*Щщ*	[ща]
Й й	*Йй*	[и краткое]	**Ъ ъ**	*ъ*	[твёрдый знак]
К к	*Кк*	[ка]	**Ы ы**	*ы*	[ы]
Л л	*Лл*	[эль]	**Ь ь**	*ь*	[мягкий знак]
М м	*Мм*	[эм]	**Э э**	*Ээ*	[э]
Н н	*Нн*	[эн]	**Ю ю**	*Юю*	[ю]
О о	*Оо*	[о]	**Я я**	*Яя*	[я]
П п	*Пп*	[пэ]			

画像出典：https://ja.wikipedia.org/

й［и кра́ткое／イ・クらートカヤ］
ъ［твёрдый знак／トヴョーるドゥィイ・ズナーク］
ь［мя́гкий знак／ミヤーヒキイ・ズナーク］

導 2 課 アクセントと母音の関係；フリガナ＝必要悪？

▶ **два** [ドゥヴァー]

アクセント（力点）

ロシア語の単語はアクセントを中心に発音されます。**アクセント**（ударе́ние [ウダりェーニィェ]；力点とも呼ぶ）**のある母音は強く，長く，はっきり**（その母音本来の音で）発音されます。一方，**アクセントがない母音は弱く，短く**発音されるので，その**音が変化したり，曖昧化したりします**。これは重要なポイントです。

ふつうのロシア語の印刷物ではアクセント記号は用いませんので，学習者はアクセントの位置を確認して覚えなければなりません。

本書では，1音節からなる単語には原則としてアクセント記号を付けず（суп），それ以外にはアクセント記号を付けることにします（со́ус）。

正しい発音へのアプローチとフリガナの活用法

そもそも文字を頼りに正確な音を出そうとするのは間違いです。音や発話内容を記録するために文字が出来たのですから，はじめに音ありきです。以下では細かい発音の説明をしますが，神経質にならずに，「これはロシア語の音に関する辞書なのだ」と受けとめてください。とはいえ，間違った発音のくせがつき，後で直そうとしても，かえって難しいくなるのも事実です。そうした点も考慮に入れ，本書では意図的に同じ音を何度も視点を変えて取り上げることにします。

本書による学習では，付属音声でのヒアリングを優先してください。フリガナ（ルビ）は，「**大体こう聞こえる**」ということを示したものであり，「**このように読んで発音せよ**」という模範を記したものではありません。**必要悪**としてのフリガナは，「音の近似値」でしかなくて，あくまでも**便宜的**なもの。とは言え，「ビヨウシツ・ビヨウシ」と「ビョウシツ・ビョウシ」は違うものを意味します（「美容室・美容師」と「病室・病死」）。また「ソシキ」と「ソーシキ」も違いますね。このように，フリガナは一定限度の機能を果たし得る，とも言えるでしょう。

なお，本書の本編では発音に要注意の単語だけにフリガナを付けることにします。

004

3 文字・音とそのフリガナの例示

フリガナを参考にするに際しては，似通った音の違いを区別するために**ひらがな**と**カタカナ**を使い分けている点に留意してください。さらに，フリガナの「全角」と「半角」をケースバイケースで一応使い分けています。

このページに付箋を付けておくと便利でしょう☺

ва ヴァ，ви ヴィ。

ди ディ，де́ ヂェー，дя́ ヂャー。

зи ズィ，зе́ ズィェー，зя́ ズィャー。

жи ジゥィ，жа́ ジァー，жу ジゥー，же́ ジェー，жё ＝ жо́ ジゥオー。

л ル，лу ルゥ，ли リィ，ль リ。(《л》の音には**カタカナ**でルビを振ります)

р る，ру るぅ，ри りぃ，рь り。(巻き舌の《р》には**ひらがな**でルビを振ります)

се́ スィェー，си スィ，ся́ スャー。

те́ チェー，（アクセントがない те はチィ，つまり ти と同じ発音。語末ではチィともチェとも発音され得ます)▼，ти チィ，то́ トー（トゥオー)▼，ть チ，тя́ チャー。

▶ те 導6課 3 のメモ②を参照。 ▶ то́ この課の 4 の 1 を参照。

ч ち▼，чи **ち**ぃ，чу **ち**ュ，че́ **ち**ェー，ча́ **ち**ャー。(**ч** には**ひらがな**を適用します)

▶《ч ち》については 導3課 3 および 導6課で詳解。

ф フ，фа ファ，фи フィ，фу フゥ，фе́ フィェー，фо́ フォー。

х ふ，ха ハ，хи ヒィ，ху ふぅ，хо́ ふォー，их イふ。(фу と区別するため一部で**ひらがな**を用います。特に х［kh］の音を強調する箇所では「**ふ**」を使います)

ш シ，ша́ シァー，ши シゥィ，шу シウ，ше́ シェー，шо́ シゥオー。(**ш** は「**シ**」で表記)

щ し，ща́ **し**ャー，щи **し**ィ，щу **し**ュ，ще́ **し**ェー。(**щ** には「**し**」をあてます)

ы ゥィ　一瞬に発音されるので音引き（ゥィー）はありえませんが，この音にアクセントがある場合は，“ゥィー” と記すこともあります。が，**あくまでも1音節**（**1母音**）で，二重母音「ウ・イ」ではありません▼。

▶ 発音のコツは 導3課 1 参照。

005

4 母音 а, о, е, я

では，アクセントと母音の関係で基本的なことからお話を進めましょう。

1 アクセントのある о は，はっきり о と発音されます。
その際，最初に唇が前に突き出され（すぼんで），小さな《ゥ》の音が先行して発せられるため，多くの場合は《**ゥオー**》のように発音されます。

例 **о**н［ゥオーヌ］彼，сп**о**рт［スプォーるトゥ］スポーツ ♪

本書のルビではアクセントのある **о**［ゥオー］を単に［オー］と表記することもあります。→ он［オーヌ］，спорт［スポーるトゥ］

2 アクセントのない о は，а として発音します。

例 **о**ни́ 彼ら， М**о**сква́ モスクワ， в**о**да́ 水 ♪
［アニー］ ［マスクヴァー］ ［ヴァダー］

они́ Москва́ вода́	о → а

母音 о，а は，その音にアクセントがないときは，
両方とも同じ音 → а になります。

3 アクセントよりも2つ手前の音節に о や а があるとき，それらは**曖昧で短い**［ə］≒［ァ］になります。

例 х**о**рошо́［khərʌshó／ハらシゥオー］良い／良く ♪
р**а**зговóр［rəzgʌvór／るズガヴォーる］会話

хорошо́ разговóр	о а → [ə]

国際音声記号の ə を用いました。
この **о** も **а** も発音は [ə] ということです。

4 アクセントのない е は и と発音されます。

例 т**е**л**е**фóн 電話 ♪
［チィリィフォーヌ］

しかし語末ではｅは小さな《ェ》または《ァ》と聞こえる音，つまり[ə]として曖昧に発音されます。両者はともに標準の枠内の発音です。細かいことはさておき，мо́ре を「モーれ」と発音しなければ合格ということです。

телефо́н	е → и
мо́ре	е → [ə]

例 мо́ре 海 ♪
[ムオーりェ]（または[ムオーりァ]）

5 アクセントのない я はほぼ и と発音します。
ただし語末では[ə]，つまり小さな[ャ]や[ァ]のように**曖昧で短く**聞こえます（話し方のテンポや明瞭度によって若干の差異があります）。

例 пятьсо́т 500 Росси́я ロシア ♪
[ピィッツゥオートゥ] [らスィーァ/ャ]

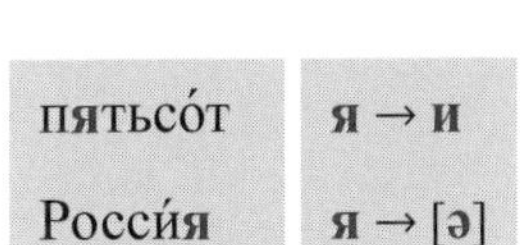
пятьсо́т	я → и
Росси́я	я → [ə]

例 Япо́ния 日本
[イプォーニィァ/ャ]
この**5**の項のルールの両方が備わっています。

ミニ会話 ♪

Отку́да вы прие́хали?▼ あなたはどちらからおいでですか。
アトクゥーダ ヴゥィ プりィエーハリィ

▶отку́да どこから　вы あなたは　прие́хали いらっしゃった；到着なさった

— **Из‿Япо́нии.▼** — 日本からです。

発音は[イズ・イプォーニィイ]と区切って言ってもかまいませんが，ネィティブは区切らずに[イズゥィプォーニィイ]とも言います。

▶из ～から　☞ из‿Япо́нии 日本から　文法は本編で後述。

以上が母音の発音の目安で，これで重要ポイントの大部分はカバーされています。母音と子音の細かいニュアンスについては次の導 3 課 以降で解説します。

導3課 軟母音と硬母音？；子音 з, с, н, х, ц, ч, ж/ш の音

▶ **три** [トゥりー]

006

1 母音 ё, и, у, ю, ы, э

ё この音［ィオー；ヨー］には必ずアクセントがあります（ですから ё の上にはアクセント記号は打ちません。また，ロシアの印刷物では ё は単に е と表記されることがしばしばあります）。

例 **Пётр**［ピョートゥる］ピョートル（男性の名前），**её**［イヨー］彼女を／彼女の ♪

и и の音は日本語の「イ」よりも唇をより横に開いて出します。

例 **Ни́на**［ニィーナ］ニーナ（女性の名前） ♪
Ива́н［イヴァーヌ］イワン（男性の名前）

у と ю **у** は日本語の「ウ」のような曖昧な音ではなく，**アクセントのない時でも唇を前に押し出してとがらせ，常にはっきり**発音します。つまり，日本語では「すき焼き」と言うときは「sukiyaki」から **u** の音がほぼ欠落して「skiyaki」になります。ましてや「スウキイヤキイ」のようには発音しませんね。

ここで大事なポイントは，ロシア語の発音では《**у**》（すなわち **u**）の音をはしょらないと言うことです。これが結構難点です。

例 **у́**тро［ウートゥら］朝，　**у**ро́к［ウるォーク］レッスン／課 ♪
туда́［トゥダー］あちらへ

同じく **ю**［ユ］も**アクセントがないところでも曖昧音になりません。**

例 **ю́**мор［ユーマる／**jú**mər］ユーモア，　**ю**ри́ст［ユりーストゥ／**ju**r'íst］法律家

ы 「イ」の口構えで「ウ」を発音するような母音です。

例 с**ы**н［スゥイヌ］息子，　т**ы**［トゥイ］君，　м**ы**［ムゥイ］私たち ♪
в**ы**［ヴゥイ］あなた，　Кр**ы**м［クるゥイム］クリミア半島

日本語にはないこの **ы** を出すには，利き手の親指を唇に対して水平に「への字」に折り曲げて，その「への字親指」を口中へ「くわえる程度」に入れて，それを軽く上下

の歯で噛んで「イ」の音を出してみましょう。[ｩｨ] の音が出るはず。このとき，笑顔のときのように唇を「横に引く」とよいでしょう。または，鉛筆か箸を両方の奥歯で加えて「イ」と言っても出ます。いずれにせよ，「イ」の音は一瞬出たときの音であり，**アクセント**があってもこの音は「イー」と長く伸ばして発音はしません。唇を尖らせない，一瞬の [ｩｨ] です。

ы の練習のひとつとして，《к》，《х》の音を伴わせ，《кы》，《хы》を，できるだけ力を入れて発音する方法があります。

特に，пы，хы，фы の音を練習するには，それらの前後に補助音として к を加えてみましょう。— 《кпык》→《пы》，《кмык》→《мы》，《кфык》→《фы》

Упражне́ние　練習問題　♪

付録音声を聴いて発音練習をしましょう。

ы：пы, пы, пы ； мы, мы, мы ； кы, кы, кы ； хы, хы, хы ；
фы, фы, фы ； был, был, был ； бы́ло, бы́ло, бы́ло ；
была́, была́, была́ ； бы́ли, бы́ли, бы́ли

э　日本語ではっきり発音するときの「エ」の音です。

例 экску́рсия [エクスクゥーるスィア] 観光・見学，　э́то [エータ] これ／それ　♪

007

2 「軟母音と硬母音」とは？

й　[и кра́ткое イ・クラートカャ] は，「短い《ｲ》」という意味です。これは **и** の**半母音**と呼ばれます。母音の「イ」のような音ですが，瞬間的な短い「ｨ」の音（国際音声字母で記すと「j」）なので，母音としての 1 音節には満たない音だからです。

これは **и** よりも舌の中央部を口蓋の中央部（口の中の天井部分）へ向けて盛り上げて短く発音する音です。わかりづらければ，日本語の「ヒ」を発音するときの舌の位置に近いところで短く，一瞬「ｨ」と言ってみてください。その音です。あるいは，「ドライアイス」「ドライアイ」を早口で言ってみてください。自然と [ドラィアィス] [ドラィアィ] のように「イ」が小さくて短い [ｨ] のような音になるでしょう。それが **й** の音です。

例 тайфу́н［タイフウーヌ］台風 ♪

Никола́й［ニカラーィ］ニコライ（男性の名前）

чай［ちャーィ］お茶，　музе́й［ムウズィェーィ］ミュージアム

（年号の「平成」は Хэйсэй と記します）

ロシア語では и および **й** の要素を伴う音，つまり**舌面の中央部の盛り上がりを伴う音**を「**軟らかい音**」つまり**軟音**と呼びます。一方，そうでない音を**硬音**と言います。

母音に関して言うと，たとえば **а**［**ア**］は**硬い音**，**я**［**ヤ**］はそれに**対応する軟らかい音**，とされます。［**ア**］と［**ヤ**］の音を出して比べてください。［**ア**］より［**ヤ**］のときのほうが舌面の中央が盛り上がった小さな［ィ］をともなっているのが感じられます。［ィ**ア**］と言っているわけです。この［ィ］**を伴うほうの母音を軟母音と呼びます**。

ロシア語文法では，これら**硬・軟の音の対応**に基づくルールが名詞や形容詞その他の品詞の語形変化（**硬変化・軟変化**と呼ぶ）に一貫して大きな影響を与えます。

硬・軟を示す母音文字は 5 対ある

硬母音字	**а，ы，у，э，о**	例 **са́**хар［サーハる］，**мы**［ムウィ］，**у́**тро［ウートゥら］，**э́**кспорт［エークスパるトゥ］，**о**н［オーヌ］
軟母音字	**я，и，ю，е，ё**	例 **пя́**тн**и**ца［ピャートニィツァ］，**и́**мпорт［イームパるトゥ］，**ю**г［ィユーク］，Л**е́**на［リエーナ］，П**ё**тр［ピョートゥる］

※表の中の単語の意味については次ページの練習問題内を参照。

このうち **я**，**ю**，**е**，**ё** は，それぞれ **1 文字**ですが，実際は **2 つの音**を意味します。つまり **я = й + а**；**ю = й + у**；**е = й + э**；**ё = й + о** を表します。

これらの対応する母音を**硬母音**／**軟母音**として区別します。文法や綴り字の仕組みの理解で迷ったときはこの硬・軟の音と文字の説明に立ち戻ってください。

Упражнéние　練習問題　♪

付録音声を聴きながら，後について繰り返してみましょう。

- сáхар, сáхар, сáхар (砂糖)；мы, мы, мы (われわれ)；ýтро, ýтро, ýтро (朝)；э́кспорт, э́кспорт, э́кспорт (輸出)；он, он, он (彼)
- пя́тница, пя́тница, пя́тница (金曜日)；и́мпорт, и́мпорт, и́мпорт (輸入)；юг, юг, юг (南／南方)；Лéна▼, Лéна, Лéна (レーナ)；Пётр, Пётр, Пётр (ピョートル)

▶ Лéна［リェーナ］(レーナ) は Елéна という女性の名前の愛称，Пётр［ピョーtる］(ピョートル) は男性の名前 (ファーストネーム) です (導 11 課 および 巻末付記 参照)。

008

3 子音 з，с，н，р，х，ц，ч の発音

з と с　これは対応する有声・無声子音 (濁音と清音) です。з は［dz］にならないように注意 (з と с については 導 5 課 2 で詳述)。

例 **зó**нт［ズォーヌトゥ］雨傘，　га**зé**та［ガズィェータ］新聞　♪
спа**сú**бо［スパスィーバ］ありがとうございます

н　ラテン文字の n にあたる音。**н**ам［ナーム］(私たちへ)，зд**á**н**и**е［ズダーニィェ］(建物)。н が語末に来たときには特に注意。舌の先端を下歯の方に向かって下げるようにします。日本語の鼻音「ン」よりも「ヌ」の音になります。

例 вагó**н**［ヴァグォーヌ］ワゴン，　сы**н**［スゥィヌ］息子　♪

р　**いわゆるベランメエの巻き舌**です。この音が出ない人もいますが，舌の先を上前歯の付け根より 1 センチほど後ろに (熱いミルクなどを飲んだときに軽いやけどで皮膚がふやける部分に) 軽くあて，強く息を通すと得られます。イメージとしては，スプーンの形にした舌が鞭のようにふるえる感じです。後述する **л** (導 6 課 1 参照) とはっきり区別できるようにしなければなりません。

例 па**р**к［パーるク］公園，　спо**р**т［スプォーるトゥ］スポーツ　♪
ресто**рá**н［りスタらーヌ］レストラン

☞ **巻き舌の р** の音が苦手な人は，п，б，т，д などの音を補助音として組み合わせで練習すると効果的です。
— про，пра；бро，бра；тро，тра；дро，дра；тру，дру

Упражнéние 練習問題 ♪

付録音声を聴いて繰り返してみましょう。

- пру, пру, пру ； пра, пра, пра ； тру, тру, тру
- тра, тра, тра ； дру, дру, дру ； дра, дра, дра
- три, три, три ； тре, тре, тре ； трю, трю, трю

х のどの奥から出す強い音です。**хор**［ふぉーる／ホーる］(コーラス), **сáхар**［サーハる］(砂糖)。日本語の「**ふ**」とは違います。本書では“**ふ**”とルビを便宜上振ることがありますが，実際には，唇を横に引いて強く息を吐く《**ク**》の音に近い“**ふ**”なので，練習では力強く《**k**》を発音する要領で《**kh－ふ**》と言ってみましょう（息に《ゥ》の音が加わらないようにします)。

ц 日本語の「ツ」の始めの音。**t＋c** の音。**舌の先端そのものは**下歯に向けてさげられ，舌の前部分（舌の先端より後方の部分）は歯に接して空気の流れに障害を作る音です。ここで「ッ」と発音することが奨励されます。(同じ要領で上の歯に舌の先端を付けても出る音です）早い話，日本語の「ッ」を出して良いと考えてください。

例 **центр**［ツェーヌトゥる］中心／都心／センター， **отцы́**［アッツゥィ］父親たち ♪

ч 舌の先端を上の歯の付け根当たり（歯ぐき）に付けて離す時に息を出して「ち」と言う。英語の ch。発音の要領は，唇を少し丸くすぼめて出すようにすることです。

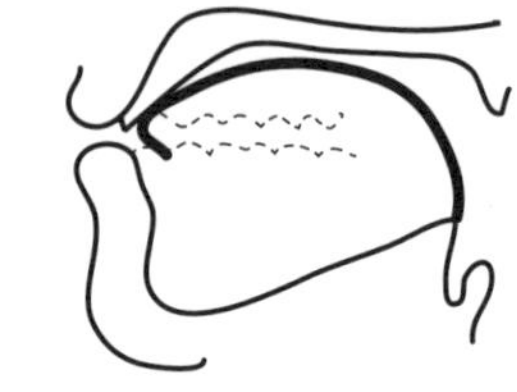

例 **чай**［ちャーィ］お茶， **очки́**［アちキー］メガネ
врач［ヴらーち］医師 ♪

日本語にはない音なので，**и́чи**，**ичи́** の組み合わせで練習すると良いでしょう。

アクセントのない **ча** の **а** は **и** と発音されます ча → чи。

〔比較〕 чай［**ち**ャィ／tʃáj］お茶 ⇄ часы́［**ち**ィスゥィー／tʃisí］時計 ♪

ですから，作曲家チャイコフスキーは，綴りでは Чайкóвский ですが，ча の a にはアクセントはありませんので，本場の！正式の！発音は［ちィコーフスキイ／tʃijkófsk'ij］です。

ただし，アクセントのない**語末**のчаのaは[ə]と発音されます。
→ чавы́ча [ちィヴゥィーちァ／tʃivích'ə] キングサーモン ♪

ш と ж の音を出すには

ш　ш を出すには，**舌の先端**を上に向けて浮かし，どこにも密着させずに，息を強く出します[シ]。舌の中央部は凹んでいます。正しく出ていれば「シー」と連続して長く出せます。長く連続しないなら，舌先が上顎に接触してしまっています。

右図の**濃い線**で示したのが[**ш**]の発音のときの舌の形です。舌の中央部が凹んでいますね。

そのままの構えで対応の**有声音**（濁音・導**5**課**2**参照）[**ж**][ジ]が出ます。

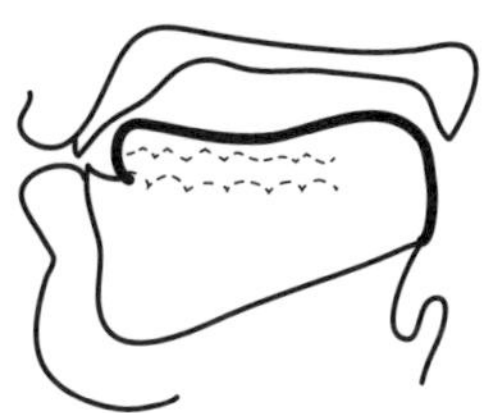

この[**ш**][**ж**]を出すコツは，上アゴのほうに向けた舌先をどこにも接触させずに舌全体を**ティースプーン**のような形にすること。唇は日本語の「オ」の発音のときのように丸くなりますが，とがってはなりません。唇を丸め，こころもち前に突き出す感じで発音しましょう。

ш と ж の発音練習方法；щ の音；「お名前は？」

▶ **четы́ре** [ちィトゥィーりィ]

009

ш と ж の発音練習方法

ш [シ] の音にそっくりそのまま対応する**有声子音（濁音）**が **ж** [ジ] です。はじめは単独で出すのは困難ですから，**ш** は **кшу**，**кшо**，**у́шу**，**о́шо́** の組み合わせで練習するとよいでしょう。**ж** は **гжо**，**гжу**，**о́жо́**，**у́жу́** でコツをつかんでください。

いずれも以下の練習問題の音声を参考に，ヒアリングを重ねて発音してみるようにすると身につきやすいでしょう。

Упражне́ние 練習問題 ♪

付録音声を聴いて発音練習をしましょう。

ш：кшу, кшу, кшу；кшо, кшо, кшо；у́шу́, у́шу́, у́шу́；о́шо́, о́шо́, о́шо́

ж：гжо, гжо, гжо；гжу, гжу, гжу；о́жо́, о́жо́, о́жо；у́жу́, у́жу́, у́жу́

щ の音

щ 「しー，静かに！」の「しー」を力強く大げさに出した音に似ています。

前出の **ш** とは対照的に，この **щ** の音を出すときは，舌の中央部分は盛り上がっています。この音もやはり唇を丸め，少しだけ前に突き出す感じで発音します。

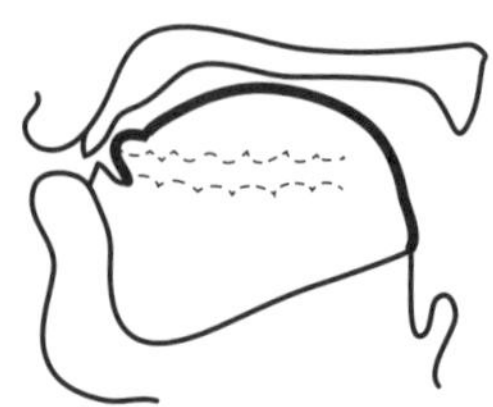

010

3 ш/ж と щ の舌の位置の比較

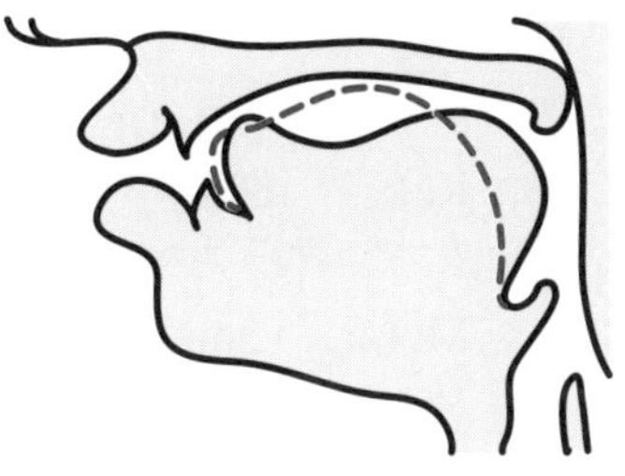

① 右図の**実線**で示したのが [**ш**] の発音のときの舌の形。舌の中央部は凹んで，舌先はどこにも接触しません。そのままの構えで対応の有声音 [**ж**] が出ます。

② 一方，**点線**で記したのは [**щ**] の音の舌構え。舌の中央部は盛り上がり，やはり舌先はどこにも触れていません。

ワンポイント

ши́ や жи́ の綴りの組み合わせがある場合，実際は **шы́** [シゥィ]，**жы́** [ジゥィ] と発音されます。けれども，綴り字の法則上（後述），**ш**，**ж** の後に **ы** を書いてはならないというルールがあるので，**и** が書かれます。

同じルールに従い，ше́，же́ と綴られていても実際の発音は [шэ́ シェ]，[жэ́ ジェ] です（[シィエ]，[ジィエ] ではない）。

練習問題の音声で確認しましょう。

Упражне́ние　練習問題　♪

付録音声を聴きながら，あらためて ш/ж/щ の発音の比較練習をしましょう。

ш : кшу, кшу, кшу ; кшо, кшо, кшо ; кши, кши, кши ; кше, кше, кше ;
у́шу́, у́шу́, у́шу́ ; о́шо́, о́шо́, о́шо́ ; о́ши́, о́ши́, о́ши́ ; о́ше́, о́ше́, о́ше́

ж : гжу, гжу, гжу ; гжо, гжо, гжо ; гжи, гжи, гжи ; гже, гже, гже ;
о́жо́, о́жо́, о́жо́ ; у́жу́, у́жу́, у́жу́ ; о́жи́, о́жи́, о́жи́ ; о́ше́, о́ше́, о́ше́

щ : и́щи, и́щи, и́щи ; ищи́, ищи́, ищи́ ; щи, щи, щи ;
ю́щу́, ю́щу́, ю́щу́ ; щу́ща́, щу́ща́, щу́ща́ ; борщ, борщ, борщ

011

4 日常会話（その1）—「お名前は？」

1. お名前は？

♪

А: Как тебя́ зову́т▼? 君の名は？
カーク チィビャー ザヴートゥ
▶ やむを得ず т は［トゥ］と表記。

Б: Меня́ зову́т Ната́ша. 私（の名）はナターシャです。
ミニャー ザヴゥートゥ ナターシァ

Как вас зову́т? あなたのお名前は？
カーク ヴァズ‿ザヴゥートゥ

А: Меня́ зову́т Андре́й. 僕（の名）はアンドレイです。
ミニャー ザヴゥートゥ アヌドりェーィ

これでようやく「**君**の名は？」Как **тебя́** зову́т?［カーク チィビャー ザヴゥートゥ］と尋ねる準備がととのいました（как「なんと，いかに」，**тебя́**「**君を**」，зову́т「（人々は）呼ぶ」）。→直訳すると「人々は君をなんと呼んでいますか」ですが，それが慣用化して「君の名は？」の意味になります。

答える側はたとえば「**僕**の名はタケシです」**Меня́** зову́т Такэси.［ミニャー ザヴゥートゥ タケシ］と言います（**меня́**「**僕を，私を**」；**вас**「**あなたを**」）。

丁寧な，あらたまった尋ね方「**あなた**のお名前は？」なら Как **вас** зову́т?［カーク ヴァス ザヴゥートゥ］です。早口で，自然な流れで言うと［カーク ヴァズ‿ザヴゥートゥ］のように，**вас** の［**с**］の音が後に続く［**з**］と一緒になって［**з**］になります（**次課の 2 の 3.** 参照）。

答えるときは Меня́ зову́т ～． 通常，「～」の部分でファーストネームを言います。

例 Меня́ зову́т Юмико. 私の名はユミコです。 ♪

名前を言うときの人称形はこうなります—

Меня́（**тебя́，его́▼，её，вас，нас，их**）**зову́т…**
▶ его́ の г の音は в →［イヴォー］。

私（君，彼，彼女，あなた・あなた方，私たち，彼ら）の名前は…

2. 自分の名で答えてみましょう

（導11課の参考 2-1 の 50音転写法を参考に）

Как вас зову́т?
— **Меня́ зову́т** 《________________》.

3. 姓と名の尋ね方・つたえ方

Как **ва́ше** **и́мя**▼? 　　あなたの**お名前**は？ ♪
カーク　ヴァーシェ　イーミャ

— **Моё** **и́мя** Таро. 　　— **私の名前**は太郎です。
マィオー　イーミャ　タロー

▶ и́мя［イーミャ］は「名前・ファーストネーム」の意味です。

Как **ва́ша** **фами́лия**▼? 　　あなたの**苗字**（姓）は？
カーク　ヴァーシァ　ファミーリィャ

— **Моя́** **фами́лия** Судзуки. 　　— **私の苗字**は鈴木です。
マィアー　ファミーリィャ　スズキ

▶ фами́лия［ファミーリィャ］は「苗字／姓／ファミリネーム」。

ва́ше, ва́ша は「あなたの」, моё, моя́ は「私の」の意味です（後述）。

姓名を一緒に伝えるときは，**Моё и́мя** Таро, **а фами́лия** Судзуки.「私の名は太郎で，姓は田中です。」と言います。

4. 自分の姓名を言ってみましょう

「私の名は《_____》で，姓は《_____》です」と自分の姓名を言ってみて，メモしておきましょう（導11課の参考 2-1 を参照）。

Моё и́мя 《______________》, **а фами́лия** 《______________》.

導 5 課　軟子音と硬子音とは？；子音の無声化／有声化とは？

▶ пять［ピャーチ］

012

「軟子音と硬子音」とは？

母音と同じように，子音にも**硬・軟**の区別があります。たとえば**пя**［**ピャ**］と言うときの**п**の音は，後ろに「小さな［ィ］の音を伴う」と言えます。この小さな［ィ］を伴う音を「**軟らかい音**」と呼び，そのような子音［ピ］を**軟子音**とします。

これに対して，**па**［**パ**］と言うときの**п**は後ろに小さな［ィ］を伴わない音［プ］ですので，このような音を「**硬い音**」，つまり**硬子音**と呼ぼうというわけです。

要するに，**軟子音**とは「小さな［ィ］を伴う子音のことだ」と考えましょう。そしてこの［イ］がない子音なら**硬子音**というわけです。

参考

標準日本語の発音で「ピカピカ光る」と言うとき，この「ピ」や「ヒ」の直後に母音「イ」は発音されません。小さな［ィ］が発音されるだけですから，発音記号で示すと［ィ］は［’］となります。ですからこのフレーズ全体は［**p’kap’kah’karu**］(**ピ゜カピ゜カヒカる**)と表されます。

一方，母音の［イ］をはっきりと発音するなら［**pikapikahikaru**］(**ピ゜イカピ゜イカヒイカる**)のようになります— とりあえず前者の［**p’**］や［**h’**］で**軟子音**の感覚をつかみましょう。

次に，子音と軟母音の組み合わせでは特に，**é**は［エ］ではなくて［ィエ］であることを銘記してください。

例　**Лé**на［リェーナ］レーナ（女性の名前）　♪
Алексé**й**［アリィクスィエーィ］アレクセイ（男性の名前）
пéчка［ピェーちカ］ペチカ／暖炉，　**мé**сто［ミェースタ］場所

ほかにも，注意を要する音があります。たとえば**д**と**т**の軟らかい音です（詳しくはこの**課**の**2**参照）。

例　**дя́дя**［**ヂャーヂャ**］叔父，　**текст**［**チェー**クストゥ］テキスト　♪
ти́хо［**チー**ハ］静かに，　**оди́**н［ア**ヂー**ヌ］数字の 1，　**тётя**［**チョーチャ**］叔母

子音に軟音記号 **ь**（小さな“**ィ**”を表す記号）がついた単語のヒアリングと発音練習にも注意を払いましょう。

例 зде**сь**［ズ チェースィ］ここ　　пя**ть**［ピャーチ］数字の 5 ♪
се**мь**［スィエーミ］数字の 7　　де́ся**ть**［チェースィチ］数字の 10
ию́**нь**［ィユーニ］6 月　　пи**сь**мо́［ピィスィムォー］手紙
слова́**рь**［スラヴァーリ］辞書　　со**ль**［スォーリ］塩

013

2 子音の無声化／有声化とは？

1．有声子音と無声子音の対応

有声子音	б　в　г　д　з　ж	й　л　м　н　р	
無声子音	п　ф　к　т　с　ш		х　ц　ч　щ

有声音とは声帯の振動を伴う音（のどに手を当ててみれば震えが感じられる）です。無声音とは声帯の振動をともなわない，息だけで出る音です。

たとえば上の表の б［ブ］と п［プ］のように，有声子音と無声子音の一部は**対応**しています（表の中央から左側の上下がそれです）。

一方，й，л，м，н，р は常に有声子音，х，ц，ч，щ は常に無声子音で，対応の音はありません。

2．無声化

日本語では「雨傘」と「傘」「日傘」の発音は，「アマガサ」「カサ」「ヒガサ」のように“カ”の音が変化します。ロシア語でも類似の現象があります。たとえば気体の「ガス」は га**з** ですが，この語末の濁音 з［ズ］は清音の с［ス］と発音します→［гас］。これを有声子音の**無声化**と言います。

♪

例 хле**б**［ふリェープ］パン　б → п　　обе́**д**［ァビェートゥ］昼食　д → т
гара́**ж**［ガらーシ］ガレージ　ж → ш　　дру**г**［ドゥるーク］親友　г → к

また，ウォトカ／ウォッカで知られるロシアの強いアルコール飲料 во́дка の発音に見られるように，有声子音《д ／ドゥ》は，その直後に続く無声子音《к ／ク》に呼応して無声子音《т ／トゥ》になって，［ヴォートゥカ］と発音されます。「右へならえ！」（「後に合わせよ！」）というわけです。こうした現象を「**同化**」と呼びます。

例 пиро**ж**ки́ [ピらシキー] ピロシキ　ж → ш ♪
а**в**то́бус [アフトーブス] バス　в → ф
Достое́**в**ский [ダスタイエーフスキィ] ドストエフスキー　в → ф

このように，子音の無声化というのは，「対応する無声子音を持つ有声子音は，語末および無声子音の前では対応の無声子音になる」という現象（＝ルール）のことです。軟音記号 **ь** を伴う有声子音も，同じ条件のもとでは無声化します。

例 о́бу**вь** [オーブウフィ (**фь**)] 履き物，　тетра́**дь** [チトらーチ (**ть**)] ノート ♪
дож**дь** [ドーシチ (**штьь**)] 雨，　О**бь** [オーピ (**пь**)] オビ (シベリアの大河「オビ川」)，
свя**зь** [スヴャースィ (**сь**)] 関連，つながり

3. 有声化

無声化の逆の現象すなわち有声化も起こります。**無声子音が**直後に続く有声子音に呼応して**有声子音 (濁音) になる**のです。

例 А**ф**ганиста́н [アヴガニスターヌ] アフガニスタン　ф → **в** ♪
о**т**дыха́ть [アッドゥィハーチ= аддыха́ть] 休む　т → **д**
во**к**за́л [ヴァグザール] ターミナル駅　к → **г**
сда́ча [ズダーちゃ] おつり　с → **з**
про́**сь**ба [プるォージバ] お願い　сь → **зь**
Тбили́си [ドゥビリースィ] トビリシ (グルジア／ジョージアの首都名)　т → **д**

ただし **в** の前ではこの同化現象は起こりません。

例 Мос**кв**а́ [マスクヴァー] モスクワ，　**тв**ой [トゥヴォーィ] 君の ♪
до **св**ида́ния [ダ‿スヴィダーニャ] さようなら

名詞の前に **к** や **с** など無声子音の前置詞が使われ，それらを続けて発音するときも有声化が起こります。

例 **к** дру́гу [グ‿ドゥるウーグゥ] 友人のところへ　к → **г** ♪
с бра́том [ズ‿ブらータム] 兄と一緒に　с → **з**

前の語と次の語を続けて発音するときもこのような現象を伴うことがあります。

例 наш‿парк [ナーシ‿パーるク] 私たちの公園 ♪

しかし，「私たちの家」は на**ш**‿дом [ナージ‿ドゥオーム]。この **ш** は，後に **д** という濁音が続くので，対応する有声音 (濁音) = **ж** として発音されます。**наш** дом を切り離してゆっくり言って《ナーシ　ドゥオーム》と発音しても間違いではあり

ません。口の筋肉を使った学習を進めれば，そのうち自然に《ナージ‿ドゥオーム》と言えるようになるでしょう。

既出の Как ва**с**‿зову́т? ［カーク　ヴァズ‿ザヴゥートゥ］「あなたのお名前は？」の表現の [**с**] が有声化（濁音化）して [**з**] になるのも**同化**現象です。

014

3 特別な読み・発音をする綴りや組み合わせ

以下の単語の意味はその後の練習問題で解説しますので，ここでは綴りと音に注意を集中しましょう。

1 у́чи**тс**я のように **т** と **с** がつながるときは **ц** と発音されます。горо**дс**ко́й の **дс** の組み合わせの発音も **ц** になります。本書ではこれらを［ッ］と表記します。

2 ру́**сс**кий，по-ру́**сс**ки，кла**сс**，до́**лл**ар，а**лл**о́，гра**мм**а́тика，гру́**пп**а，те**рр**ито́рия などの単語で同じ文字が２つ続くときは，一つの音として発音されます。— **с/л/м/п/р**

3 се**г**о́дня，е**г**о́，ко**г**о́，мое**г**о́，молодо́**г**о，весёло**г**о の **г** は **в**[**v**] と発音。本書では［ヴ］で表記します。

4 **ч**то，**ч**то́бы，коне́**ч**но の **ч** は「ち」ではなくて **ш**［シ］と発音（導 3 課 4 の図参照）。［シ］で表記します。

5 **сч**а́стье，**сч**ита́ть の **сч** は続けて **щ**［し］と発音（導 4 課 2 の図参照）。［**し**］で表記します。

6 му**жч**и́на の **жч** も **щ**［し］と発音します。［**し**］で表記します。

7 未習のことがらですが，動詞 чита́ть「読む」の活用で，「君は読んでいる」というときの言い方は чита́е**шь** です。この語尾の **шь** は **ш**［シ］と発音します。**ь** は「動詞の２人称単数の印ですよ」というための文法記号と考えてください。音を表すものではありません。

8 здра́**в**ствуйте，чу́**в**ствовать，пра́з**д**ник，по́з**д**но の **в** や **д** は発音されません。

9 изве́**стн**ый のように **стн** の子音結合では **т** の音を省いて **сн** と発音します。
= изве́**сн**ый［イズヴィェー**スヌ**ィ］

⑩ со́лнце の **л** は発音しません。＝［со́нце ／スオーヌツェ］

⑪ се́рдце の **д** は発音しません。＝［се́рце ／スィエーるツェ］

⑫ легко́［リふコー］，лёгкий［リョーヒキィ］のように，**г** は［グ］と発音せず，代わりに **х**［ふ，ヒ］の音を出します。

⑬ компью́**те**р，ин**терне́**т などの外来語の一部の **те** や **не** は **тэ**［テ］，**нэ**［ネ］と発音されるので，［テ］［ネ］とします。辞書ではそれが特記されています。

⑭ 前置詞と単語の組み合わせの場合は通常，前置詞とその次にくる語彙の語頭の音（ないしは音節）を続けて発音します。
ここでは連続を示すために下線（‿）を用いておきます。
в‿го́роде［ヴ‿グォーらヂェ］，**в**‿шко́ле，**на**‿уро́ке，**о**‿до́ме など。

⑮ 極めて希なケースで，**дж** という破裂音を表す子音の組み合わせがあります。たとえば **дж**аз（ジャズ），**дж**и́нсы（ジーンズ）などの外来語。これを国際音声記号で表記すると［**d͡ʒʒ**ás］，［**d͡ʒʒ**ínsɨ］。一応［**ぢ**ャース］，［**ぢ**ゥィーヌスゥィ］と表記しますが，仮名表記の効能には限界があります。ヒアリング優先でこれらの発音を体得してください。

Упражнéние　練習問題　♪

発音ルールの復習です。読んでみましょう。

1. Он ýчи**тся**. ［オーヌ ウーちィッツァ］彼は学んでいる，
   горо**дск**óй［ガらツクォーィ］市(町)の
2. рý**сск**ий［るウースキイ］ロシアの，по-рý**сск**и［パるウースキィ］ロシア語で／ロシア式に，
   кла**сс**［クラース］クラス，дó**лл**ар［ドゥオーらる］通貨のドル，
   а**лл**ó［アロー］もしもし／ハロー，гра**мм**áтика［グらマーチィカ］文法，
   грý**пп**а［グるウーパ］グループ，те**рр**итóрия［チりトゥオーりィア］領土／国土
3. се**г**óдня［スィヴォードニャ］今日，е**г**ó［ィヴォー］彼の，ко**г**ó［カヴォー］誰を
   мое**г**ó［マイエヴォー］私の，молод**ó**го［マラドーヴァ］若い（生格），
   весёло**г**о［ヴィショーロヴァ］陽気な（生格）
4. **ч**то［シトゥオー］何，**ч**тóбы［シトゥオーブウィ］～するために，
   конé**ч**но［カニエーシナ］もちろん
5. **сч**áстье［しャースチィエ］幸せ，**сч**итáть［しィターチ］数える／確信する
6. му**жч**ѝна［ムウッしーナ］男性
7. ты читáе**шь**［トゥィ ちィターイシ］君は読んでいる／読書している
8. здрá**в**ствуйте［ズドらーストヴウィチェ］こんにちは，
   чý**в**ствовать［ちューストヴァヴァチ］感じる，прá**зд**ник［プらーズニク］お祭り／祝日，
   пó**зд**но［プォーズナ］遅く／遅い
9. извé**стн**ый［イズヴィエースヌゥィ］有名な
10. сó**л**нце［スォーヌツェ］太陽
11. сé**рд**це［スィエーるツェ］心臓／心
12. ле**г**кó［りふコー］簡単に／楽だ，лё**г**кий［りョーヒキィ］簡単な／楽
13. компью**тер**［カムピューテる］コンピュータ，ин**тер**нéт［イヌテるネート］インターネット
14. **в** гóроде［ヴ‿グォーらチェ］町で／市内で，**в** шкóле［フ‿シクォーリェ］学校で，
    на урóке［ナ‿ウろーキェ］授業で，**о** дóме［ア‿ドゥオーミェ］家／建物／について
15. **дж**аз［ぢャース］ジャズ，**дж**ѝнсы［ぢゥィーヌスゥィ］ジーンズ

導6課 日本語にない発音マスターのヒント！

▶ **шесть** [シェースチ]

015

1 「“l”の発音は日本人の国民病」と言われるが…

英語の**l**の音にあたる，ロシア語の“**л**”[ル] は日本人のウィークポイントといわれます。実に，日本人通詞たちに英語伝授が試された開国前夜の頃から（150年以上も前）の記録にすでにこのことが特筆されていたほどです▼。

一通り発音の仕方を説明しますと，舌先を上前歯の裏側に押しつけて，舌の両脇から息を通します。舌全体をスプーンの形にして，スプーンの中にミルクが入っているようにイメージしながら，舌先を上前歯の裏に押しつけて軽く「ゥ」と言ってみましょう。この“**л**”を発音するときは，舌先が口の奥へ向かって震えて（戻って）はなりません。これがオーソドックスな説明です。

▶ 木村直樹『《通訳》たちの幕末維新』吉川弘文館，2012年，p.67-101

この「日本人の国民病」とまで呼ばれるほど苦手な“**л**”の発音を克服するには以下のような**処方箋があります。**

❶ 口の中から外へ上下の歯を押し出そうとするところを想像し，その際にл-л-л-л [ル-ル-ル-ル] と発音してみる。

❷ 上歯と下歯で舌先を軽く噛んだままでл（短い「ウ」）を発音する。

❸ 舌の先端部を下歯に押しつけたまま言ってみる：ла-лал-ла [ラ-ラァル-ラ]。

このように，「正しい」**л**の発音の仕方には色々なヴァリエーションがあります。本書では，日本人の発音の個性と困難さを踏まえた発音法の説明を試みてみます。これは比較的最近のロシア音声学界の研究成果にも基づいたものです▼。

ではその**л**の発音です。まず舌先を下歯に押しあてたままで空気を吐き出してみましょう。そのままの舌の位置でさらに空気を吐き続けてください。そうすると舌の中程の両脇から空気が出ていく感じがするでしょう。その感覚がつかめたら舌先の位置を固定したままで短く「ウ」そして「ル」と言ってみましょう。**л**の音になるはずです。

次に舌先を下歯に押し当てたままで，唇の両脇を横に開き（スマイルの形で，「イ」という口構えで）一瞬，短く「リ」と言ってみましょう。やはり空気は舌の両脇から出ていきます。それがうまくいけば**ль**の音になります。

▶ 筆者のモスクワ・ルムンバ大学時代の恩師 А. А. Акишина 氏も，ロシア語教授法の著書『教えることを学ぼう』《Учимся учить》(М.: Рус. яз., 2002) でこの処方箋を説いています。いろいろと試してみて自分に合った発音法を取り入れてそれに習熟するようにしましょう。

Упражнéние 練習問題 ♪

まず (1) **л** 関連の音を聴いてみましょう。つぎに (2) 聴きながら，後について繰り返してみましょう。

①л – л　　　　ль – ль

②л – л – л – л – л　　　　ль – ль – ль – ль –ль

③ла – ла – лал –ла – ла　　　　ли – ли – лил – ли – ли

(ли の場合，и はっきり《イ》と発声します)

④ преподавáтель [プりプダヴァーチリ] (大学・専門学校などの) 講師

учи́тель [ウちーチリ] (高校までの) 教師

писáтель [ピィサーチリ] 作家

шкóльник [シクォーリニク] (小・中・高等学校の) 生徒

016

2 д, т, н ; з, с と，その軟子音 дь, ть, нь ; зь, сь を出すには

д，**т**，**н** [ドゥ，トゥ，ヌ] の発音に際しては (特に日本語を母語とする人には) 舌先を下歯のつけ根に当てることが推奨されます。これは**軟音 дь**，**ть**，**нь** [ヂ，チ，ニ] にもそのまま適用できます。**ь** は**軟音の印**です。

ちなみに，**д** や **т** には母音の要素「ゥ」はありません。しかし，カタカナ表記では「ドゥ，トゥ」とせざるを得ません ([ド，ト] としても五十歩百歩でしょう)。

例 Как вас зовýт? [カーク ヴァズ‿ザヴゥートゥ] ♪

студéнт [ストウヂエーヌトゥ]

後者 студéнт [ストウヂエーヌトゥ] の「トウ」では少し大きな「ウ」が使われています。これは「ウ」がはっきり発音されることを示します。以上を**ルビ振りの原則**にします。

それでは，**軟子音**の話に戻ります。まず，下の歯のつけ根に舌の先端をつけて，そのままで舌の残りの部分を上下の歯の裏側全部に押しつけましょう。そうして **д**, **д**, **д**；**т**, **т**, **т**；**н**, **н**, **н** の音を出してみましょう。

つぎに，舌先をそのままにして，少し唇を横に引いて（“スマイルの口構え”で）**дь**, **дь**, **дь**［ヂ］；**ть**, **ть**, **ть**［チ］；**нь**, **нь**, **нь**［ニ］と言ってみましょう。重要なのは上記の舌先の位置です。

ここで大事なポイント：**ть**［チ］の音は，（導3課③で説明した）**ч**［ち］の **c**＋**h**（英語の **ch**）とは舌の位置がまったく違います。また，**ть** のときは**唇を“スマイル”の要領で横に開く**のに対して，**ч** の音は**唇を少し丸くすぼめて**出します。

さらに，**дь** とは異なる **зь**［ズィ］について。[з] という音（＝z）は，**舌の先端**を下の歯のつけ根にあてて（試しに歯茎にあててみても良い），舌全体をなるべく平らにするような気持ちで**ズーと連続的に出せれば**，ひとまず正しい音です。そのまま唇をスマイル形に横に引いて **зь**［ズィ］の音を出してみましょう。［ィ］は短く付け加える程度です。それにやや長い［イ］を加えれば **зи**［ズイ］の音になります（両者の差異のルビ表記は相対的です）。

対応の無声子音 **сь**［スィ］と **си**［スイ］も同じ要領で出します。

Упражне́ние　練習問題　♪

付録音声を聴きながら繰り返してみましょう。

- там, там, там ; дам, дам, дам ; за́втра, за́втра, за́втра ;
- су́си, су́си, су́си ; судьба́, судьба́, судьба́ ; друзья́, друзья́, друзья́ ;
- ночь, ночь, ночь ; гость, гость, гость ; чита́ть, чита́ть, чита́ть ;
- зима́, зима́, зима́ ; здесь, здесь, здесь ; цель, цель, цель ;
- для, для, для ; для вас, для вас, для вас

意味

там［ターム］あそこに；дам［ダーム］差しあげます；за́втра［ザーフトゥら］明日；
су́си［スウースィ］寿司；судьба́［スゥヂバー］運命；друзья́［ドゥるウズィヤー］友人たち；
ночь［ヌォーち］夜；гость［グォースチ］男性のお客；чита́ть［ちィターチ］読む／読書する；
зима́［ズィマー］冬；здесь［ズヂェースィ］ここに／ここで；цель［ツェーリ］目的／目標；
для［ドゥリヤー］～のために；для вас［ドゥリヤー ヴァース］あなたのために

3 日常会話（その2）—— 出会いや別れの挨拶，お礼とお詫び

017

1．出会いと別れの挨拶

Здра́вствуйте▼！　こんにちは！ ♪
ズドゥらーストゥヴィチェ

▶ 最初の **в** は発音されません。

これは朝，昼，晩いつでも使われる最も一般的な出会いの挨拶です。

この Здра́вствуйте! [ズドゥらーストゥヴィチェ] は，尊敬や遠慮を込めて話しかける相手への，または複数の人たちに対しての挨拶です。

一方，親しい，対等な間柄や年下の相手に対しては（末尾の **те** を省いた形で）Здра́вствуй! [ズドゥらーストゥヴィ] と言います。

Здра́встуй,　Алёша▼！　こんにちは，アリョーシャ！ ♪
ズドゥらーストゥヴィ　アリョーシア

▶ Алёша は男性の名 Алексе́й の愛称。

До свида́ния! ダ‿スヴィダーニア	さようなら！	♪
Всего́　хоро́шего! フスィヴォー　ハるオーシゥィヴァ	ご機嫌よう！ （ここの **г** は **в** と発音。導5課 3 参照）	
До́брое　у́тро! ドゥオーブらェ　ウートら	おはようございます！	
До́брый　день▼！ ドゥオーブるィ　ヂェーニ	こんにちは！	▶ 昼・日中の挨拶。
До́брый　ве́чер! ドゥオーブるィ　ヴィェーちる	こんばんは！	
Споко́йной　но́чи! スパコーィナィ　ヌォーちィ	おやすみなさい！	

2. エチケット会話 ― お礼とお詫びのパターン

♪

Спаси́бо. スパスィーバ	ありがとうございます。
Большо́е▼ спаси́бо! バリシゥオーェ スパスィーバ	どうもありがとうございます。
Пожа́луйста▼. パジァールゥイスタ	どういたしまして。

▶ 感謝の気持ちを強調するときはよく形容詞 большо́е [バリシゥオーェ]（大きな）を付け加えます（おおきに☺）。挨拶やエチケット会話に「！」を付けるか付けないかの厳格なルールはありません。そのときの雰囲気によります。

▶ пожа́луйста には「どういたしまして」のほかに「どうぞ」（提供・推奨・助言），「お願いします」などの意味があります。

➡ Извини́те. ごめんなさい／すみません。 ♪
イズヴィニーチェ

―Пожа́луйста. いいえ／どうぞ。

☞ この Пожа́луйста. は「いいえ，かまいませんよ」（許し）の意味です。

メモ

1 親しい間柄，友人同士では，出会いのときに **Приве́т!** [プリヴィエートゥ]「やぁ，どーも」のような表現を使うことがよくあります（英語の"**Hi!**"に相当）。また，その場合の別れの挨拶として **Пока́!** [パカー]「じゃあねー，バーイ，バイバイ」のような口語的な表現が用いられます。これは年上や目上の相手には用いません。

2 挨拶の Здра́вствуй**те**! や，お詫びの表現 Извини́**те**. の語末の **те** は，アクセントがないので［チィ］，つまり **ти** と発音されることがあります。これが基本ルールです。

ところが，これらの表現は実は動詞の命令形（元気であれ；お許しあれ）に由来しているので，相手に対する**丁寧な**挨拶やお詫び，依頼を強調する意味を込めて，語末の **те** を文字通りに，きちんと［チェ］と発音する人も少なくありません（ズドらーストヴィ**チェ**／ズドらーストヴィ**チィ**；イズヴィニー**チェ**／イズヴィニー**チィ**）。この場合［チィ］も［チェ］も表す意味は同じです。

本書では [チェ] で表記しておきますが，ヒアリングでこの差異に疑問が生じたら，こういう事情があるのだと理解してください。

☞この項，とりあえず読み飛ばしてもかまいません。

3 人にものを尋ねるときの「すみませんが／失礼ですが」という意味の表現として Извини́те, пожа́луйста, ... という呼びかけがあります。同じ意味のパターン表現としては**次課**で学ぶ Скажи́те, пожа́луйста, ... があります。

挨拶・エチケット会話のフレーズを筆記体で書いてみましょう

日常の筆記体ではアクセントは打ちません。活字体の т は筆記体では *m* と綴ります。

Здра́вствуйте!	*Здравствуйте!*
До свида́ния!	*До свидания!*
Большо́е спаси́бо!	*Большое спасибо!*
Извини́те!	*Извините!*
Пожа́луйста!	*Пожалуйста!*

筆記体画像の出典：https://handwritter.ru/（以下同）

記号ъやьの役割

▶ **семь** [スィェーミ]

018

硬音記号ъと軟音記号ь（詳解）

ъ　твёрдый знак [トヴョーるドゥィ　ズナーク]（硬音記号）

これは実際には音を持たず，音と音を**分離する記号**として用いられます。

例 с**ъ**есть　[×スエースチ]　➡ [○ス・ィエースチ]　食べ終える／食べ尽くす　♪
с**ъ**ёмка　[×シヨームカ]　➡ [○ス・ィヨームカ]　撮影
суб**ъ**е́кт [× スウビ エークトゥ] ➡ [○スウブ・ィエークトゥ]　主体
об**ъ**е́кт　[× アビ エークトゥ]　➡ [○アブ・ィエークトゥ]　客体／対象

ь　мя́гкий знак [ミャヒキー　ズナーク]（軟音記号）

この**ь**が**я**, **и**, **ю**, **е**, **ё**などの軟子音の前に書かれているときは，**ь**とそれら軟子音とを**分離**して発音することを示しています。

例 семья́　[×スィミヤー]　➡ [○スィミ・ィヤー]　家族　♪
пью　[×ピユー]　➡ [○ピ・ィユー]　（私は）飲みます
бельё　[×ビリョー]　➡ [○ビリ・ィヨー]　下着類
Татья́на　[×タチャーナ]　➡ [○タチ・ィヤーナ]　タチヤーナ（女性の名前）
Нью-Йо́рк [×ニユーィヨーるク] ➡ [○ニ・ィユ・ィオーるク]　ニューヨーク

また，пь [ピ] のように，子音字の後ろに置かれているときは，その子音字を「軟らかく」発音することを表す**記号**になります。以下の単語を比較してみましょう。**ь**があるかどうかで意味が違います。

例 вес [ヴィェース] 重量　≠ **весь** [ヴィェースィ] すべての　♪
кров [クるオーフ] 屋根・家　≠ **кровь** [クるオーフィ] 血液
мат [マートゥ] チェスの詰め・王手　≠ **мать** [マーチ] 母親

019

カレンダー（**календа́рь** [カリヌダーり]）

軟子音 **ь** がふんだんに用いられる月の名称を学びましょう。

♪

1 月	янва́рь	[イヌヴァーり]	英語では	January
2 月	февра́ль▼	[フィヴ らーり]		February
3 月	март	[マーるトゥ]		March
4 月	апре́ль	[アプ りェーり]		April
5 月	май	[マーィ]		May
6 月	ию́нь	[イユーニ]		June
7 月	ию́ль	[イユーり]		July
8 月	а́вгуст	[アーヴ グ ウストゥ]		August
9 月	сентя́брь	[スィヌチャーブ り]		September
10 月	октя́брь	[アクチャーブ り]		October
11 月	ноя́брь	[ナィヤーブ り]		November
12 月	дека́брь	[ディカーブ り]		December

▶ февра́ль の発音に注意。ロシア語の **в** の発音は 万国音標文字では [**v**] でしたね。

月の名称の書き出しは，文頭では大文字ですが，それ以外では**つねに小文字**です。

例 **今は** 1 月です。→ **Сейча́с**▼ янва́рь. ♪

▶ сейча́с [スィちゃース] 今，今は

020

日常会話（その３）―「あのー，うかがいますが……」

パターン表現 ♪

Скажи́те, пожа́луйста, что э́то? ／ кто э́то?

教えてください，これは何ですか。／これは誰ですか。

直訳すると **скажи́те** [スカジゥィーチェ]「おっしゃってください」，**пожа́луйста**（この -**уй**- の発音は -**ы**- が慣用）[パジァールゥィスタ]「どうぞ」，**что** [シトゥオー] 疑「何？」，**э́то** [エータ] は「これ」という意味。**кто** [クトゥォー] は 疑「誰？」。

※ **скажи́те, пожа́луйста, ...** は「あのー…」「すみません」「うかがいますが」など，ものを尋ねるときの便利な呼びかけです。

パターン表現の応用例 ♪

Скажи́те, пожа́луйста, что э́то?
教えてください，これは何ですか。

— Э́то зоопа́рк▾.
— これは動物園です。

▶ зоопа́рк［ザアアパーるｸ］動物園

Скажи́те, пожа́луйста, кто▾ э́то?
教えてください，これは誰（何）ですか。

▶ кто 誰　※人にも動物にも用いる。

— Э́то па́нда.
— これはパンダです。

Скажи́те, пожа́луйста, как вас зову́т?
うかがいますが，お名前は？

— Меня́ зову́т Мари́я▾.
— 私の名はマリーヤです。

▶ Мари́я［マりーャ］マリーヤ（女性の名）

Скажи́те, пожа́луйста, где▾ туале́т?
すみません，トイレはどこでしょうか。

▶ где 疑 どこ？

— Туале́т спра́ва▾.
— トイレは右手です。

▶ спра́ва［スプらーヴァ］副 右手，右側

Скажи́те, пожа́луйста, где метро́▾?
あのー，地下鉄はどこでしょうか。

▶ метро́［ミトゥろー］地下鉄

— Метро́ сле́ва▾.
— 地下鉄は左手です。

▶ сле́ва［スリエーヴァ］副 左手，左側

Скажи́те, пожа́луйста, где Большо́й теа́тр▾?
あのー，ボリショイ劇場はどこですか。

▶ Большо́й теа́тр［バリシゥオーィ　チィアートゥる］

— Большо́й теа́тр? Здесь▾!
— ボリショイ劇場？　ここですよ！

▶ здесь［ズ゛チェースィ］副 ここ

Спаси́бо▾!
ありがとうございます！

▶ спаси́бо［スパスィーバ゛］ありがとうございます！

— Пожа́луйста.▾
— どういたしまして。

▶ 前出の「パターン表現」を参照。

会話のやりとりを筆記体で書きましょう（アクセントは不要）

Кто э́то?	Кто это?
Э́то па́нда.	Это панда.
Где Большо́й теа́тр?	Где Большой театр?

Большо́й теа́тр? Здесь!

Большой театр? Здесь!

Где туале́т? Туале́т спра́ва.

Где туалет? Туалет справа.

導8課 単語のアクセントとリズム；発音の総合練習

▶ **во́семь** [ヴォースィミ]

021

アクセントとリズムのタイプ

基本的な数字や身近な単語の発音の練習に移ります。単語には，アクセントの位置に従っていろいろなリズムの型があるので，まずその発声練習（упражне́ние [ウプらジニェーニィェ] ＝練習問題）をしてみましょう。

ТА́-та，та-**ТА́**，та-**ТА́**-та，**ТА́**-та-та ...... などのリズムタイプに応じてアクセント前後で母音が変化することが感じられるでしょう。

Упражне́ние 練習問題 ♪

付録音声を聴いてみましょう。

1）**ТА**： как いかに，здесь ここ，спорт スポーツ
2）**ТА́**-та： па́па パパ，ма́ма ママ
3）та-**ТА́**： вода́ 水，окно́ 窓▼ ▶窓＝[アクヌォー] ☺
4）та-**ТА́**-та： спаси́бо ありがとう，газе́та 新聞
5）**ТА́**-та-та： до́рого 値段が高い，зо́лото 黄金
6）та-та-**ТА́**： молоко́ ミルク，хорошо́ 素晴らしい
7）**ТА́**-та-та-та： за́втракаю [ザーフトらカュ]（私は）朝食をとる
8）та-**ТА́**-та-та： гости́ница [ガスチィーニィツァ] ホテル
9）та-та-**ТА́**-та： телеви́зор テレビ
10）та-та-та-**ТА́**： кинотеа́тр 映画館
11）та-та-**ТА́**-та-та：поликли́ника 外来総合診療所
12）та-та-та-**ТА́**-та：библиоте́ка 図書館
13）та-та-та-**ТА́**-та-та：аудито́рия 講義室／大教室

022

2 リズムで唱えてみよう — 個数詞▼10まで

▶ ものの個数を表すときに用いるものを**個数詞**と呼びます。 ♪

0	ноль	[ヌオーリ]	6	шесть	[シエースチ]
1	оди́н	[アヂーヌ]	7	семь	[スィエーミ]
2	два	[ドゥヴァー]	8	во́семь	[ヴォースィミ]
3	три	[トゥりー]	9	де́вять	[ヂェーヴィチ]
4	четы́ре	[ちィトゥィーり]	10	де́сять	[ヂェースィチ]
5	пять	[ピャーチ]			

Упражне́ние 練習問題 ♪

足し算と引き算の言い表し方の練習で数字になじみましょう。

〈+〉は **плюс** [プリュース]，〈−〉は **ми́нус** [ミーヌゥス]，

〈=〉は **равно́** [らヴヌオー] と言います。

плюс

1 + 0 = 1　　Оди́н плюс ноль равно́ оди́н.

3 + 7 = 10　　Три плюс семь равно́ де́сять.

ми́нус

8 − 6 = 2　　Во́семь ми́нус шесть равно́ два.

023

3 身近な単語の発音と意味の連想ゲーム — 総合練習

まとめの総合練習です。**連想ゲーム的**に，身近な単語に音声面からチャレンジしましょう。心当たりのありそうなインターナショナルな単語を挙げますので，リラックスして想像力をかき立てながら聞いて繰り返してください。

楽しみながら何度か練習すればそのうち**150**ほどの単語が身につくでしょう。

1. 家庭生活・家族・専門・職業などの関連単語

♪

日本語では	ロシア語では	発音は
家／家屋／建物／集合住宅	дом	ドゥオーム
アドレス	áдрес	アードゥりス
電話（機）	телефóн	チィリィフォーヌ
テレビ	телевúзор	チリィヴィーザ る
ラジオ	рáдио	らーディオ （例外：この о はオと発音する）
（竪型の）ピアノ	пианúно	ピアニーナ
トイレ	туалéт	トウア リェートゥ
花びん	вáза	ヴァーザ
バラ	рóза	るォーザ
ユリ	лúлия	リー リィア
チューリップ	тюльпáн	チュリパーヌ
シクラメン	цикламéн	ツィクラ ミェーヌ
雑誌	журнáл	ジゥルナール
（長編）小説	ромáн	らマーヌ
アルバム	альбóм	アリブォーム
写真	фотогрáфия	ファタグ らーフィア
カメラ	фотоаппарáт	ファタアパらートゥ
スマートフォン	смартфóн	スマるトフォーヌ
コンピュータ	компьютер	カムピ ユーテる（те の音は тэ）
インターネット	интернéт▼	イヌテるネートゥ ▶（те の発音は тэ。нé は нэ́）
息子	сын	スゥイヌ
娘	дочь	ドゥオーち
兄（弟）	брат▼	ブ らートゥ
姉（妹）	сестрá	スィストらー
▶参考：брат は「男の兄弟」，сестрá は「姉妹」を意味します。1 語で「兄」や「妹」等々を意味する単語はありません。年の上下をはっきりさせるときは，「年上の」「年下の」形容詞を用いて，「兄」стáрший брат，「弟」млáдший брат，「姉」стáршая сестрá，「妹」млáдшая сестрá と言います（形容詞の性別については**第6課**を参照）。		
（小中学校の）男子生徒	шкóльник	シクオーリニク
女子生徒	шкóльница	シクオーリニィツァ
（男子）学生	студéнт	ストウヂェーヌトゥ

（女子）学生	студе́нтка	ストゥチェーヌトカ
専門	специа́льность	スピィツィアーリナスチ
文学	литерату́ра	リィチィらトゥーら
言語学	лингви́стика	リヌグヴィースチィカ
文献学，言語・文学研究	филоло́гия	フィラルオーギィア
経済（学）	эконо́мика	エカヌオーミィカ
政治学	политоло́гия	パリタルオーギィア
社会科学	социоло́гия	サツィアルオーギィア
哲学	филосо́фия	フィラスオーフィア
数学	матема́тика	マチィマーチィカ
物理学	фи́зика	フィーズィカ
化学	хи́мия	ヒーミィア
生物学	биоло́гия	ビアルオーギィア
バイオテクノロジー	биотехноло́гия	ビアチィふナルオーギィア
建築学	архитекту́ра	アるヒィチィクトウーら
医学	медици́на	ミディツゥィーナ
情報化学	информа́тика	イヌファるマーチィカ
職業	профе́ссия	プらフィエースィア
専門家	специали́ст	スピィツィアリーストゥ
医学者／生	ме́дик	ミェーディク
医師	врач	ヴらーチ
教授	профе́ссор	プらフィエーサる
経済専門家／エコノミスト	экономи́ст	エカナミーストゥ
技師／エンジニア	инжене́р	イヌシジゥィニェーる
建築家	архите́ктор	アるヒィチェークタる
法律家	юри́ст	ィユりーストゥ
外交官	диплома́т	ディプラマートゥ
プログラマー	программи́ст	プらグらミーストゥ
IT 専門家	айти́шник	アィチーシニク
実業家	бизнесме́н	ビズネスムエーヌ （発音 не → нэ，мен → мэн）
政治家	поли́тик	パリーチィク
大統領／社長	президе́нт	プりズィチェーヌトゥ
ジャーナリスト	журнали́ст▼	ジウるナリーストゥ ▶ 女性なら журнали́стка.

2. 飲食物

♪

日本語では	ロシア語では	発音は
水	вода́	ヴァダー
お茶／紅茶	чай	ちゃーぃ
コーヒー	ко́фе	クォーフィェ
ミルク／牛乳	молоко́	マラクォー
ヨーグルト	йо́гурт	ィオーグゥるトゥ
米／ライス	рис	りース ▶ パンは хлеб［ふリェープ］
砂糖	са́хар	サーハる
塩	соль	スォーリ
醤油	со́евый со́ус	スォーィ ヴィイ　スォーウス
レモン	лимо́н	リィムオーヌ
イクラ	икра́	イクらー
サラダ	сала́т	サラートゥ
スープ	суп	スゥープ
ボルシチ	борщ	ブォーるし
ピロシキ（ロシア式パイ）	пирожки́	ピィらシキー
オムレツ	омле́т	アムリエートゥ
カツレツ	котле́та	カトゥリエータ
ファストフード	фастфу́д	フアストゥフウートゥ
ハンバーガー	га́мбургер	ガームブウるギる
ピザ	пи́цца	ピーッツァ
パスタ	па́ста	パースタ
寿司	су́ши（су́си ともいう）	су́ши［スウーシゥィ］（су́си［スウースィ］）
デザート	десе́рт	ヂィスィエーるトゥ
フルーツ（複数形）	фру́кты	フるウークトゥィ
チョコレート	шокола́д	シァカラートゥ
ウォッカ	во́дка	ヴォートゥカ
コニャック（ブランデー）	коньа́к	カニ・ヤーク
ウイスキー	ви́ски	ヴィースキィ
ワイン	вино́	ヴィヌォー
シャンパン	шампа́нское	シァムパーヌスカェ
日本酒（さけ）	саке́	サケー

3. 都市生活

♪

日本語では	ロシア語では	発音は
学校（小・中・高校）	шко́ла	シクォーラ
（総合）大学	университе́т	ウニィヴィるスィチェートゥ
キャンパス	ка́мпус	カームプウス
講義室	аудито́рия	アウディトーりィア
レクチャー	ле́кция	リエークツィア
ゼミ	семина́р	スィミィナーる
試験	экза́мен	エグザーミヌ
空港	аэропо́рт	アエらポーるトゥ
中心／都心	центр	ツェーヌトゥる
地下鉄	метро́	ミトゥろー
駅	ста́нция	スターヌツィア
バス	авто́бус	アフトゥオーブウス
トロリーバス	тролле́йбус	トゥらリエーィブウス
路面電車／トラム	трамва́й	トゥらムヴァーィ
タクシー	такси́	タクスィー
自動車／車	маши́на	マシゥィナ
キオスク	кио́ск	キィオースク
スーパーマーケット	суперма́ркет	スウーピィるマーるキトゥ
ブティック	бути́к	ブウチィーク
郵便局	по́чта	ポォーちタ
銀行	банк	バーヌク
公園	парк	パーるク
レストラン	рестора́н	りスタらーヌ
カフェ	кафе́	カフェー
バー	бар	バーる
ディスコ	дискоте́ка	ヂィスカチェーカ
カラオケ	карао́ке	カらオーケ
警察	поли́ция	パリーツィア
外来総合診療所	поликли́ника	パリィクリーニカ
ツアー／観光／旅行	тури́зм	トウりーズム
遠足／見学	экску́рсия	エクスクゥーるスィア
ガイド／案内人	гид	ギィートゥ

文化	культу́ра	クゥリトウーら
美術館／ミュージアム	музе́й	ムウズ゛ィエーィ
劇場	теа́тр	チィアートゥる
演劇／出し物	спекта́кль	スピクタークリ
喜劇	коме́дия	カミェーヂィア
悲劇	траге́дия	トゥらギェーヂィア
ドラマ	дра́ма	ド゛ゥらーマ
衣装／スーツ／コスチューム	костю́м	カスチューム
音楽	му́зыка	ムウーズ゛ゥイカ
オーケストラ	орке́стр	アるキェーストゥる
オペラ	о́пера	ゥオーピィら
バレエ	бале́т	バリェートゥ
サーカス	цирк	ツィるク
スタジアム	стадио́н	スタディオーヌ
スポーツ	спорт	スプォーるトゥ
サッカー	футбо́л	フウド゛ブォール
ラグビー	ре́гби	れーグ゛ビィ（ре の発音は рэ)
野球	бейсбо́л	ビィイズ゛ブォール
バスケットボール	баскетбо́л	バ゛スキド゛ゥブォール
バレーボール	волейбо́л	ヴ゛リィブォール
ゴルフ	гольф	グォーリフ
テニス	те́ннис	テーニィス (те の発音は тэ)
卓球	пинг-по́нг	ピヌクプゥオーヌク
バドミントン	бадминто́н	ブ゛ド゛ゥミヌトゥオーヌ
ホッケー	хокке́й	ハッキェーィ

飲食物の名を筆記体で書いてみよう（小文字の т の綴りは *m*）

вода́	*вода*	**сала́т**	*салат*
чай	*чай*	**икра́**	*икра*
лимо́н	*лимон*	**суп**	*суп*
ко́фе	*кофе*	**борщ**	*борщ*
молоко́	*молоко*	**пирожки́**	*пирожки*
хлеб	*хлеб*	**омле́т**	*омлет*
рис	*рис*	**котле́та**	*котлета*
са́хар	*сахар*	**соль**	*соль*

導 9 課 人称代名詞；動詞「読む」と「話す」

▶ де́вять ［ヂェーヴィチ］

1 人称代名詞の整理

これまでにところどころで顔を出してきた「君」や「あなた」などを指す**人称代名詞**をここでまとめておきましょう。主語として用いられる代名詞で，話し手を指す**1人称**，受け手を指す**2人称**，それ以外の人，物を指す**3人称**に分けられます。

я「私／僕」，**ты**「君／あなた」，**он**「彼／それ」，**оно́**「それ」，**она́**「彼女／それ」，
мы「私たち」，**вы**「あなた，あなた方／君たち」，**они́**「彼ら／彼女たち／それら」

人称代名詞

	単数	複数
1人称	**я**	**мы**
2人称	**ты**	**вы**
3人称	**он** **оно́** **она́**	**они́**

名詞には男性・中性・女性形があるので，3人称単数の代名詞には**он**「彼／それ」，**оно́**「それ」，**она́**「彼女／それ」など3つの形があります（本編参照）。

024

2 動詞 **чита́ть**「読む」と **говори́ть**「話す」の人称変化

動詞の基本的な特徴に音の側面からアプローチしましょう。

動詞は主語の**人称と数**に応じて活用＝**人称変化**します。

まず，**чита́ть**「読む」の**現在形**変化の例を見ましょう（**ч**，**ть**，**те** の発音に注意）。まず「小説 **рома́н**▼［らマーヌ］を読む」の現在形人称変化（1，2，3人称の単数・複数の変化）を口ずさんでください。

▶「長編小説」рома́н を「小説」と記すこともあります。

- Я читáю ромáн. 私は小説を読みます／読んでいます。 ♪
ヤー ちィターユ ラマーヌ

- Ты читáешь ромáн. 君は小説を読んでいる。
トゥイ ちィターイシ ラマーヌ

- Он читáет ромáн. 彼は小説を読んでいます。
オーヌ ちィターイトゥ ラマーヌ

- Онá читáет ромáн? 彼女は小説を読んでいますか。
アナー ちィターイトゥ らマーヌ

- Мы читáем ромáн. 私たちは小説を読みます／読んでいます。
ムゥイ ちィターイム らマーヌ

- Вы читáете ромáн. あなたは小説を読んでいます。
ヴゥイ ちィターイチェ らマーヌ

- Онú читáют ромáн. 彼らは小説を読みます／読んでいます。
アニー ちィターユトゥ らマーヌ

журнáл「雑誌」を「読む」の文例を筆記体で練習しましょう

Я читáю журнáл. Я читаю журнал.

Ты читáешь журнáл. Ты читаешь журнал.

Он читáет журнáл. Он читает журнал.

Онá читáет журнáл? Она читает журнал?

Мы читáем журнáл. Мы читаем журнал.

Вы читáете журнáл. Вы читаете журнал.

Онú читáют журнáл. Они читают журнал.

この**人称変化**を整理すると以下の表になります。

	不定形 чита́ть	人称語尾
я	чита́ю	**-ю**
ты	чита́ешь	**-ешь**
он, оно, она́	чита́ет	**-ет**
мы	чита́ем	**-ем**
вы	чита́ете	**-ете**
они́	чита́ют	**-ют**

動詞の現在形は主語の**人称**と**数**によって**6通り**に変わる。多くの動詞の**不定形**（原形 **инфинити́в**）は **-ть** で終わる。**чита́-ть** の人称変化は，不定形から **ть** を取り除き，変化語尾を付ける。

ご覧のように，この動詞は ты から вы までの変化語尾が **-е** で始まります。

1 これが大多数（65%前後）の動詞の**現在人称変化**に共通するパターンなので，**第Ⅰ変化**と呼びます。語尾（＝**人称語尾**）の特徴にちなんで **е 変化**と言えます。

動詞 де́лать「する」も**第Ⅰ変化**の動詞です。
これを使った Что ты де́лаешь?「君は何をしているの？」，Что вы де́лаете?「あなたは何をしていますか。」などの質問に答えてみましょう。

Упражне́ние　練習問題

答えの_______の部分をうめてください。

1) Что ты де́лаешь?　　君は何をしているの？
Я чита́ _______ рома́н.　　僕（私）は小説を読んでいます。

2) Что вы де́лаете?　　あなたは何をしていますか。
Я чита́ _______ письмо́.　　僕（私）は手紙を読んでいます。

3) Что она́ де́лает?　　彼女は何をしていますか。
Она́ чита́ _______ журна́л.　　彼女は雑誌を読んでいます。

（解答は上の表を参照）

2 それに対してもう一つの変化パターンがあり，その代表が **говори́ть**「話す」です。
こちらは少数派，2番手なので，**第Ⅱ変化**と呼ばれます。
その変化の用例を見ましょう。「**～語を（で）話す**」という組み合わせを用います。

「ロシア語を（で）」= **по-ру́сски**

- Я говорю́ по-ру́сски.　　私はロシア語を話します／話しています。 ♪
ヤー　グヴァリュー　パるウースキイ

- Ты говори́шь по-ру́сски.　　君はロシア語を話します／話しています。
トゥイ　グヴァリーシ　パるウースキイ

- Он говори́т по-ру́сски.　　彼はロシア語を話します／話しています。
オーヌ　グヴァリートゥ　パるウースキイ

- Она́ не▼ говори́т по-ру́сски.　　彼女はロシア語を話しません。
アナー　ニィ　グヴァリートゥ　パるウースキイ

▶ не は直後の語句を否定する「～しない，～ではない」の意味の助詞／〖英〗not，no

- Мы говори́м по-ру́сски.　　私たちはロシア語を話します／話しています。
ムィ　グヴァリーム　パるウースキイ

- Вы говори́те по-ру́сски?　　あなたはロシア語を話しますか。
ヴィ　グヴァリーチェ　パるウースキイ

- Они́ говоря́т по-ру́сски.　　彼らはロシア語を話します／話しています。
アニー　グヴァリャートゥ　パるウースキイ

筆記体の練習── по-англи́йски [パアヌグリースキ]「英語で」の組み合わせで

Я говорю́ по-англи́йски.　　Я говорю по-английски.

Ты говори́шь по-англи́йски.　　Ты говоришь по-английски.

Он говори́т по-англи́йски.　　Он говорит по-английски.

Она́ не говори́т по-англи́йски.　　Она не говорит по-английски.

Мы говори́м по-англи́йски.　　Мы говорим по-английски.

Вы говори́те по-англи́йски?　　Вы говорите по-английски?

Они́ говоря́т по-англи́йски.　　Они говорят по-английски.

以上の６通りすべての現在人称変化を整理するとこうなります。

	不定形 говори́ть	人称語尾
я	говорю́	-ю
ты	говори́шь	-ишь
он, оно, она́	говори́т	-ит
мы	говори́м	-им
вы	говори́те	-ите
они́	говоря́т	-ят

говор-и́ть のような**第Ⅱ変化**の動詞の現在変化は，**不定形（＝原形）からть とその前の母音を取り去って**語尾（表右記）を付ける。

このタイプの動詞は ты から вы までの語尾（＝**人称語尾**）が **-и** で始まるので **и 変化**の動詞と呼べます。

この **чита́-ть** と **говор-и́ть** の２つの主要パターンについては，あらためて本編で整理します。とりあえず例文や変化形を口ずさんでみてください。

✷ **本書での第Ⅰ，第Ⅱ変化の表記**は，**чита́ть**[Е]，**говори́ть**[И] のように不定形の右肩にそれぞれ [Е]，[И] の印を付けます。また，変則的な変化の動詞にも便宜上の印を付けることにしますが，それらについても詳しくは本編で学びます。

第Ⅱ変化の動詞 **говори́ть** と **по-англи́йски**［パアヌグ゛リースキ］「英語で(を)」，**по-япо́нски**［パイプォーヌスキ］「日本語で(を)」などの組み合わせ練習をしましょう。

Упражне́ние　練習問題

質問に対する答えの_______の部分をうめてください。

1) Ты говори́шь по-англи́йски?　君は英語を話しますか。
Да, я _______ по-англи́йски.　うん，僕は（私は）英語，話すよ。

2) Вы _______ по-япо́нски?　あなたは日本語を話しますか。
Да, я _______ по-япо́нски.　はい，私は日本語を話します。

3) Па́па _______ по-япо́нски?　パパは日本語を話しますか。
Нет▼, он не _______ по-япо́нски.　いいえ，彼は日本語を話しません。

▶ нет＝いいえ／〘英〙no

4) Они́ _______ по-ру́сски?　彼らはロシア語を話しますか。
Да, они́ _______ по-ру́сски.　はい，彼らはロシア語を話します。

（解答は上の表を参照）

導 10 課　基本文型とイントネーションの５タイプ

▶ **де́сять**［ﾁﾞｪｰｽｨﾁ］

イントネーション

ロシア語のイントネーションは，平叙文，疑問文，感嘆文などによっていろいろなヴァリエーションを持ちます。そのうち**主なタイプは５つ**の「イントネーションの構造」に大別されます。それぞれを **и**нтонацио́нная **к**онстру́кция［ｲﾇﾀﾅﾂｨｵｰﾇ ﾅｱｬ　ｸﾝｽﾄるｳｰｸﾂｨｱ］と呼びます。そしてその頭文字 **И** と **К** の二つを取った略号 **ИК**［ика́ イカー］を用いて，**ИК-1**［ика́-оди́н イカー・アディーヌ］，**ИК-2**［ика́-два イカー・ドヴァー］，**ИК-3**［ика́-три イカー・トりー］，**ИК-4**［ика́-четы́ре イカー・ちｨﾄｩｨｰりｨ］，**ИК-5**［ика́-пять イカー・ピャーチ］で各々の構造を示します。

ここでは個々の語彙よりも基本文型の音とイントネーションに注目してみましょう。

025

基本文型と５つのイントネーションの構造

1 ИК-1

♪

Э́то　студе́нт. エータ　ｽﾄｳﾁﾞｴｰﾇﾄｩ （こちらは学生です） **Э́то　теа́тр.** エータ　ﾁｨｱｰﾄｩる （これは劇場です）	**ИК-1**　主な意味部分のアクセントのところで音調を低くします。 **用法：平叙文** **英語の be 動詞現在**（is, am, are）に当たるものを用いずに，単に《**Э́то～.**》の構文で「こちらは／これは／～です。」という文になります。**冠詞**もありません。

Студе́нт▼　чита́ет　журна́л.　学生は雑誌を読んでいます。
ｽﾄｳﾁﾞｪｰﾇﾄｩ　ちｨﾀｰｲﾄｩ　ｼﾞｳるﾅｰﾙ

▶ студе́нт は「(男子)学生」。чита́ет は動詞 чита́ть*E*「読む」の３人称単数の変化形（**前課**の **2** 参照）。

Он говори́т▾ по-ру́сски. 彼はロシア語を話します。
オーヌ　グヴァりートゥ　パるースキイ

▶ говори́т は動詞 говори́ть〃「話す」の 3 人称単数の変化形（同じく**前課 2** 参照）。

2 ИК-2

♪

Что э́то? シトゥオー　エータ （これは何ですか） **Чита́йте▾!** ちィターイチェ （読んでください！）	**ИК-2**　疑問詞の箇所が少し強い音調で発音され，その後の音調は下がったままです。 **用法：что**（何？）**кто**（誰？）**чей**（誰の？）… などの**疑問詞のある疑問文で用います**。 日本語で「**誰**だ !?」「**ど**うした !?」「**な**ぜだ !?」というような疑問強調のときに使うイントネーションに似ています。 左記の例のように**呼びかけ**や**命令文**でも用いられます。

▶ чита́ть^{E} の命令形は，相手が ты のときは чита́й。相手が вы のときはそれに те を加えて чита́йте とします。

Кто э́то? これ［こちら］は誰［どなた］ですか。
クトゥオー　エータ？

Кто чита́ет журна́л? 誰が雑誌を読んでいますか。
クトゥオー　ちィターイトゥ　ジウるナール

Чей▾ журна́л? 誰の雑誌ですか。
ちェーィ　ジウるナール

▶ чей？ 誰の～？

Не▾ разгова́ривайте! Молчи́те! おしゃべりしないでください！／黙っていてください！
ニィ　らズガヴァーりヴァィチェ　マルちーチェ

▶ **не** は，次に来る語または句を否定して「～でない」，「～しない」の意味を表す助詞／〖英〗not（既出）。**не** разгова́ривайте は否定の命令形（相手が вы「あなた」のとき）。この動詞の不定形（原形）は разгова́ривать^{E}「話す，会話を交わす，おしゃべりをする」。молчи́те は動詞 молча́ть〃「黙る」の命令形（相手が вы のとき）です。

3 ИК-3

♪

Э́то студе́нт? エータ ストゥヂェーヌトゥ （これは学生ですか） Малы́ш чита́ет? マルゥィシ ちィターイト （赤ん坊が読んでるって？）	**ИК-3** 質問している語のアクセントのある音節を急上昇の音調で発音します。 **用法：疑問詞のない疑問文**。尋ねたい核心の単語のアクセント部分の音調が高くなります。「学生さん？」という感じです。 **平叙文のアクセントを変えるだけで疑問文**になります。 「**えー？ 赤ん坊がもう読めるの？**」という驚き。**論理的なアクセント**（意味上の強調点）は，малы́ш（赤ん坊）にあり，ここがИКの頂点になっています。

▶ 疑問詞のない疑問文

Студе́нт чита́ет? 学生は**読んでいますか**。
ストゥヂェーヌトゥ **ちィターイトゥ**

▶ 肯定文

(ИК-1) (ИК-1)

Да, он чита́ет. はい，彼は読んでいます。
ダー オーヌ ちィターイトゥ

▶ даは「はい／イエス」〖英〗Yesの意味の肯定の助詞。

▶ 疑問詞のない疑問文

Студе́нт говори́т по-ру́сски? 学生はロシア語を話しますか。
ストゥヂェーヌト グヴァリートゥ パるースキイ

▶ 否定文

(ИК-1) (ИК-1)

Нет, он не говори́т по-ру́сски. いいえ，彼はロシア語を話しません。
ニェート オーヌ ニィ‿グヴァリートゥ パるウースキイ

4 ИК-4

♪

А▾ вы? ア ヴｨ （ではあなたは？）	**ИК-4** イントネーションの中心が最後の音節である場合は，イントネーションの中心で音節がなだらかに上昇します。 **用法：**「それでは～は？」の**疑問文**。前の文の内容を受けて，それを補ったり確かめたりする質問を出すときに，а を文頭に置いて用います。

▶ А／а は「それでは／では／一方で」という，おもに対比を表す接続詞。

Он читáет журнáл. А вы? 彼は雑誌を読んでいます。ではあなたは？
オーヌ ちィターイトゥ ジゥるナール ア ヴｨ

Студéнт читáет. А студéнтка▾? 男子学生は読んでいます。では女子学生は？
ストゥヂェーヌトゥ ちィターイトゥ ア ストゥヂェーヌトゥカ

▶ студéнтка 女（女子）学生

5 ИК-5

♪

Какáя хорóшая погóда! カカーャ ハるオーシアャ パグォータ （なんて良い天気なのでしょう！） какáя は感嘆を表す代名詞の女性形「なんという」，хорóшая は形容詞「良い」の女性形で，погóда 女性名詞▾「天気」を修飾します。 ▶ 名詞の性については本編で解説します。	**ИК-5** イントネーションの中心（ここでは Какáя）から音調が高くなっていき，文末で下がる。主として文頭に「なんという，いかなる」などの**疑問代名詞**や「なんと」という**疑問副詞がある情緒表現の文**で用いられます。 **用法：感嘆文**

Како́й **у́мный** **студе́нт**　なんと利口な学生でしょう！
カクォーィ　ウームヌゥイイ　ストゥヂェーヌトゥ

▶ како́й ㊹㊚ なんという　▶ у́мный は ㊒「利口な」の男性形。

Как **она́** **хорошо́** **говори́т** **по-ру́сски!**
カーク　アナー　ハらシゥオー　グヴァりートゥ　パるウースキイ

なんて彼女はロシア語を上手に話すんだ！ ≒ 彼女，ロシア語，ウマいなー！

▶ как ㊖ なんと，いかに＝〚英〛how　▶ хорошо́ 上手に，うまく

5つの ИК のタイプを思い描きながら例文を筆記体で書きましょう

Что это́?	*Что это?*
Э́то теа́тр.	*Это театр.*
Э́то студе́нт?	*Это студент?*
А вы?	*А вы?*
Кака́я хоро́шая пого́да!	*Какая хорошая погода!*

参考

導6課の**3**で既出の挨拶表現 Здра́вствуй! Здра́вствуйте! は，文法上は「命令形」です。「健康であれ（あってください）」から転じて「こんにちは」「ご機嫌よう」という挨拶の慣用表現になったものです。

ИК の組み合わせ；人の名前；50音対照表

▶ **оди́ннадцать** ［アディーヌァツィチ］

026

「A か B か？」の選択疑問文のイントネーション

Э́то **чай** **и́ли**▼ **ко́фе?**　これは紅茶ですか，それともコーヒーですか。

エータ　ちゃーぃ　イリィ　クォーフィェ

▶ **и́ли** それとも＝〚英〛or

027

列挙のイントネーション（ИК-3 で列挙，最後は ИК-1）

♪

Я **люблю́**▼ **те́ннис,** **го́льф,** **бейсбо́л,** **футбо́л.**

ヤー　リユブリユー　テーニス　グォーリフ　ビィズブォール　フゥドゥブォール

私はテニス，ゴルフ，野球，サッカーが好きです。

▶ я люблю́ は「(私／僕は) 好む／好き／愛している」。この動詞の不定形は **люби́ть**〃（**変則型** ☞本編で解説します）。

Она́ **лю́бит**▼ **чай,** **ко́фе,** **молоко́,** **вино́,** **шампа́нское.**

アナー　リユービイトゥ　ちゃーぃ　クォーフィェ　ムラクォー　ヴィヌオー　シァムパーヌスカィェ

彼女は紅茶，コーヒー，ミルク（牛乳），ワイン，シャンパンが好きです。

▶ она́ лю́бит 彼女は好む／好きだ／愛している

028

複文のイントネーション（ИК-3 で列挙，最後は ИК-1）

以下の例文ではいずれも基本的に ИК-3 と ИК-1 の組み合わせ。なお，動詞の変化の規則については本編で徐々に学ぶことになります。

♪

Я спра́шиваю▾, а▾ профе́ссор▾ отвеча́ет▾.

ヤー　スプらーシゥィヴァユ　ア　プらフィエーサる　アトゥヴィちゃーイトゥ

私は質問します，一方，教授は答えます。

▶ спра́шиваю は動詞 спра́шивать^E「質問する／尋ねる」の 1 人称単数形，「(私／僕は) 質問します／質問しています」の意味。　▶ a は「それでは／では／一方で」という対比を表します (既出)。　▶ профе́ссор = 〚英〛 professor

▶ отвеча́ет は動詞 отвеча́ть^E「答える」の 3 人称単数形で，「答える／回答する」の意味です。

Профе́ссор спра́шивает▾, но▾ студе́нт не отвеча́ет.

プらフィエーサる　スプらーシゥィヴァイトゥ　ヌオ　ストゥヂエーヌトゥ　ニ‿ィアトゥヴィちゃーイトゥ

教授は質問しています，しかし学生は答えません。

▶ спра́шивает は既出の動詞 спра́шивать^E「質問する／尋ねる」の 3 人称単数形，「(彼／彼女は) 質問します／質問しています」。　▶ **но** しかし

Когда́▾ я спра́шиваю, мой▾ друг▾ отвеча́ет.

カグダー　ヤー　スプらーシゥィヴァユ　ムオィ　ドゥるウーク　アトゥヴィちゃーイトゥ

私が質問するとき，私の友人は答えます。

▶ когда́ ㊞ = 〚英〛 when ～するとき　▶ мой 僕の／私の　▶ друг (男性の) 友人

Я не▾ люблю́ февра́ль▾, потому́ что▾ э́то са́мый▾ холо́дный▾ ме́сяц▾ в году́▾.

ヤー　ニィ‿リュブリュー　フィヴらーリ　パタムウー　シタ　エータ　サームゥィイ

ハルォードゥヌゥィイ　ミェースィツ　ヴ‿ガドゥー

私は 2 月が好きではありません，なぜならそれは 1 年のうちで最も寒い月だからです。

▶ **не** は，次に来る語または句を否定する (既出)。

▶ февра́ль = 〚英〛 February (2 月) (ロシア語では文頭以外にある月名の頭文字は小文字で表記する)。

▶ **потому́ что**「なぜならば～(だからです)」= 〚英〛 because ;《**что**》の **o** は無アクセントで **a** と発音する→《**шта**》[シタ]。

▶ са́мый 最も　▶ холо́дный は形容詞「寒い」の意味で，男性名詞 ме́сяц を修飾 (後述)。

▶ ме́сяц = 〚英〛 month (月)　▶ в году́ 1 年のうちで

029

4 文型・構文関連語句の整理

文型・構文にかかわる基本的な語句 ♪

э́то ～（これは～です）

да（はい／yes）

нет（いいえ／no）

не ～（～ではない／～しない／not；no）

и́ли（それとも／or）

а▼（そして；一方で／では／じゃ）

но（しかし／but）

кто（誰／who）

что（何／what）

как（どのように／how）

где（どこに／where）

како́й（㊎ どのような／what）

когда́（いつ／～するとき／when）

потому́ что（なぜなら／because）

▶ а　話の**発展**「そして」や，前後の**対比・対照**「一方で」など，ニュアンスとして **and** と **but** 双方の意味を具備します（用法は本編の具体例で明らかになります）。

Э́то па́па, **а** э́то ма́ма.　これはパパ**で**，（**一方**）これはママです。

英語の接続詞 **and** に相当するのは **и** です。頼りない感じがしないでもありませんが，つくづく音とは大事な存在だと思わせてもくれます。

Э́то па́па **и** ма́ма.　これはパパ**と**ママです。 ♪

Э́то студе́нт **и** студе́нтка.　これは男子学生**と**女子学生です。

一瞬 "и" と響いて消えていくこの音が接続詞とは。ヒアリングをいい加減には出来ませんね。

参考 1. ロシア人の名前若干とその愛称（親密な呼び名）

男性の名前	その愛称 ♪
Алекса́ндр▼ [アリィクサーヌドる]	Са́ша [サーシァ]
Алексе́й [アリィクスィエーィ]	Алёша [アリョーシァ]，Лёша [リョーシァ]
Андре́й [アヌドゥりェーィ]	Андрю́ша [アヌドゥりューシァ]
Бори́с [バりース]	Бо́ря [ブォーりャ]
Влади́мир [ヴラディーミる]	Воло́дя [ヴァルォーヂャ] ／ Во́ва [ヴォーヴァ]
Дми́трий [ドゥミートりィイ]	Ди́ма [ヂーマ]，Ми́тя [ミーチャ]
Евге́ний [イヴギェーニィイ]	Же́ня [ジェーニャ]
Ива́н [イヴァーヌ]	Ва́ня [ヴァーニャ]
И́горь [イーガり]	И́горь 同左（略称なし）▼
Никола́й [ニカラーィ]	Ко́ля [クォーリャ]
Миха́ил [ミハイール]	Ми́ша [ミーシァ]
Пётр [ピョートゥる]	Пе́тя [ピェーチャ]
Серге́й [スィるギェーィ]	Серёжа [スィりョージァ]

▶ Алекса́ндр　注意：Алекса́ндра という女性の名前があり，その愛称も Са́ша です。

▶（略式愛称なし）＝もとの名前がそのまま愛称としても用いられます。以下同様。

女性の名前	その愛称 ♪
А́лла [アーラ]	同左
А́нна [アーヌナ]	А́ня [アーニャ]
Ве́ра [ヴィエーら]	同左
Екатери́на [イクチィりーナ]	Ка́тя [カーチャ]
Еле́на [イリィエーナ]	Ле́на [リェーナ]
Ири́на [イりーナ]	И́ра [イーら]
Мари́я [マりーイャ]	Ма́ша [マーシァ]
Ната́лия [ナターリィア]	Ната́ша [ナターシァ]
Ни́на [ニーナ]	同左
О́льга [ゥオーリガ]	О́ля [ゥオーリャ]
Светла́на [スヴィトゥラーナ]	Све́та [スヴィエータ]
Татья́на [タチィアーナ]	Та́ня [ターニャ]

参考 2-1. ロシア語アルファベットによる日本語の 50 音表記▼

▶ ロシアで標準として採用されてきた「ポリヴァノフ式」表記です。

50 音表										
あ а	か ка	さ са	た та	な на	は ха	ま ма	や я	ら ра	わ ва	ん н
い и	き ки	し си	ち ти	に ни	ひ хи	み ми		り ри		
う у	く ку	す су	つ цу	ぬ ну	ふ фу	む му	ゆ ю	る ру		
え э	け кэ	せ сэ	て тэ	ね нэ	へ хэ	め мэ		れ рэ		
お о	こ ко	そ со	と то	の но	ほ хо	も мо	よ ё	ろ ро		

濁・半濁音					拗音				
が га	ざ дза	だ да	ば ба	ぱ па	きゃ кя	しゃ ся	ちゃ тя	にゃ ня	ひゃ хя
ぎ ги	じ дзи	ぢ дзи	び би	ぴ пи	きゅ кю	しゅ сю	ちゅ тю	にゅ ню	ひゅ хю
ぐ гу	ず дзу	づ дзу	ぶ бу	ぷ пу	きょ кё	しょ сё	ちょ тё	にょ нё	ひょ хё
げ гэ	ぜ дзэ	で дэ	べ бэ	ぺ пэ	ぎゃ гя	じゃ дзя	ぢゃ дзя	ぴゃ пя	びゃ бя
ご го	ぞ дзо	ど до	ぼ бо	ぽ по	ぎゅ гю	じゅ дзю	ぢゅ дзю	ぴゅ пю	びゅ бю
					ぎょ гё	じょ дзё	ぢょ дзё	ぴょ пё	びょ бё

参考 2-2. 50 音表記法解説

1 「よ」の音は，そこに**アクセント**があるときは ё を用いますが，《йо》と記すこともあり，「洋子」は Ёко とも Йоко とも書けます。厳密なルールはありません。「横浜」は従来 Йокогáма でしたが，最近は Иокогáма とも綴られ，Иокохáма も通用しています。東京，京都には慣用表記 Тóкио，Киóто があります（通常アクセントは振りません）。

2 「シ」と「チ」は通常 си，ти で表されます。→ 静岡 Сидзуока，千葉 Тиба

3 「ザ，ジ，ズ，ゼ，ゾ」は，表のように дза，дзи，дзу，дзэ，дзо と書くのが自然でしょう。

4 「長音は原則として1つの母音字で表記されます。「大木」も「沖」も Оки。しかし，あえて書きしるすために同じ母音を重ねる場合もあります⟶ Ооки。井田さんも飯田さんも Ида ですが Иида もありです。新潟は慣用表記として Ниигата。

5 「ん」の後に母音が来るときは音がつながらないように硬音記号を入れます。
⟶ 健一 Кэнъити，健也 Кэнъя，田園調布 Дэнъэнтёфу

6 「ツ」は цу，「フ」は фу，「ワ」は ва で表します。
⟶ 津島 Цусима，福岡 Фукуока，輪島 Вадзима，令和 Рэйва

7 唇を閉じる音（マ行，バ行，パ行）の前に「ン」が来る場合は н ではなく，м と表記する方が自然です。
⟶ 群馬 Гумма，丹波 Тамба，新派 Симпа

8 つまる音「っ」（促音）は子音を重ねます。
⟶ 北海道 Хоккайдо，札幌 Саппоро（けれども「ニッポン」は Япóния です☺）

Мéжду прóчим, ちなみに…

筆者が教鞭をとっていた大学のロシア語学科に「わかこ」という名の初々しさそのものの学生が入学してきました。

初回の授業で，「あなたの名の綴りは《Вакако》になりますよ」と教えたところ，彼女は顔を真っ赤にしてうつむいてしまいました。

機転を利かせて，「バカコ」の響きを回避するには例外的に《Уакако》とする手もあることを言い添えてあげれば良かったのでしょうが･･･

全く気の利かない教師でした。(>_<)

1. 本編で用いる主な略号・記号

- **動詞不定形**ないしは **инфинити́в** は，人称変化する前の動詞の原形を意味する。**不定形**に付記する略号の 完 は「完了体」，不完 は「不完了体」のこと。

- 構文や単語の文法・文体的な特徴を示すには主として以下の略号を使用する。

単 単数形	接 接続詞	慣 慣用，熟語，成句の類
複 複数形	代 代名詞	〔過〕 過去形
形 形容詞	指 指示代名詞	〔命〕 命令形
副 副詞	定代 定代名詞	〖英〗 英語（では）
疑 疑問詞	挿 挿入語	

- 6つの**格**を示す記号は以下の通り：

主格 №1 ／生格 №2 ／与格 №3 ／対格 №4 ／造格 №5 ／前置格 №6▼

▶ 前後関係で明らかな場合やダブり感があるときは「主格 №1」を省いたり，単に生格〔生〕，与格〔与〕…としたり，№2，№3 …としたりすることがある。

- 名詞および形容詞，形容詞短語尾形，動詞過去形などの性と数については以下の表記を用いた── 男 男性形／ 女 女性形／ 中 中性形／ 複 複数形。そしてたとえば「男性複数形」の略記は 男・複 のように記す。ただし，識別が容易な男性・女性名詞に関しては，男 や 女 の表記をしばしば省くことがある。

- 導入編 1～11 課は，「導 *1* 課」のように「導」を付けて表記し，本編の課と区別する。

2. 和文のスタイルについて

本書では，原文理解を助けるために，主として直訳スタイルを用いる。そのため，部分的には不自然もしくはクドイ箇所がありえる，と断っておく。

また，解説では「です・ます調」と「だ・である調」を併用するが，それは無意識な混同ではない。

本編

ОСНОВНАЯ ЧАСТЬ

Пе́рвый уро́к▼

第1課 これは～です。 動物名詞と非動物名詞？

▶ пе́рвый = 1番目の，最初の。уро́к = レッスン・授業
本編では読み方が難しくて，発音しにくい要注意の単語のみにフリガナを付けることにします。

本編の出だしでは導入編の復習もかねながら新しいことを学んでいきます。

030

1 Э́то ～. これは～です。

Э́то университе́т.	これは大学です。
Э́то студе́нт.	これは男子学生です。
Э́то икра́.	これはイクラです。

♪

э́то ～. は「これは／それは～です」を意味します。э́то は事物や現象，人や動物についても使えます。この э́то を使えば，「これは誰々です；何々です」「～と…です」，「～か，それとも…？」などの言い方・文章ができます。

Э́то аудито́рия.	これは講堂（教室）です。
Э́то уче́бник.	これは教科書です。
Э́то слова́рь.	これは辞書です。
Э́то студе́нтка.	これ／こちら／は女子学生です。
Э́то сын и дочь.	これは息子と娘です。
Э́то уче́бник и слова́рь.	これは教科書と辞書です。

♪

Э́то смартфо́н▼ и́ли фотоаппара́т▼? これはスマートフォンそれともカメラ？

▶ смартфо́н［スマるトゥフォーヌ］スマートフォン ▶ фотоаппара́т［ファタアパらートゥ］カメラ

031

2 Кто э́то? これは誰ですか。 Что э́то? これは何ですか。

э́то を使う構文では，「～は…です」の「です」にあたることば（英語の be 動詞の現在形）は省略されます。

A：Вот▼ альбо́м.　ほら（ご覧）アルバムよ。 ♪
Б：**Кто э́то?**　これは誰？
А：**Э́то** муж - Андре́й.　これは夫，アンドレイよ。
Б：А кто он?　それで，彼は誰（＝何をしている人）？
А：Он бизнесме́н.　彼は実業家。

▶ вот は「見て（ご覧）ここに…がある(よ)」という指示の表現。

А：**Что▼ э́то**?　これは何ですか。　▶ что の **ч** の発音は **ш** が慣用。
Б：**Э́то** смартфо́н.　これはスマートフォンです。

А：**Что э́то**? **Э́то** смартфо́н?
これは何ですか。これはスマートフォンですか。
Б：Нет, **э́то** не смартфо́н, а фотоаппара́т.
いいえ，これはスマートフォンではなくて，カメラです。

1 疑問詞を使うとき，人や動物（**動物名詞**）については《**Кто?**》，事物・現象（**非動物名詞**）については《**Что?**》を用います。

疑問文にするとき，**動物名詞**について尋ねるなら **Кто** это?（これは**誰**ですか／こちらは**どなた**ですか）と言います。

♪
Кто э́то?　こちらはどなた？
— Э́то оте́ц▼.　— こちらは父親です。　▶ оте́ц［アチェーッ］
— Э́то мать▼.　— これは母親です。　▶ мать［マーチ］

疑問詞 **кто** は「誰，どなた」の意味，指示代名詞 **э́то** は「これは」や「こちらは」を意味しますが，本書ではこれ以降，特に「これ」と「こちら」の使い分けにはあまりこだわらないことにします。

非動物名詞について尋ねるのなら **Что** э́то?「これは**何**ですか」を使います。

♪
Что э́то?　これは何ですか。
— Э́то тетра́дь▼.　— これはノートです。　▶ тетра́дь［チィトゥらーチ］

Что э́то?　これは何ですか。
— Э́то ру́чка▼.　— これはペンです。　▶ ру́чка［るウーチカ］

2 **Кто**? は**動物・生き物**について尋ねるときにも使うので，次のようなやりとりもあり得ます。 ♪

➡ **Кто** э́то? これは誰（何）？
— Э́то соба́ка▼. — これはイヌです。 ▶ соба́ка［サバーカ］

➡ **Кто** э́то? これは誰（何）？
— Э́то ко́шка▼. — これはネコです。 ▶ ко́шка［クオーシカ］
А э́то **кто**▼? ではこれは誰（何）？

▶ 同じやりとりの繰り返しでは，А э́то?「ではこれは？」のように，反復される **кто** を省いても意味が通じるため，語順がこのようになっています。つまり кто は言わば添え物になっています。

— Э́то тарака́н▼. — これはゴキブリです。 ▶ тарака́н［タらカーヌ］

ワンポイント

主語と述語がともに名詞で表され，連辞（「だ／である」）がない場合（A＝B），文章で記すときは，主語と述語の間にダッシュ（тире́）を置きます。 ♪

Петро́в — архите́ктор. ペトロフは建築家です。
Москва́ — столи́ца▼. モスクワは首都です。

▶ столи́ца［スタリーッァ］首都

また，「…である」という連辞として **есть**［ィエースチ］が使われる場合があります。これは論文などで定義をするときや，強調するときに用います。

Биоло́гия **есть** нау́ка▼. 生物学は科学**である**。 ▶ нау́ка 科学

032

3  Где ～？ ～はどこですか／どこにありますか。

А：**Где** Татья́на? タチヤーナは**どこ**（**ですか／どこにいますか**）？
Б：Она́ **здесь**. 彼女は**ここ**（**です／ここにいます**）。 ♪

「～は…に**ある／いる**」と言うときも，現在時制の場合は英語の **be 動詞**に相当するものは省略されます。その意味では日本語に近いと言えるでしょう。

▶ **Где** Ивáн? イワンは**どこ**（**ですか**／**にいますか**）？
— Он **дóма**▼. — 彼は自宅です（＝自宅**にいます**）。

▶ дóма 自宅で（に），家で（に），在宅して

▶ **Что** э́то? これは**何**（**ですか**）？
— Э́то **гости́ница**▼. — これは**ホテル**（**です**）。
А **где** стадиóн? ではスタジアムは**どこ**（**ですか**／**どこにありますか**）？
— Стадиóн **сзáди**. — スタジアムは**後ろ**（**です**／**後ろにあります**）。

▶ гости́ница［ガスチィーニィッツァ］

033

4 場所・位置に関することば

ここ，あそこ，上下左右などの副詞を整理しておきます。

где?	どこに（ある）／どこで	здесь	ここ（に，で）
тут	ここ（に，で） ＝ здесь の同義語	там	あそこ（に）／向こうに
спрáва スプらーヴァ	右手，右側（に）	слéва スリェーヴァ	左手，左側（に）
впереди́ フピりヂー	前（前方）に	сзáди ズザーヂィ	後ろ（後方）に
наверхý ナヴィるふゥー	上（の方）に	внизý ヴニィズゥー	下（の方）に
бли́зко ブリースカ	近いところ／近くに	далекó ダリィクォー	遠いところ／遠くに

034

5 日常会話（その4）—「うかがいますが，～はどこですか」

А：Скажи́те, пожáлуйста, где пóчта?
うかがいますが，郵便局は**どこですか**（＝**どこにありますか**）。

Б：Пóчта там, далекó. 郵便局はあちら，遠くに（**あります**）。

А: Буфе́т наверху́ и́ли внизу́?
ビュッフェは上ですか（＝**上にありますか**），それとも下ですか（＝**下にありますか**）。

Б: Буфе́т наверху́.　ビュッフェは上です（＝**上にあります**）。

А: А кио́ск далеко́?　では，キオスクは遠くですか（＝遠くにありますか）。

Б: Кио́ск бли́зко, внизу́.
キオスクは近いです，下です（＝近いところ，下にあります）。

А: Скажи́те, пожа́луйста, врач▼ здесь?　▶ врач［ヴらーち］医師
すみません，お医者さんは**こちらにいますか**。

Б: Он не здесь, а там.
彼はここではなくて，あちらです（＝**あちらにいます**）。

А: Спаси́бо.　ありがとうございます。

Б: Пожа́луйста.　どういたしまして。

035

6 話し相手＝第2人称　ты и вы　君とあなた

♪

Как тебя́ зову́т?　君の名は？

Как вас зову́т?　あなたのお名前は？

Здра́вствуйте, Алекса́ндр Ива́нович!
こんにちは，アレクサンドル・イワノヴィッチ！

Здра́вствуй, Та́ня!　こんにちは（やぁ），ターニャ！

【語句】

* тебя（君を）＜ты（君）；вас（あなたを）＜вы（あなた）。この場合 с は有声子音 з になる（導3課3参照）。

* Ива́нович は丁寧に相手に呼びかけるときに使う「父称」です。これについては7で説明します。**ты と вы の使い分け**はとても大事。外国人としての私たちは，**まず вы で**話しかけることに習熟すべきです。

Здра́вствуйте は，尊敬や遠慮を込めて話しかける相手 **вы** への，または複数の人たち **вы** に対しての挨拶です。一方，親しい，対等な間柄や年下の相手 **ты** に対する挨拶は（末尾の **те** を省いた形で）Здра́вствуй となります（導 6 課 3 参照）。

036

7 「君」と「あなた」の使い分け・ニュアンスの整理

ты	вы
① よく知っている一人の相手に対して ② 非公式の場で ③ 友人同士の，うちとけた関係にある人に対して ④ 対等か，年齢，地位その他で目下の人に対する ▼ ▶ 1 人の話し相手（2 人称単数）が，家族や友人など親しい間柄なら ты を使います。たとえば父母が子供に対しても，子供が父母に対しても ты を用います。	① よく知らない一人の相手に対して ▼ ② 公的な場で ③ 相手に対する丁寧で控えめな接し方をする場合 ④ 対等か，年齢，地位その他で目上の人に接するとき ▼ ▶ 複数の相手にも用いるとき＝「君たち，あなた方，皆さん」。 ▶ 敬語として丁寧に言うときは 1 人の話し相手（単数）にも вы「貴方／貴男／貴女＝あなた」を用います。その際でも，主語 вы の述語動詞は複数形を用います（課が進めば明らかになってきます）。

ワンポイント

父称 óтчество の仕組み

ロシア語には **и́мя**（名前）と **фами́лия**（姓）のほかに父親（**оте́ц**）の名前から作られる **о́тчество**（父称）というものがあります。

丁寧に相手を呼ぶときには，**и́мя** と **о́тчество**（父称）を用います。これは日本語の「～さん」に相当。一方，親しい間柄では名前（または愛称）で呼びかけます。

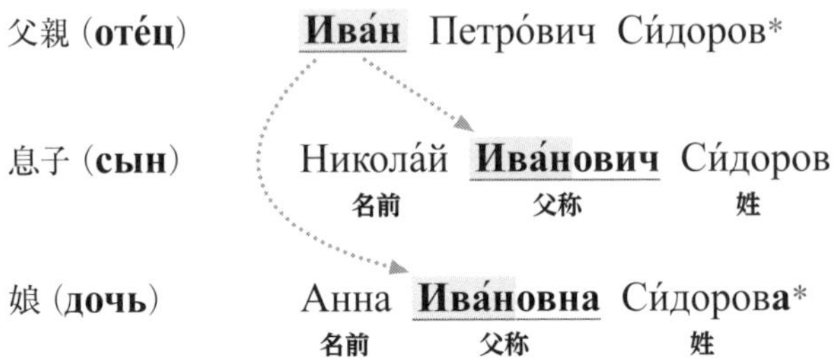

＊Си́доров［スィーダ らフ］「シードロフ」は男性の фами́лия（姓）で，女性の場合は語尾 **а** が加わる：
Петро́в - Петро́в**а**；Ивано́в - Ивано́в**а**；Горбачёв - Горбачёв**а**；Пу́тин - Пу́тин**а**
-ск**ий** で終わる男性の姓は女性では **-ская** になる：
Достое́вск**ий** – Достое́вск**ая**；Чайко́вск**ий** – Чайко́вск**ая**，Толст**о́й** の場合は Толст**а́я** になる。

семья́［スィミ・ィヤー］「家族」の構成員の言い方を整理しておきましょう。♪

муж – жена́	夫 ― 妻
оте́ц – мать	父 ― 母（パパ，ママと言うときは па́па，ма́ма）
сын – дочь	息子 ― 娘
брат – сестра́	兄弟 ― 姉妹
де́душка – ба́бушка	祖父 ― 祖母［ヂェードゥシカ ― バーブゥシカ］ ☺ヂーちゃん ― バーちゃん（なじみやすい響き？）

注意　**動物名詞**（**кто**）を「活動体名詞」とし，**非動物名詞**（**что**）を「不活動体名詞」とする用語もあります。本書では新用語「**動物・非動物名詞**」を用います。

Второй▼ урок

第 2 課 知り合いになる；人称代名詞；名詞の性？

▶ Второй [フタろーィ]

037

1 エチケット（社交）会話 ──「お知り合いになりましょう！」

А：**Давайте познакомимся.** Я Николай. Скажите, пожалуйста, как вас зовут? ♪
お知り合いになりましょう。私はニコライです。それで，あなたの名は？

Б：Меня зовут Ханако.　私の名は花子です。

А：**Очень приятно.**　Я переводчик.
初めまして，どうぞよろしく。私は通訳者です。

Б：**Очень приятно**!　どうぞよろしく。

А：Пожалуйста, это моя визитка.　どうぞ，これは私の名刺です。

Б：Спасибо. Ваше отчество Иванович, а фамилия Сидоров, да?
ありがとうございます。あなたの父称はイワーノヴィッチで，姓はシードロフ，ですね？

А：**Зовите меня просто Николай.**　単にニコライと呼んでください。

【語句】

* **Давайте познакомимся.** 慣 お知り合い／お近づきになりましょう。
* познакомимся の発音 [プズナクォーミムスャ]
* переводчик [ピりヴォーッちク] 通訳者
* **Очень приятно.** 慣 初めまして／どうぞよろしく
初対面の挨拶パターンで，英語の Nice to meet you! に相当する。直訳すると Очень [オーちニ] とても，приятно 心地よい／愉快です。
* моя визитка 私の名刺
* ваше あなたの
* **Зовите меня просто Николай.** 慣 ＜зовите お呼びください（依頼・命令形）
меня 私を；просто [プるォースタ] 単に／簡単に
これは，「かた苦しくしないで，気楽に付き合いましょう」というサインです。

通常の会話では姓は用いません。姓は，お堅い場での公的な呼びかけに使われます。外国のビジネスマンなどに対する呼びかけでは，よく英語で使う Mr. Miss；Mrs. に相当する呼びかけと姓の組み合わせを用います。男性に対しては господи́н [グスパチィーヌ]，女性には госпожа́ [グスパジァー]（= Miss；Mrs.）を付け加えます。

- Здра́вствуйте, господи́н Си́доров! ♪
  こんにちは，シードロフさん（ミスター・シードロフ）！
- До́брый день, госпожа́ Си́дорова!
  こんにちは，シードロヴァさん（ミス／ミセス・シードロヴァ）！

2 人称代名詞の用法整理

	単数	複数
1人称	**я**　私，僕，俺	**мы**　私たち
2人称	**ты**　君，お前，あんた	**вы** ①㊥ あなた（貴男，貴女，貴方） ② あなた方，皆さん ③ 君たち
3人称	**он**　彼，それ **оно́**　それ **она́**　彼女，それ	**они́**　彼ら，彼女ら，それら

1「私，僕」を指す я は，文頭（文の最初）以外では常に**小文字**で書きます。

2 он「彼」や она́「彼女」は，それぞれ**非動物**の男性や女性名詞をうけることもあります。она́ だから「彼女」と思い込んでいたら，「**それ**」という「**物**」や「**事柄**」や「**概念**」などをさす代名詞だった，ということになりかねません。同じく они́ も「彼ら」，「彼女ら」などのほかにも，複数の**非動物**「**それら**」を指すことができます。

3 3人称単数の代名詞には3つの形があります。名詞には男性と女性のほかに中性（оно́ で受ける）があるからです（次項）。

038

3 名詞の３つの性別

А：Скажи́те, пожа́луйста, где **журна́л**?
あのう，雑誌㊚はどこですか。
Б：Вот▼ **он.** ほら，それはここです（ここにあります）。

А：Где **вино́**? ワイン㊥はどこですか。
Б：Вот **оно́.** ほら，それはここです（ここにあります）。

А：Где **гита́ра**? ギター㊛はどこですか。
Б：Вон **она́.** ほら，あちらです（あちらにあります）。

▶ **вот**（既出）は身近なものを指して「（ほら）ここに（そこに）あります」という意味。遠くのものを指すには **вон**「あちらに（あそこに）あります」を用います。

人や動物を表すもの（動物名詞）だけでなく，**事物・現象**などを表すもの（非動物名詞）も含めて，ロシア語のすべての名詞は男性・女性・中性の３つに区別されます。どの性かは，原形（主格形）の**語末の文字**によって見分けることができます。

性	男・中・女性名詞の凡例	最後の文字	それを受ける代名詞
男性名詞	студе́нт 学生， журна́л 雑誌， костю́м 衣服／スーツ， о́фис 事務所	子音字	**он**
	Андре́**й** アンドレイ， музе́**й** 美術館， планета́ри**й** プラネタリウム	**-й**	
	жи́тел**ь** 住人／住民， слова́р**ь** 辞書	(**-ь**)	
中性名詞	письм**о́** 手紙， окн**о́** 窓， о́зер**о** 湖， молок**о́** ミルク， ма́сл**о** バター， мя́с**о** 肉， пи́в**о** ビール， вин**о́** ワイン	**-о**	**оно́**
	мо́р**е** 海， пла́ть**е** ワンピース（ドレス）， собра́ни**е** 会議， упражне́ни**е** 練習問題	**-е**	
	вре́**мя** 時間， и́**мя** 名前	(**-мя**)	

女性名詞	студе́нтка 女子学生，ко́мната 部屋，кни́га 本，библиоте́ка 図書館，балери́на バレリーナ，река́ 川，ры́ба 魚	-а	она́
	Та́ня ターニャ▼，пе́сня 歌，ле́кция レクチャー，профе́ссия 職業	-я	
	пло́щадь▼ 広場，тетра́дь ノート	(-ь)	

▶ ターニャは女性の名前 Татья́на の愛称。
▶ пло́щадь [プ ルォーしィチ] ㊛ 広場。語中でアクセントのない ща の発音は「しィ」。

名詞の性の覚え方の簡単な手順としては，まず**原則的に**，名詞の**主格形**（**主語になる形**で，辞書の見出しになる**原形**）の**語末の文字**が—

1 **子音字**や **й** で終わるのは，すべて**男性**名詞（**он**）
2 **о**，**е** で終わるのは**中性**名詞（**оно́**）
3 **а**，**я** で終わるのは**女性**名詞（**она́**）

— と覚えるとよいでしょう。また，表の右端にある，名詞を受ける**代名詞の末尾**にも注目してください。ご覧のように，名詞の性は最後の文字により，上記の表のように区別されます。

☞表の内の（-ь）と（-мя）についてはこの後の項で説明します。

ワンポイント

自然の「性」の優先について

人や動物を意味する名詞は男性か女性のいずれかです。自然性のあるもの（父，母，息子，娘など）は自然の性がそのまま文法上の性になります。

一部の男性名詞は語尾が **-а**，**-я** で終わります。たとえば **па́па** [パーパ]「パパ」，**де́душка** [ヂ エード ウシカ]「お爺ちゃん」，**дя́дя** [ヂ ヤーヂャ]「叔父さん」，**мужчи́на** [ムッッしィーナ（発音 **жч→щ**）]「男性」，**ю́ноша** [ユーナシア]「青年」などがそれです。それらは，本来の自然性が男性ですから，その**自然の性を優先して，男性名詞として扱います＝ он**（彼）。

また，**Ми́ша＜Михаи́л**，**Пе́тя＜Пётр**，**Ва́ня＜Ива́н** など男性のファーストネームの愛称も男性名詞です（導 **11** 課 **4** 参考1 参照）。

※例外的に，「子供」を意味する дитя́ [ディチャー] **は中性名詞です＝ оно́**。

-ь と -мя について

1 少数ですが，слова́рь [スラヴァーり]「辞書」や пло́щадь [プルゥオーしチ]「広場」のように -ь で終わる名詞があります。それが男性か女性かは個別に覚える必要があります。ちなみに слова́рь は男性，一方 пло́щадь は女性名詞です（後掲）。

2 -я で終わってはいるものの，вре́мя [ヴりエーミャ]「時間」，и́мя「名前」，зна́мя [ズナーミャ]「旗」のように末尾が -мя となる名詞は中性名詞です。
この -мя で終わる中性名詞の数は 10 ほどです。そのうち比較的に頻度が高いのは вре́мя，и́мя くらいです。特殊な変化をするので巻末に別個の付表を掲載します。

3 ごくわずかですが中性名詞で末尾が ё の単語があります。たとえば жильё「住居」，бельё「下着」などがそれです = оно́。

039

4 軟音記号 ь で終わる名詞の性別

ь [ミヤーヒキー ズナーク] で終わる名詞の性は，個々の単語に関して覚える必要があるので，以下に若干例を分けて示します。

♪

ОН (男性名詞)		ОНА (女性名詞)	
преподава́тель▼	講師	но́вость▼	ニュース
учи́тель	教師	национа́льность	民族／国籍
жи́тель	住人／住民	специа́льность	専門
гость	お客／客人	дочь	娘
Кремль▼	クレムリン（城塞）	тетра́дь	ノート
рубль▼	ルーブル（通貨）	пло́щадь	広場
спекта́кль	芝居／演劇	дверь	ドア
карто́фель	ジャガイモ	дета́ль	部品／ディテール
автомоби́ль	自動車	роль	役割／役
путь	道	соль	塩
дождь	雨	любо́вь	愛
день	昼／1日／曜日	о́бувь	はき物〔総称〕
слова́рь	辞書	жизнь	生活／人生
календа́рь	カレンダー	о́сень	秋
янва́рь▼	1月	ночь▼	夜
февра́ль	2月	вещь▼	物／品物

▶ -**ь** で終わる名詞のうち преподава́тель ［プ゚リプ゚ダヴ゚アーチィリ］（大学・専門学校・講習会・料理教室などの）講師，учи́тель ［ウチーチィリ］（小学校から高校までの）教師，жи́тель ［ジゥィーチリ］のように，語末が -**тель** で終わる名詞はすべて男性名詞。

例 писа́тель ［ピィサーチィリ］作家，води́тель ［ヴァディーチィリ］運転手

▶ Кремль　城塞の意味。日本語では固有名詞としてモスクワの「クレムリン宮殿」を指す。

▶ рубль ［るウーブ゚リ］は「ルーブル（ロシアの通貨）」のこと。

▶ янва́рь　月の名称はすべて男性名詞です（導 **7** 課 参照）。

▶ но́вость ［ヌオーヴ゚ァスチ］，национа́льность ［ヌツィアナーリナスチ］，специа́льность ［スピ゚ィツィアーリナスチ］のように，語末が -**ость** で終わる名詞はすべて女性名詞。

例 ю́ность ［ィユーナスチ］青春時代，ра́дость ［らーダ゚スチ］喜び

▶ ночь／вещь　-**жь**，-**чь**，-**шь**，-**щь** で終わる名詞は**女性名詞**。

※ **ж**，**ч**，**ш**，**щ** の音はその後に **ь** を加えても発音は変わりません。それでもなお名詞の末尾を -**жь**，-**чь**，-**шь**，-**щь** とするのは，この名詞が抽象的な概念を表す**女性名詞**であることを印すための文法的な措置です（ここではこれ以上深く考える必要はないでしょう）。

Ме́жду про́чим,　ちなみに…

男と女と地下鉄について

公衆トイレや рестора́н，кафе́ などでは，男性 мужчи́на，女性 же́нщина を区分けするために，それらの頭文字 **м** か **ж** を入り口に記しています。

ただし，ご注意！　大きな文字で **М** とあれば，それは метро́ の駅のマークです。しかも，地下鉄の駅にも車内にも，トイレはありませんから。

Упражне́ние　練習問題

例にならって次の食べ物の名詞の性を（　　）の中に он，оно́，она́ で記しましょう。　［例］суп スープ（он）

1）хлеб　パン（　　）
2）соль▼　塩（　　）
3）рис　米（　　）
4）сала́т　サラダ（　　）
5）карто́фель▼　ジャガイモ（　　）
6）яйцо́　卵（　　）
7）ма́сло　バター（　　）
8）сыр　チーズ（　　）
9）колбаса́　ソーセージ（　　）
10）мя́со　肉（　　）
11）ку́рица　チキン（　　）
12）ры́ба　魚（　　）
13）я́блоко　リンゴ（　　）
14）сок　ジュース（　　）

▶ 前ページ 4「軟音記号 ь で終わる名詞の性別」の表参照。

解答は巻末 **練習問題 解答** の第 **2** 課参照

Третий урок

第3課 人称代名詞の用例；職業や身分・活動分野

1 名詞の数・性を表す人称代名詞の用法おさらい

040

♪

Где журна́л▼? 雑誌はどこですか。
— **Он** здесь. — **それは**ここにあります。

▶ журна́л 雑誌。単数形の語末が子音で終わる名詞は男性名詞＝ он「彼／それ」です。

А где ма́льчик▼? ところで少年はどこですか。
— Вот **он**. — ほら**彼は**ここにいます。

▶ ма́льчик 少年 ＝男性名詞単数形です。

Где молоко́▼? ミルクはどこですか。
— **Оно́** спра́ва. — **それは**右手にあります。

▶ молоко́ ミルク。単数形の語末が o で終わる名詞は中性名詞＝ оно́「それ」です。

Яйцо́▼ здесь? 卵はここにありますか。
— Да, вот **оно́**. — はい，ほら**それ**です。

▶ яйцо́［ィィ ツォー］卵＝中性名詞単数形。

Где кни́га▼? 本はどこですか。
— **Она́** сле́ва. — **それは**左手にあります。

▶ кни́га 本 は，語末が a で終わる女性名詞単数形＝ она́「彼女／それ」です。

Де́вочка▼ здесь? 女の子はこちらにいますか。
— Нет, **она́** не здесь, а там. — いいえ，**彼女は**ここではなくて，あちらにいます。

▶ де́вочка 女の子＝ она́

Где слова́рь и ру́чка▼? 辞書とペンはどこですか。
— **Они́** там. — **それらは**あそこにあります。

▶ слова́рь 辞書 と ру́чка ペン ですから複数の人や物を指す они́ で受けます。

Где Андре́й и Ната́ша? アンドレイとナターシャはどこですか。
— Вот **они́**. — **彼らは**ほらそこにいます。

職業や身分などを表すことば

職業や身分・活動分野などを表す人の名詞は２つのグループに分かれます。

1．男性と女性で職業・身分などの呼称を使い分けるもの（Он? Она?）

Э́то брат и сестра́. こちらは（男女の）きょうだいです。 ♪

Кто они́? 彼らは誰ですか。

— Он учи́тель, и она́ то́же▼ учи́тельница.

— 彼は（小・中・高校などの）教師で，彼女も教師です。

▶ то́же 〜も，〜もまた〚英〛also；too

♪

ОН（男性）		ОНА（女性）	
слу́жащий	会社員，サラリーマン	слу́жащая［スルゥージァしゃヤ］	会社員
учи́тель	教師	учи́тельница	教師
писа́тель	作家	писа́тельница	作家
певе́ц［ピィヴィエーッ］	歌手	певи́ца［ピィヴィーツァ］	歌手
худо́жник［ふウドゥオージニィク］	画家	худо́жница［〜ニィツァ］	画家
актёр	俳優	актри́са	女優
арти́ст	芸能人	арти́стка	芸能人
спортсме́н［スパるツミェーヌ］	スポーツ選手	спортсме́нка［スパるツミェーヌカ］	スポーツ選手
студе́нт	学生	студе́нтка	女子学生
журнали́ст	ジャーナリスト	журнали́стка	ジャーナリスト
официа́нт	ウェイター	официа́нтка	ウェイトレス
медбра́т▼［ミィドゥブらートゥ］	看護師	медсестра́▼［ミィトゥスィストらー］	看護婦
▶ медици́нский брат を略して медбра́т（男性）看護師。 ▶ медици́нская сестра́ を略して медсестра́ < медици́нский ㊊ 医療の，医学の。медсестра́ は「看護婦」ですが，最近の日本語に照らすなら「（女性の）看護**師**」となりますね。			
		домохозя́йка▼［ダマハズヤーィカ］ ▶ 特に「**専業主婦**」という言い方はないので домохозя́йка「主婦」を使います。	主婦

2. 男性名詞で両性の職業や身分を代表するもの（он＝она́）

Кто э́то?　こちらはどなたですか。 ♪

— Э́то Ива́н Петро́вич Си́доров и его́▼ жена́▼ Мари́я Никола́евна.

— こちらはイヴァン・ペトローヴィッチ・シードロフ氏と彼の妻マリーヤ・ニコラエヴナさんです。

Кто он?　彼は誰（何をしている人）ですか。

— Он врач.　— 彼は医者です。

А она́?　では彼女は？

— Она́ то́же врач.　— 彼女もまた医者です。

▶ его́ 彼の；ここにある г は в「ヴ」と発音する→［ィヴォー］　▶ жена́ 妻

♪

ОН = ОНА			
экономи́ст	経済専門家	копира́йтер	コピーライター
инжене́р	技師／エンジニア	до́ктор	（称号や呼びかけ）ドクター
музыка́нт	音楽家	врач	医者
поли́тик	政治家	руководи́тель［るゥカヴァディーチリ］	指導者
юри́ст	法律家		
адвока́т	弁護士	води́тель［ヴァディーチリ］	運転手
профе́ссор	教授	по́вар［ポォーヴァる］	コック
программи́ст	プログラマー	гид［ギートゥ］	ガイド
фото́граф	写真家	преподава́тель▼［プりプダヴァーチリ］	（大学などの）講師
инстру́ктор	インストラクター		

▶ 日常会話では，女性講師・教師を意味するのに преподава́тельница［プりプダヴァーチリニィツァ］「（大学や料理講習会などの）講師」という言い方も使われます。

伝統的に多くの職業・職種は**男性名詞**で表されます。ここでもう一度，導 8課 3「**身近な単語の発音と意味の連想ゲーム—総合練習**」に戻りましょう。そこに記された「職業」профе́ссия の次にある специали́ст から「大統領／社長」президе́нт までをザッと見てください。そこにあるのはすべて**文法的には男性名詞**（いずれも語末が子音）ですが，それらは職業・職種を**男女の区別なしに表す名詞**です。

☞ Он музыка́нт, и она́ то́же музыка́нт.　彼は音楽家で，彼女も音楽家です。

Упражне́ние　練習問題

若干数の（大半は導**8**課の3で顔を出した）名詞を列挙しますので，下の表の男・中・女性名詞の列にそれらの単語を正しく配置して，筆記体で書き入れてみましょう。

киóск キオスク，мóре 海，гитáра ギター，парк 公園，пóчта 郵便局，
аэропóрт 空港，шкóла 学校，метрó 地下鉄，сóлнце［スォーヌツェ］太陽，экзáмен 試験，
лéкция レクチャー，óзеро 湖，поли́ция 警察，автóбус バス，банк 銀行，
такси́ タクシー，мýзыка 音楽，тури́зм 観光／ツアー，и́мя 名／ファーストネーム，
пóле 野原／畑，тéннис テニス，фи́зика 物理学，балéт バレエ，врéмя 時／時間，
óпера オペラ，музéй 美術館，окнó 窓，мать 母親，собрáние 会議，хи́мия 化学

ОН	ОНО	ОНА
1)	1)	1)
2)	2)	2)
3)	3)	3)
4)	4)	4)
5)	5)	5)
6)	6)	6)
7)	7)	7)
8)	8)	8)
9)	9)	9)
10)	10)	10)

解答は巻末 **練習問題 解答** の第**3**課参照

第 4 課　誰の？；私の ；～はありますか。

042

Чей?　誰のですか。

Чей▾ э́то слова́рь?　Чей слова́рь?　♪
これは誰の辞書ですか。　誰の辞書？　▶ чей［ちェイ］

Чьё▾ э́то письмо́?　Чьё письмо́?
これは誰の手紙ですか。　誰の手紙？　▶ чьё［ち・イヨー］

Чья▾ э́то ру́чка?　Чья ру́чка?
これは誰のペンですか。　誰のペン？　▶ чья［ち・イヤー］

「誰の？」**Чей**? という所有を問う疑問代名詞は，それが指す名詞単数形の**性に合わせて変化**します（複数形については後述）。

1．名詞の単数形の性に合わせる疑問代名詞

名詞単数形の性	誰の？	名詞の例
男性形（**он**）	**чей**？	слова́рь 辞書
中性形（**оно́**）	**чьё**？	письмо́ 手紙
女性形（**она́**）	**чья**？	ру́чка ペン

たとえば **мой**（私の）という所有代名詞の形も，それがかかる名詞の性によって変わります。

Э́то **мой** слова́рь.　Э́то **мой**.　♪
これは私の辞書です。　これは私のです。

Э́то **моё** письмо́.　Э́то **моё**.
これは私の手紙です。　これは私のです。

Э́то **моя́** ру́чка.　Э́то **моя́**.
これは私のペンです。　これは私のです。

所有代名詞は**「私の」мой＜я** の他にも**「君の」твой＜ты**；**「私たちの」наш＜мы**；**「あなた(方)の／君たちの」ваш＜вы** という形があり，修飾する**名詞の性に合わせて**（話者の性とは無関係に）変化します。

▶ Скажи́те, пожа́луйста, где **ваш** па́спорт? ♪
うかがいますが，**あなたの**パスポートはどちらにありますか。

— Вот **мой** па́спорт. Он здесь.
— ほら，**私の**パスポート。それはここにあります。

А где **ва́ша** ви́за? それで，**あなたの**ビザはどこですか。

— Пожа́луйста, **моя́** ви́за то́же▼ здесь.
— どうぞ，**私の**ビザもここにあります。

▶ то́же …もまた

2. 名詞単数形の性に合わせる疑問代名詞と所有代名詞のかたちの整理

修飾する名詞の単数形の性	誰の？	私(я)の／君(ты)の	私たち(мы)の／あなた(вы)の，君たちの，あなた方の	修飾される名詞の例
男性形	**чей**?	**мой／твой**	**наш／ваш**▼	**друг** 男の友人＝он
中性形	**чьё**?	**моё／твоё**	**на́ше／ва́ше**▼	**письмо́** 手紙＝оно́
女性形	**чья**?	**моя́／твоя́**	**на́ша／ва́ша**▼	**подру́га** 女友達＝она́

▶ ваш／ва́ше／ва́ша は，一人に対する「あなたの」の他にも「あなた方の」，「君たちの」の意味もあります（コミュニケーションの文脈でその意味が具体的になります）。

疑問代名詞，所有代名詞などは**名詞を修飾（形容）する機能**を持っているので，後述の**指示代名詞など**とともに一括して**「形容詞的代名詞」**とも呼ばれます。これらも修飾する名詞の性に合わせて変化します（複数形については後述）。

3. 3人称の所有代名詞 его́，её，их

3人称の所有代名詞は，**его́**▼（彼の／その），**её**（彼女の／その），**их**（彼らの／それらの）です。先に学んだ **мой** や **твой** は，限定する名詞に従ってかたちを変えますが，**3人称の所有代名詞は，限定する名詞にかかわりなく，そのまま用います。**

▶ его́ の **г** は「**в**／ヴ」と発音されます。его́ →「イヴォー」。

▶ Э́то **его́** дом. これは彼の家です。 ♪
▶ Э́то **её** оте́ц и мать. こちらは彼女の父親と母親です。
▶ Э́то **их** письмо́. これは彼らの手紙です。

его́ её их	дом, оте́ц, мать, письмо́ 家, 父親, 母親, 手紙

中性名詞 оно́ を「それの」の意味で用いるときは **его́** を使います。

例 Э́то мо́ре▾. А э́то **его́** бе́рег▾. ♪

これは海です。そしてこれはその（＝海の）岸です。

▶ мо́ре〔中＝оно́〕海　▶ бе́рег 岸（岸辺）

2 Вы не зна́ете, чей э́то ～？ これは誰の～かご存じではないですか。

♪

Вот зонт.　ほら，傘があります。

(ИК-3) (ИК-2) (ИК-1)

Вы не зна́ете, **чей**▾ э́то зо́нт?

これは誰の傘か（あなたは）ご存じではないですか。

▶ このような疑問文の中の **чей**（や чья，чьё など）は少し強く発音されます。

「(あなたは)ご存じではないですか」と言うときのパターン表現の一つは《**Вы не зна́ете,** ～？》です。「誰の」を問うなら疑問詞の **чей**，**чья**，**чьё** などが使えます。

例 ♪

Вы не зна́ете,
ご存じないですか

чей э́то уче́бник?	これは誰の教科書か。
чьё э́то пальто́?	これは誰のオーバーコートか。
чья э́то визи́тка?	これは誰の名刺か。

「すみませんが，存じません／知りません」と言うときのパターン表現は

—**Извини́те, я не зна́ю.**

3 У вас есть [ィエースチ] ～？ あなたには～はありますか／いますか。

ИК-3　ИК-1

А：У вас **есть** маши́на?　あなたには車が**ありますか**。

ИК-2

Б：Да, у меня́ **есть** маши́на.　ええ，私には車が**あります**。

А：У вас **есть** семья́?
あなたにはご家族は**ありますか**（既婚ですか）。

Б：Да, у меня́ **есть** семья́.　はい，私は家族**もちです**。

＊相手に「あなたには～はありますか／あなたは～をお持ちですか」を聞くときは，**У вас есть**～？と言います。「あるか／ないか」を問うわけですからイントネーションは**есть**の部分が上昇します（導**10**課 2 の ИК-3 の項参照）。「ある」と答えるときは**есть**の部分を強調の ИК-2 のイントネーションにします。

＊「はい，私には～は／があります／私は～を持っています」は，Да, **у меня́ есть**（～）。

＊**у вас**は「あなたには／あなたのところには」，**у меня́**は「私には／私のところには」の意味です。**есть**はここでは「ある／いる」という意味のことばで，単数のものについても，複数のものについても語形変化をさせずに使えます。

У вас **есть** де́ньги▼?　お金はありますか／お持ちですか。
— Да, у меня́ **есть**（де́ньги）.　— はい，お金はあります／持っています。

▶ де́ньги は複数形のみの名詞です。

＊否定の場合は，

— **Нет, у меня́ нет.**　— いいえ，私にはありません／私は持っていません。

ロシア語にも「**持つ**」という動詞 **име́ть**[E]（英語の have にあたる）はありますが，広くは使われず，「持っている／ある」など所持・所有を表すには，ふつうはこの《**у**＋（**меня́**，**вас**...）＋**есть**》の構文を使います。この **у** は у‿вас ／ у‿меня́ のように，後の音と続けて発音されます。

「…も…も（ある）」と言うときは《(есть) **и…, и…**》の構文を使います。 ♪

例 У негó есть и словáрь, и тетрáдь.　彼には辞書もノートもあります。
У меня́ есть и дéньги, и врéмя.　私にはお金も時間もあります。

以下，《у＋人称代名詞》の組み合わせ表現のパターンを整理しておきます。

у＋когó?（誰のところに）に関する表現法

кто? 誰？	**у когó**▼? 誰のところに？	**кто**? 誰？	**у когó**? 誰のところに？
я	**у меня́**	мы	**у нас**
ты	**у тебя́**	вы	**у вас**
он	**у негó**▼	они́	**у них**
онá	**у неё**		

▶ когó［カヴォー］，негó［ニィヴォー］。ここにある г は в「ヴ」と発音する。

《у＋人称代名詞》の表現は**第 21 課**以降の「生格」の項で応用されます。

У вас есть брат?　あなたには兄弟はいますか。 ♪
— Да, есть.　— ええ，います。
Как егó зовýт?　彼の名はなんといいますか。
— Егó зовýт Николáй.　— 彼の名はニコライです。
Кто он?　彼は誰ですか（何をしている人ですか）。
— Он программи́ст.　— 彼はプログラマーです。

ワンポイント

есть の用法について ♪

話し手の関心が「何が，どこに，どんなのが」などにあるときは，「～がある／いる」という述語にあたることばは使いません。

例 Газéта здесь. 新聞はここにある。／ Впереди́ мóре. 前方には海がある。

ただし，何かが「あるのか（ないのか）」が問われているとき，「ある」と表現するには必ず **есть** を用います。

▶ У тебя́ **есть** вре́мя?　君，いま時間ある（君には時間はありますか）？

— Да, **есть**.　— うん，あるよ。

▶ У них **есть** дом?　彼らには家はありますか。

— **Есть**!　— ありますよ。

Упражне́ние　練習問題

以下の文を和訳してください。話し手Aは男性「僕」で訳しましょう。

А：Вот мой альбо́м.

Б：А кто это́?

А：Э́то моя́ ста́ршая▼ сестра́.　▶ ста́рший ㊎ 年上の，ста́ршая сестра́ ＝姉

Б：Как её зову́т?

А：Её зову́т Екатери́на.

Б：Кто она́?

А：Она медсестра́▼.　▶ медсестра́ ㊛ 看護師（既出）

Б：У неё есть семья́?

А：Да, есть. У неё (есть▼) муж, сын и дочь.

▶ この場合もう「有無」が問題ではなくて，いるのは誰かに関心が移っているのでこの文では есть「あります／います」は省略されます（上記の **ワンポイント** の解説参照）。

解答は巻末 **練習問題 解答** の第**4**課参照

Пя́тый уро́к

第5課 音と綴り；正書法；誰の？；名詞の複数形

1 音と綴りにかかわる基本的な法則と規則

1. 硬・軟母音字の対応の法則

硬母音字	а	ы	у	о
軟母音字	я	и	ю	е/ё

発音上の硬・軟母音の対応はすでに導3課で学んだとおりです。ここに挙げた**文字の対応**のなかでは，**о** と **е** は，発音上は対応していませんが，文法変化上は対応します（**第2課**で学んだ中性名詞の語尾にこの **о** と **е** のタイアップが見られました）。また，多くの変化形式には**硬・軟変化**というものがあるので，この対応関係を知っておく必要があります。この法則はこの課で学ぶ名詞の複数形の語尾にも関係しますし，後に学ぶ形容詞の語尾にも現れます。

2. 綴り字の規則（正書法）

日本語では「お」と「を」を書き分ける「ず」と「づ」を使い分けるなど綴り字の規則（**正書法**）があるように，ロシア語にも一定のルールがあります。それは，たとえば **г, к, х**，および **ж, ш, ч, щ** の後には ***я, ы, ю*** を書いてはならないというものです。もし変化形式上そうなるときは，それぞれの対応の母音字である **а, и, у** を書きます。この規則は名詞の複数形を作るときに適用されます。たとえば語尾の音が本来 **-гы** であるべきところは，正書法に従い **-ги** とするのがそのルールです。

г, к, х, ж, ч, ш, щ + **а, и, у**
~~я, ы, ю~~

便宜的に **г, к, х, ж, ч, ш, щ** の後には「ア・イ・ウ」を書くと覚えましょう。なおこのルールは，形容詞や動詞などの語尾にも適用されます。

2 名詞の複数形

下の表のように，名詞の**単数形**の**語末**を変えると**複数形**になります。

⚠再確認：語末を変えるときには，**г**，**к**，**х**，**ж**，**ш**，**ч**，**щ** の後には **ы** を書いてはなりません。変化形式上そうなるときは，対応の母音字である **и** を書きます。

アクセントが移動する単語にも要注意。

性	単数形	複数形 ♪	意味（単数形）	複数形語尾
он 男性	студе́нт▼1 журна́л о́фис	студе́нт**ы** журна́л**ы** о́фис**ы**	学生 雑誌 事務所	＋ -**ы**
	банк каранда́ш врач	ба́нк**и**▼2 карандаш**и́**▼3 врач**и́**▼2, 3	銀行 鉛筆 医者	＋ -**и**
	музе́**й**	музе́**и**	美術館	-й → -**и**
	жи́тел**ь** слова́р**ь**	жи́тел**и** словар**и́**▼3	住人／住民 辞書	-ь → -**и**
оно 中性	окн**о́** письм**о́** о́зер**о**	о́кн**а**▼3 пи́сьм**а**▼3 озёр**а**▼3	窓 手紙 湖	-о → -**а**
	пла́ть**е** мо́р**е** собра́ни**е** зда́ни**е**	пла́ть**я** мор**я́** собра́ни**я** зда́ни**я**	ドレス，ワンピース 海 会議 ビルディング	-е → -**я**
она 女性	балери́н**а** ко́мнат**а**	балери́н**ы** ко́мнат**ы**	バレリーナ 部屋	-а → -**ы**
	студе́нтк**а** кни́г**а**	студе́нтк**и**▼2 кни́г**и**▼2	女子学生 本，書物	-**а** → -**и**
	Та́н**я** аудито́ри**я**	Та́н**и** аудито́ри**и**	ターニャ 講義室	-**я** → -**и**
	пло́щад**ь**	пло́щад**и**	広場	-**ь** → -**и**

▶[1] **末尾が子音字で終わる男性名詞**には語尾がないので「**ゼロ語尾**」と呼びます。これについて詳しくは次ページの**ワンポイント**内を参照。

▶[2] **男性名詞の複数形語尾**が ба́нк**и**，каранда**ши́**，вра**чи́** となるのは，**ы** の代わりに **и** を書くべしという正書法の規則によるものです。
女性名詞のグループにみられる複数形語尾が студе́нтк**и**, кни́г**и** となるのも同様，正書法に従うものです。

▶[3] アクセントが移動するタイプには要注意です。

ワンポイント

語幹と語尾について

複数形への変化や格変化（後述）などの語形変化に際して，変化しない部分を**語幹**，変化する部分または付け加えられる部分を**語尾**と言います。

子音文字で終わる男性名詞（例 студе́нт 学生，врач 医師）は**語幹**だけで成り立っている単語なので，主格形（**主語になる形・原形**）は無語尾です。☞**ゼロ語尾**とも言います。ゼロ語尾の男性名詞が複数形であることを示すためには，студе́нты，врачи́ のように，それぞれ ы，и の**語尾**が語末に付け加えられます。

それ以外の名詞の主格形には**性**と**数**を表す**語尾**が付いています（たとえば，女性名詞単数形の студе́нтка 女子学生，中性名詞単数形の окно́ 窓 など）。

046

3 名詞の複数形をめぐる規則（まとめ）

1 中性名詞を除いて複数形の語尾は基本的に **ы** か **и** になる。
中性名詞の複数は単数語尾が **о** なら **а**，**е** なら **я**。（硬母音 о → 硬母音 а；軟母音 е → 軟母音 я の対応がみられる。この課の **1** の 1 参照。）

2 綴り字の規則の作動。**г，к，х，ж，ш，ч，щ** の後には ы → **и** を書く。

3 アクセントの移動。複数形のアクセントの位置が単数形と違うものがある。
左の表では каранда́ш → карандаш**и́**，врач → врач**и́**，слова́рь → словар**и́**，окн**о́** → **о́**кна，письм**о́** → п**и́**сьма，**о́**зеро → оз**ё**ра。
その他にたとえば，сестр**а́** → с**ё**стры，стол → стол**ы́**。

※ 2，3 音節の中性名詞の多くが移動する。

4 母音がなくなってしまうものがある。今までに出た単語では **оте́ц**「父親」，**отцы́**「父親たち」のみ。ちなみに **япо́нец** ㊚「日本人」，**япо́нцы** ㊗「日本人たち」もこれに準じる。
※語形変化の際に現れたり消えたりする母音を**出没母音**と呼ぶ。

5 上の表に当てはまらない**不規則な複数形を持つ名詞**が若干ある。 ♪

男性 単数形	複数形	意味
дом	дом**а́**	家，建物
го́род	город**а́**	町，都市
па́спорт	паспорт**а́**	パスポート
по́езд	поезд**а́**	汽車／列車
ве́чер	вечер**а́**	夜，夕刻

男性 単数形	複数形	意味
брат	бра́т**ья**▼	男兄弟
муж	муж**ья́**	夫
друг	друз**ья́**	友人
стул	сту́л**ья**	イス
сын	сын**овья́**	息子

▶ドストエフスキーの長編『カラマーゾフの兄弟』は «Бра́тья Карама́зовы»。

例外

я́блоко [ィヤーブ ラカ]「リンゴ」は語尾が **о** で終わる中性名詞の単数形だが，複数形の語尾は例外的に **а** ではなくて **и** → я́блок**и**。
また，де́рево「木」も語尾が **о** で終わる中性名詞の単数形だが，その複数形はдере́в**ья** [ヂ リェーヴィ・ャ] となる。

6 単数と複数で異なった語幹を持つ名詞がある。
челове́к ひと，人間 ── лю́ди 人々 ♪
ребёнок 子供 ── де́ти 子供たち

7 複数形のみの名詞もある。 ♪
роди́тели 両親；брю́ки ズボン；очки́ [アちキー] メガネ；часы́ [ちィスゥィー] 時計；но́жницы [ヌォージ ニィツゥィ] ハサミ；фру́кты 果物；о́вощи 野菜；стихи́ 詩作品・詩文；перегово́ры 交渉／商談；де́ньги [チェーニギィ] お金 など。

ことわざ (**посло́вица**)
Вре́мя – де́ньги.▼ 時は金なり

▶ вре́мя ㊥ 時；де́ньги ㊗ 金（カネ）

名詞の複数形にかかる疑問代名詞と所有代名詞

1. 名詞の複数形に合わせる疑問代名詞と所有代名詞のかたち

	各性に共通	修飾される**複数形**
疑問代名詞　誰の？	**чьи**?	名詞の例
所有代名詞　1人称 私（**я**）の／君（**ты**）の	**мои́** ／ **твои́**	друзья́ 男・複 友人達 пи́сьма 中・複 手紙 подру́ги 女・複 女友達
所有代名詞　2人称 私たち（**мы**）の／あなた（**вы**）の，君たちの，あなた方の	**на́ши** ／ **ва́ши**	

名詞の複数形にかかる疑問代名詞や所有代名詞には**性の区別はなく，ひとつの形しかありません。**

♪

- **Чьи** э́то друзья́?　これは誰の友達(男)ですか。
  — Э́то **мои́** друзья́.　— これは私の友達です。
  Э́то **твои́** друзья́.　これは君の友達です。

- **Чьи** э́то подру́ги?　これは誰の友達(女)ですか。
  — Э́то **мои́** подру́ги.　— これは私の友達です。
  Э́то **на́ши** подру́ги.　これは私たちの友達です。

- **Чьи** э́то пи́сьма?　これは誰の手紙ですか。
  — Э́то **ва́ши** пи́сьма.　— これはあなたの手紙です。

2. 名詞の複数形にかかる3人称の所有代名詞 его́，её，их

3人称の所有代名詞（→第**4**課）его́（彼の／その），её（彼女の／その），их（彼らの／それらの）は，**名詞の複数形にかかるときも変化しません。**

♪

- Э́то Андре́й. Э́то **его́** де́ти▼.
  これはアンドレイ。これは彼の子供たちです。

▶ де́ти 複 子供たち

- Э́то Ната́ша. Э́то **её** де́ти.
  これはナターシャです。これは彼女の子供たちです。

- Э́то Андре́й и Ната́ша. А э́то **их** де́ти.
  これはアンドレイとナターシャです。これは彼らの子供たちです。

Э́то	его́ её их	друзья́, пи́сьма, подру́ги

Э́то **его́** друзья́.
Э́то **её** пи́сьма.
Э́то **их** подру́ги.

ワンポイント

外来語由来の名詞で末尾が -о, -е, -и, -ю の名詞の大半は中性名詞で，語尾変化をしない不変化名詞です。複数形はありません。以下はその一例です。

♪

- кино́　映画
- метро́　地下鉄
- пальто́ [パリトゥォー] オーバーコート
- пиани́но　(竪型の) ピアノ
- ра́дио [らーディオ]　ラジオ
- дзюдо́ [ドゥズュドオー]　柔道
- карате́ [カらテー]　空手
- кафе́ [カフェー]　カフェ
- ко́фе▼ [クォーフィェ]　コーヒー
- саке́ [サケ-]　日本酒
- ре́гби [れーグ ビィ]　ラグビー
- такси́　タクシー
- хо́бби [ふぉービィ]　趣味／ホビー
- цуна́ми　津波
- су́си (су́ши とも言う)　すし
- меню́ [ミィニュー]　メニュー
- интервью́ [イヌテるヴィ・ィユー] インタビュー

▶ ко́фе [クォーフィェ] は不変化名詞で，従来の規範文法では男性名詞＝ он ですが，最近のくだけた日常会話体では中性名詞としての用法＝ оно́ も認められています。私たち外国人にとっては男性名詞として用いるほうが無難です（キチンと勉強しているんだな，と受け止めてもらえるようです）。

下線部のように，外来語の単語の一部の綴り о，те，фе，ре はそれぞれ о [オ]，тэ [テ]，фэ [フェ]，рэ [れ] と発音されることがあります。

Шестóй урóк

第6課 形容詞；какóй? どんな～？；形容詞の対義語

048

形容詞・そのかたち

Э́то **интерéсный**▼ ромáн.	これは面白い小説です。
Э́то **интерéсное** письмó.	これは面白い手紙です。
Э́то **интерéсная** кни́га.	これは面白い本です。
Э́то **интерéсные** лю́ди.	これは面白い人たちです。

▶интерéсный ㊝ 面白い

形容詞は，それが関係する名詞の性・数・格に従って語尾変化します。

その語尾の**基本型は３つ**。男性形（辞書の見出し形）の語尾の型（**-ый** か **-óй** か **-ий** か）がわかれば以下に記すパターンに当てはめて語尾変化ができます。

３つの基本型

まず男性形語尾の原形が нóвый「新しい」，молодóй「若い」，сосéдний「隣の」の例で**基本型**を観察しましょう。

	I -ый	II -óй	III -ий	形容される名詞の例
он	нóв**ый**	молод**óй**	сосéдн**ий**	журнáл 雑誌，врач 医師，дом 家／建物
онó	нóв**ое**	молод**óе**	сосéдн**ее**	плáтье ワンピース（ドレス），винó ワイン，окнó 窓
онá	нóв**ая**	молод**áя**	сосéдн**яя**	пéсня 歌，певи́ца 歌手，кóмната 部屋
они́	нóв**ые**	молод**ы́е**	сосéдн**ие**	журнáлы，врачи́，домá，плáтья，ви́на▼，óкна，пéсни，певи́цы，кóмнаты

▶ винó の複数形 ви́на は「複数の／様々な種類のワイン」を意味します。

【解説】

1. 形容詞の語尾変化の**標準形**は表の**I の型**です。
2. II の型は，男性単数形の語尾 **-ой** にアクセントがある（**-óй**）型ですが，**その他の場合，語尾の形は I の型と同じです。**

[I] **の型の例**： ста́р**ый** 古い，кра́сн**ый** 赤い，краси́в**ый** 美しい，
тру́дн**ый** 困難な

[II] **の型の例**： больн**о́й** 病気の，друг**о́й** 他の／違う，прост**о́й** 単純な

3 [III] の型では，語尾が男性形で **-ий**，中性形 **-ее**，女性形 **-яя**，複数形で **-ие** になります。これを**軟（語尾）変化**形容詞と呼びます（下の**ワンポイント**参照）。

[III] **の型の例**： си́н**ий** 青い（＝紺／藍色の），после́дн**ий** 最後・最新の，
у́тренн**ий** 朝の，зи́мн**ий** 冬の

4 形容詞の複数形には性の区分はなく，ひとつの形しかありません。

интере́сн**ые** студе́нты　面白い男子学生たち

интере́сн**ые** студе́нтки　面白い女子学生たち

ワンポイント

но́вый「新しい」と сосе́дний「隣の」という形容詞の基本型を比較してみましょう。それぞれの語尾（変化する末尾）**-ый**；**-ий** の 1 番目の文字にご注目。

性	硬変化	軟変化	硬母音		軟母音
он	**но́вый**	**сосе́дний**	**ы**	-	**и**
оно́	**но́вое**	**сосе́днее**	**о**	-	**е**
она́	**но́вая**	**сосе́дняя**	**а**	-	**я**
они́	**но́вые**	**сосе́дние**	**ы**	-	**и**

それぞれの語尾の第 1 母音字が，но́вый では語尾変化に際して **о**，**а**，**ы** となる。一方，сосе́дний では **е**，**я**，**и** になります。

硬母音 ы，**о**，**а**，**ы** を伴うタイプを**硬変化形容詞**，それに対して**軟母音 и**，**е**，**я**，**и** を伴うタイプを**軟変化形容詞**と呼びます。

си́н**ий** 青色の，зи́мн**ий** 冬の　なども軟変化形容詞（[III] の型）です。

ма́ленький「小さな」，**большо́й**「大きい」，**хоро́ший**「良い」のパターン

	[I'] -*кий*	[II'] -*шо́й*	[III'] -*ший*
он	ма́лень***кий***	боль***шо́й***	хоро́***ший***
оно́	ма́лень***кое***	боль***шо́е***	хоро́***шее***
она́	ма́лень***кая***	боль***ша́я***	хоро́***шая***
они́	ма́лень***кие***	боль***ши́е***	хоро́***шие***
	硬変化＋正書法		**軟変化＋正書法**

もともとは硬変化あるいは軟変化の型なのに，**綴り字の規則**が適用されるため，このように**硬軟混合**タイプになる形容詞があります。

【解説】

Ⅰ', Ⅱ', Ⅲ' はそれぞれ Ⅰ, Ⅱ, Ⅲ の型に正書法が適用される混合タイプです。

☞ 一通り説明しますが，覚えるというよりも理解するつもりで目を通してください。

Ⅰ' の ма́лень***кий*** は，もともと**硬変化** но́в**ый** の型に**正書法**が適用される例です。つまり，**г**, **к**, **х** の後に **ы** を綴ってはならず，その代わりに **и**（軟母音字）を書くという規則に従い，男性単数と複数形がそれぞれ ма́лень***кий***, ма́лень***ки*е** となります。стро́***гий***「厳格な」，ти́***хий***「静かな」も複数形は стро́***ги*е**, ти́***хи*е** となります。

Ⅱ' の боль***шо́й*** も，もともと男性単数形の語尾 **-ой** にアクセントがある молод**о́й** と同じく**硬変化**です。けれども **ж**, **ш**, **ч**, **щ** の後に **я**, **ы**, **ю** を書いてはならず，代わりに **а**, **и**, **у** を書くという規則に従い，**ы** の代わりに **и** を書いて боль***ши́е*** としています。

Ⅲ' の хоро́**ший** の型は，もともと**軟変化** сосе́дн**ий** の**型**に**正書法**が適用される例です。つまり，**ж**, **ш**, **ч**, **щ** の後に **я**, **ы**, **ю** を綴ってはならず，代わりに **а**, **и**, **у** を書くという規則に従い，女性単数形が хоро́***ша*я** となります（**а** は硬母音字）。正書法の規則に従ったので，いわば硬・軟変化の混合タイプになっています（その他 **-жий**, **-ший**, **-чий**, **-щий** 型の形容詞もこれと同様の変化をします）。

049

「これはどんな〜ですか」と尋ねる疑問詞 **како́й** を使ってみる

♪

A : **Како́й** э́то каранда́ш?
これはどんな（何色の）鉛筆ですか。

Б : Э́то **си́ний** каранда́ш.
これは青鉛筆です。

A : **Како́е** э́то вино́?
これはどんな（どこの国の）ワインですか。

Б : Э́то **италья́нское**▼ вино́.
これはイタリアのワインです。

A : **Кака́я** э́то пло́щадь?
これはどんな（何という）広場ですか。

Б : Э́то **Кра́сная**▼ пло́щадь.
これは「赤の広場」です。

A : **Каки́е** э́то студе́нты?
これはどんな（どこの国の）学生ですか。

Б : Э́то **япо́нские** студе́нты.
これは日本人学生です。

▶ италья́нское < италья́нский ㊎ ［イタリ・ィヤーヌスキィイ］ イタリアの

▶ кра́сный ㊎ 赤い，赤色の（古語で「美しい」の意味）; Кра́сная пло́щадь は固有名詞（モスクワの中心にある）

050

3 身近な形容詞とその анто́нимы ㊥ 対義語

но́вый　新しい	⇔	ста́рый　古い	♪
молодо́й　若い	⇔	ста́рый　老いた，年寄りの	
хоро́ший　良い	⇔	плохо́й　悪い ≒ нехоро́ший	
большо́й　大きい	⇔	ма́ленький　小さい	
дорого́й　高い，高価な	⇔	дешёвый　安い，安価な	
интере́сный　面白い	⇔	неинтере́сный　つまらない	
вку́сный [フクゥースヌゥィ]　おいしい	⇔	невку́сный　おいしくない，まずい	
широ́кий　広大な	⇔	у́зкий　狭い	
дли́нный　（丈や時間の）長い	⇔	коро́ткий　短い	
пе́рвый　1番目の，最初の	⇔	после́дний　最後の；最新の	

Упражне́ние　練習問題

[　　]のなかに左記の形容詞や形容詞的代名詞を相応する形で記入しましょう。

[例] молодо́й 若い　[молода́я] балери́на バレリーナ

1) наш 私たちの　[　　　] студе́нтки 女子学生
2) большо́й 大きい　[　　　] ко́мната 部屋
3) япо́нский 日本の　[　　　] бизнесме́ны 実業家
4) ма́ленький 小さい　[　　　] река́ 川
5) ру́сский ロシアの　[　　　] музе́й 美術館
6) плохо́й だめな，悪い　[　　　] слова́рь 辞書
7) си́ний 青色の　[　　　] мо́ре 海
8) интере́сный 面白い　[　　　] кни́ги 本
9) краси́вый きれいな　[　　　] пла́тье ワンピース／ドレス
10) сосе́дний 隣の　[　　　] дере́вня 村
11) хоро́ший 良い，素晴らしい　[　　　] ю́ность 青春時代
12) ваш 皆さんの　[　　　] преподава́тель 講師
13) кра́сный 赤色の　[　　　] зда́ние ビルディング
14) после́дний 最後の／最近の　[　　　] собра́ние 会議
15) ску́чный▼ 退屈な　[　　　] уро́ки 授業

▶ ску́чный 退屈な，面白くない。発音は ч → ш [スクゥーシヌゥィ]

解答は巻末 **練習問題 解答** の第**6**課参照

Седьмóй урóк

第7課 形容詞の用法；指示代名詞「この／その」；最上級；副詞

051

1 形容詞の用法

1 形容詞（および形容詞的代名詞）が**修飾語**として用いられるとき，通常，名詞の前に置かれます。

♪

- Э́то молодóй врач. こちらは若い医師です。
- Э́то нáша нóвая учи́тельница. こちらは私たちの新しい先生です。
- Э́то нáше нóвое большóе здáние.
  これは私たちの新しい大きなビルディングです。
- Здесь óчень хорóшие студéнты▼. ここにはとても良い学生たちがいます。

▶ 男子学生の複数形 студéнты は男女の学生を総称する意味でも用いられます。

2 形容詞（および形容詞的代名詞）は述語（だ／です／である）としても用いられます。

♪

- Наш дом **стáрый**. 私たちの家は古いです。
- Вáша мать **краси́вая**. あなたのお母さんは美しいです。
- Мои́ часы́ **дороги́е**▼. 私の時計は高額です。

▶ дороги́е < дорогóй 高い，高価な

- Э́тот▼ словáрь **мой**. この辞書は私の（もの）です。

▶ Э́тот この課の **2** を参照。

3 名詞として用いられる形容詞もあります。

рýсский「ロシアの」，больнóй「病気の」のようにもとは形容詞だが，名詞としても用いられる単語があります。これらの単語は形容詞として変化します（たとえば女性を指すなら形容詞の女性形）。

рýсский，рýсская；рýсские　ロシア人の男性，女性；ロシア人たち
больнóй，больнáя；больны́е　病人（患者）の男性，女性；病人（患者）たち

♪

- Кто они́? 彼らは誰ですか。
  —Они́ рýсские. — 彼らはロシア人です。
- Кто здесь? ここにいるのは誰ですか。
  —Здесь больны́е. —（ここにいるのは）病人（患者）の皆さんです。

そのほかに，名詞化した形容詞としては
рабо́чий 労働者；рабо́чие 複，　учёный 学者；учёные 複
があります。この形容詞の女性形は名詞としては用いられません。

Он рабо́чий.　彼は労働者です。／Они́ учёные.　彼らは学者です。 ♪

столо́вая 女（<стол テーブル／食卓）「ダイニングルーム；公共食堂」という名詞も女性形の形容詞が名詞化したものです。студе́нческая столо́вая 学食。

挨拶にも使われる

導 6 課 3 で学んだ挨拶の 1 つに До́брое у́тро!（おはようございます！）がありました。形容詞 до́брый の元来の意味は「善良な；喜びをもたらす」などです。これが挨拶に用いられて慣用表現 До́бр**ый** день!（こんにちは！），До́бр**ый** ве́чер!（こんばんは！）などが出来上がっています。у́тро は中性名詞，день と ве́чер は両方ともに男性名詞（形容詞は名詞と一致していますね）。ほかにも，夜遅めの挨拶として，ночь 女「夜，夜中」を用いた До́бр**ая** ночь!（良い夜ですね！≒（遅めの）こんばんは！）もあります。

052

2 指示代名詞「この」「その」

人や物を指して「この」「その」を意味する指示代名詞 э́тот；тот も形容詞と同じく，それがかかる（修飾する）語の性と数に応じて語尾が異なります。

性・数	この／その こちらの	あちらの	指される人や物
男性形／он	э́тот	тот	инжене́р エンジニア，журна́л 雑誌
中性形／оно́	э́то▼	то	окно́ 窓，по́ле 草原
女性形／она́	э́та	та	актри́са 女優，карти́на 絵
複数形／они́ 3 性共通	э́ти	те	инжене́ры，о́кна，актри́сы，часы́ 時計，брю́ки ズボン

▶ 表中の э́то については次ページの※印の説明を参照。

Како́й э́то журна́л?　これはどんな雑誌ですか。 ♪
— Э́тот? О́чень▼ интере́сный.　— この（雑誌）？ とても面白い（雑誌）ですよ。

▶ о́чень 副 とても，非常に，すごく（既出）＝〖英〗very

➠ Э́т**а** ры́б**а**▾ вку́сн**ая**▾.　この魚はおいしいです。

▶ ры́ба ㊛ 魚　▶ вку́сная < вку́сный ㊒ [フクゥースヌゥィ] おいしい

➠ Э́т**о** мя́с**о**▾ дорог**о́е**.　この肉は高額です。　▶ мя́со ㊥ [ミャーサ] 肉

※ ここに出てきた指示代名詞の中性形 **э́то** は，述語の前に置かれて「**これは～だ／です**。」という文を作るおなじみの э́то（助詞）とは違います。ここで初出の э́то は別物〔指示代名詞・中性形〕で，中性名詞を指して「この～」を意味します。

【比較】　♪

1 **Э́то** хоро́шее▾ италья́нское вино́.　**これは**上等のイタリア・ワイン**です**。

▶ хоро́шее < хоро́ший ㊒ 良い，上等の

Э́то италья́нское вино́ вку́сное.　**このイタリア・ワインは**おいしいです。

2 **Э́то** широ́кое▾ по́ле▾.　**これは**広大な草原**です**。

▶ широ́кое < широ́кий ㊒ 広大な，広い　▶ по́ле ㊥ 草原

Э́то по́ле широ́кое.　**この草原は**広大です。

э́тот は「これ，この；それ，その」を意味します。ただし，近くにあるものを**比較**するときは，э́тот が「これ，この，こちらの」の意味で用いられ，それに対して **тот** が「その，あちらの」を意味します。

➠ Э́тот журна́л интере́сный.　この雑誌は面白いです。　♪

➠ **Э́тот** журна́л интере́сный, а **тот** (журна́л)▾ неинтере́сный.

この雑誌は面白いが，**あちらの**（雑誌）は面白くない。

▶ 同じことばが繰り返される場合，指示代名詞があれば後者（журна́л）を省いてもかまわない。

➠ Э́та ры́ба о́чень вку́сная, а та (ры́ба) невку́сная.

この魚はとてもおしいけれど，あちらの（魚）はおいしくないです。

➠ Э́то окно́ большо́е, а то (окно́) ма́ленькое.

この窓は大きいが，あちらの（窓）は小さい。

➠ Э́ти си́ние▾ брю́ки▾ дли́нные▾, а те ора́нжевые▾ (брю́ки) коро́ткие▾.

この紺色のズボンは長いが，あちらのオレンジ色の（ズボン）は短い。

▶ си́ние < си́ний 紺（青）色の　▶ брю́ки〔㊐のみ〕ズボン

▶ дли́нные < дли́нный 長い　▶ ора́нжевые < ора́нжевый オレンジ色の

▶ коро́ткие < коро́ткий 短い　※ дли́нный ⇔ коро́ткий

3 色の形容詞

цвет [ツヴィエート] 色，色彩　(кра́сный цвет = 赤い色) ♪	
赤色の	кра́сный▼, -ое, -ая, -ые. ▶ 語尾が -**ый** のタイプは**硬変化**形容詞（I の型）。
橙色の	ора́нжевый（オレンジ色の）
黄色の	жёлтый
緑色の	зелёный
水(空)色の	голубо́й▼ -о́е, -а́я, ы́е（〚英〛 light blue） ▶ -**о́й** は語尾にアクセントがあるタイプ（II の型）。
青色の	си́ний▼, -ее, -яя, -ие（〚英〛 blue） ▶ 語尾が -**ий** のタイプは**軟変化**形容詞（III の型）。
紫色の	фиоле́товый（すみれ色の）
白色の	бе́лый
黒色の	чёрный
灰色の	се́рый
茶色の	кори́чневый（褐色の）
ピンク色の	ро́зовый（ばら色の）

4 形容詞の最上級 **са́мый** ～「最も（いちばん）～な」

А：Како́й писа́тель **са́мый**▼ популя́рный▼? ♪
どの作家がいちばん人気がありますか。
▶ са́мый 最も，いちばん～　▶ популя́рный 形 人気のある

Б：Э́тот япо́нский писа́тель **са́мый** популя́рный.
この日本の作家が最も人気があります。

А：Как его́ зову́т?　彼の名は？

Б：Его́ зову́т Харуки Мураками.　ハルキ・ムラカミです。

А：Скажи́те, пожа́луйста, како́е пальто́ **са́мое** дешёвое?
ちょっと教えてください，どのオーバーコートがいちばん安いですか。

Б：Э́то си́нее пальто́ **са́мое** дешёвое.
この青色（紺／藍色）のオーバーコートがいちばん安いです。

А：Кака́я ры́ба **са́мая** вку́сная?
どの魚がいちばん美味しいですか。

Б：Э́та кра́сная ры́ба **са́мая** вку́сная.
この赤い魚がいちばん美味しいです。

А：Каки́е часы́ **са́мые** дороги́е?
どの時計がいちばん（値段が）高いですか。

Б：Э́ти ма́ленькие часы́ **са́мые** дороги́е.
この小さな時計がいちばん高いです。

са́мый「最も，いちばん～」。「**са́мый ＋形容詞**」で**最上級**が作られます。са́мый も**形容詞に合わせて**性・数・格の**変化**をします。（最上級の表現法は他にもあります。）

ワンポイント

単数の相手を **вы**「あなた」で呼んで「あなたは賢いです」のように形容詞を述語にするとき，**вы** が男性なら**男性単数形**を用いて，**Вы у́мный.** とします。**вы** が女性なら**女性単数形**を使って **Вы у́мная.** とします。

Упражне́ние　練習問題

以下のミニ会話を和訳してください。

А：Э́то ро́зовое пла́тье но́вое и́ли ста́рое?
Б：Оно́ но́вое и дорого́е.
А：А то чёрное пальто́ то́же но́вое и дорого́е?
Б：Нет, оно́ ста́рое и дешёвое.
А：Э́то но́вое дорого́е пла́тье её, а то ста́рое дешёвое пальто́ его.
У неё есть де́ньги, а у него́ нет.

解答は巻末 練習問題 解答 の第**7**課参照

055

形容詞から作られる副詞とその使い方

多くの形容詞の語尾 -ый, -ой, -ий（これを**長語尾**と言う）を **-о** にすると副詞ができます。たとえば，интерéсн**ый** → интерéсн**о**「面白く／い」，плох**óй** → плóх**о**「悪く／下手に」，хорóш**ий** → хорош**ó**「上手に／うまく」のようになります。副詞は活用（語尾変化）せず，そのほとんどは **-о** で終わっています。副詞は**動詞を修飾（コメント）**したり；**述語**（…だ／です）になったり（**述語副詞**と言う）します。

♪

Он **хорóший** студéнт. Он **хорошó** говори́т по-рýсски.
彼は**良い**学生です。彼は**上手に**ロシア語を話します。

Они́ **хорóшие** студéнты. Они́ **хорошó** читáют по-англи́йски.
彼らは**良い**学生たちです。彼らは**上手に**英語を読みます。

Он **внимáтельный** студéнт. Он слýшает **внимáтельно**.
彼は**注意深い**学生です。彼は**注意深く**聞いています。

Онá **невнимáтельная** студéнтка. Потомý что онá слýшает **невнимáтельно**.
彼女は**注意散漫な**学生です。なぜなら，彼女は**ボーッと**聞いているからです。

Э́то **интерéсная** кни́га? —Да, э́то **интерéсно**.
これは**面白い**本ですか。 —はい，これは**面白いです**。

Э́то **вкýсное** винó? —Да, э́то **вкýсно**.
これは**おいしい**ワインですか。 —はい，これは**おいしいです**。

Рýсский язы́к **трýдный**? ロシア語は**難しい**（言語）ですか。

—Читáть по-рýсски ужé▾ **легкó**, но говори́ть по-рýсски ещё▾ **трýдно**.
—ロシア語で読むのは**もう楽（容易）です**が，ロシア語で話すのはまだ**難しいです**。

▶ужé もう ▶ещё まだ

Здесь **хóлодно**, а там **теплó**.
ここは**寒い**が，あちらは**暖かい**（**状態**を表す**述語**）。

若干の形容詞と副詞のかたち

♪

形容詞 како́й?　どのような？			副詞 как?　いかに？	
краси́вый	美しい	—	краси́во	美しく；きれいだ
лёгкий	軽い，容易な，簡単な	—	легко́*	簡単に，楽に；楽だ
плохо́й	良くない，悪い，下手な	—	пло́хо*	下手に；悪い
жа́ркий	熱い，暑い	—	жа́рко	熱く，激しく；暑い
тёплый	あたたかい，優しい	—	тепло́*	あたたかく；あたたかい
холо́дный	寒い，冷たい	—	хо́лодно*	冷たく；冷たい，寒い
гро́мкий	大声の，大音響の，騒々しい	—	гро́мко	大声で，大音響で
ти́хий	静かな，穏やかな	—	ти́хо	静かに；静かだ，平穏だ
бы́стрый	速い，急激な	—	бы́стро	速く，急いで，早口に
ме́дленный	ゆっくりとした，緩慢な	—	ме́дленно	ゆっくりと，緩慢に
пра́вильный	正しい，真実の，正確な	—	пра́вильно▼	正しく，正確に；正しい

▶ 相づちとしても使います：Пра́вильно!「そう／そのとおりです！」

＊アクセントが移動するタイプに注意。

Восьмóй урóк

第8課 格変化とは？；名詞や形容詞の主格形の整理

056

1 格とは？ 格変化とは？

英語で who や whose（who の所有**格**）whom（who の目的**格**）などがあるように，ロシア語でも「**格（падéж と呼ぶ）**」があります。**格とは，語結合や文の構成の中で名詞が他の語とどのような関係にあるかを意味するもの**です。**名詞**が格に従って形を変えることを**格変化**と言います。（←こういうお堅い用語に一々ひるまないこと！）

日本語ではこの役割を助詞（て，に，を，は）が引き受けますが，ロシア語では名詞そのものが語末の形を変えるのです。格は６つあり，それらは主格，生格，与格，対格，造格，前置格と呼ばれます。いまそのすべてを一挙に覚える必要はありませんが，６つの格の全体像をつかむマップとして，随時ここへ戻ってくるようにしましょう。

このページにも付箋を付けておくと便利でしょう☺

1．６つの格の一覧

６つの格の基本的な働きと格の名称（疑問詞 кто／что も格変化します）

№1	**кто? что?** （誰？／何？）	という問いに答える	**主格**
№2	**когó? чегó?** （誰の？／何の？）	という問いに答える	**生格**
№3	**комý? чемý?** （誰に？／何に？）	という問いに答える	**与格**
№4	**когó? что?** （誰を？／何を？）	という問いに答える	**対格**
№5	**кем? чем?** （誰によって？／何によって？）	という問いに答える	**造格**
№6	**(о) ком? (о) чём?** （誰について？／何について？）	という問いに答える	**前置格**

2. 格の基本的な役割の概要

未習の動詞のことは気にせずに，男性名詞 журнали́ст を使った文でそれぞれの格の役割をザッと見てみましょう。

♪

格	例文	役割
№1 主格 кто?	Журнали́ст пи́шет. ジャーナリストが／は書いています。	＝主語
	Э́то журнали́ст. これはジャーナリストです。	＝述語
№2 生格 кого́?	Э́то ру́чка журнали́ста. これはジャーナリストのペンです。	＝所属・由来
№3 与格 кому́?	Я звоню́ журнали́сту. 私はジャーナリストに電話しています。	＝間接目的
№4 対格 кого́?	Я зна́ю журнали́ста. 私はジャーナリストを知っています。	＝直接目的
№5 造格 кем?	Он рабо́тает журнали́стом. 彼はジャーナリストとして働いています。	＝道具／身分・状態 （…によって／として）
№6 前置格 (о) ком?	Я говорю́ о журнали́сте. 私はジャーナリストについて話しています。	＝話題・場所 （…について／…の場所で）

【解説】

№1 ＝ 文の**主語**になる名詞の形を**主格形**と呼びます。また，Э́то журнали́ст.「これはジャーナリスト**です**。」のように**主格形**は**述語**としても用いられます。

№2 ＝ **所有や所属・由来・派生など**を意味する格は言語学では「**属格**」とも訳されますが，ロシア語の文法用語としては**生格**が定着しています。

№3 ＝〈誰々**に**〉「**与**える」という間接目的を表す格です。

№4 ＝〈誰々**を**〉 対格の「対」はピンとこないが，直訳すると「訴える，非難する」の意味。一応，「**対する相手**は直接目的で表される」，としておこう。

№5 ＝「**道具格**」とも称される**造格**は，「ペンで書く，ナイフで切る」というときの「…で」のように道具・手段を表すときに使いますが，ここでは「…として，…となる，…であった」という資格・状態（журналúст**ом**）を表す用例のほうを挙げました。

№6 ＝ **前置格**は必ず о（…について）や в（…の中に）や на（…の上に）などの**前置詞を伴う格**です。その他の生・与・対・造の４つの格では，前置詞は意味上**必要なときにだけ**用いられます。

主格以外の５つの格を一括して**斜格**と呼びます。

例文の журналúст 男 を縦に見ていけばわかるように，名詞は文の中での役割に応じて形が変わります。（お気づきのように，ここではせいぜい **-а**，**-у**，**-а**，**-ом**，**-е** の語尾しか使っていませんね。ごく大雑把に言っておきますと，「ア，イ，ウ，エ，オ」の**音を基盤に**して**文法を築く**のがロシア語の**一大特徴**と言えます。）

この主格から前置格までの６格の順番 №1，№2，№3 …などは，ロシア語規範文法の伝統的に従ったもの。しかし，外国人向けの格の学習にはまったく別の順番が有効であり，そのプラグマチックな順序で進めるべきだという教授法が確立され，更に改善されつつあります。本書ではこれを踏まえた枠組みで記述を進めていきます。

名詞を修飾する形容詞や形容詞的代名詞（所有代名詞，指示代名詞など）も名詞に付随して格変化します。これらについても順を追って徐々に学んでいきます。

※ **名詞や形容詞・形容詞的代名詞の格変化**については，それぞれの格の用法の基本が出そろった時点で簡略表とメモを記します。

主格形 №1 名詞と形容詞・形容詞的代名詞の組み合わせ

本書では，適時，基本語彙である名詞や形容詞などの格変化パターンをまとめていきます。一覧表でその全体像をつかんでください。ここではこれまでに学習した**主格形** №1 を整理します▼。取り上げるものは――

▶ М. Н. Лебедева を中心とするロシア語教授法専門家の表記法に準じます。

1．典型的な語末で終わる名詞群

1 男性名詞グループ

студе́нт 学生，Андре́**й** アンドレイ，жи́тел**ь** 住人／住民，журна́л 雑誌，музе́**й** 美術館，слова́р**ь** 辞書

2 中性名詞グループ

письм**о́** 手紙，мо́р**е** 海，пла́ть**е** ワンピース／ドレス，вре́**мя** 時間

3 女性名詞グループ

студе́нтк**а** 女子学生，балери́н**а** バレリーナ，Та́н**я** ターニャ（女性の名 Татья́на の愛称），кни́г**а** 本，пе́сн**я** 歌，пло́щад**ь** 広場

2．代名詞や形容詞的代名詞（所有代名詞など）および順序数詞，形容詞など，名詞を受けたり修飾したりする語

1 人称や所有の代名詞

он 彼／それ，он**о́** それ，он**а́** 彼女／それ，он**и́** 彼ら／それら，че**й** 誰の，мо**й** 私の，тво**й** 君の，наш▼ 私たちの

▶ наш（私たちの）と ваш（あなたの／あなたたちの）の変化パターンは同一。

2 順序数詞や形容詞，指示代名詞

тре́т**ий** 3番目の，хоро́ш**ий** 良い，сосе́дн**ий** 隣の，но́в**ый** 新しい，пе́рв**ый** 1番目の，最初の，молод**о́й** 若い，са́м**ый**〔最上級〕最も，больш**о́й** 大きい，как**о́й** どのような，втор**о́й** 2番目の，э́тот この　　など。

主格形の基本パターンのまとめ（斜格変化表は巻末の付記参照）

I. 単数形

1 男性・単数主格

	語尾	Кто?	Что?		語尾
он				но́в	**ый**
че	**й**	студе́нт 学生	журна́л 雑誌	пе́рв	**ый**
мо	**й**			втор	**о́й**
тво	**й**			молод	**о́й**
наш		Андре́й アンドレイ	музе́й 美術館	са́м	**ый**
тре́т	**ий**			ру́сск	**ий**
хоро́ш	**ий**	жи́тель 住人	слова́рь 辞書	больш	**о́й**
сосе́дн	**ий**			как	**о́й**
(его́, её, их)				э́тот▼	

▸ э́тот　【用例】 Э́тот наш но́вый студе́нт хорошо́ у́чится. ♪

この私たちの新しい学生はよく勉強している。

※ э́тот「この」は指示代名詞の男性形；у́чится ＝勉強している

【比較】 Э́то наш но́вый хоро́ший студе́нт.

これは私たちの新しい優秀な学生です。

所有代名詞 **его́**, **её**, **их**「彼／その, 彼女／その, 彼ら／それらの」は修飾される（後ろの）語の性や数に関わらず**このままの形（不変化）で用います**。

♪

Э́то **его́** слова́рь.	これは彼の辞書です。
Э́то **её** слова́рь.	これは彼女の辞書です。
Э́то **их** до́м.	これは彼らの家です。
Э́то **их** окно́.	これは彼らの窓です。
Э́то **его́** профе́ссор.	こちらは彼の教授です。
Э́то **их** профе́ссор.	こちらは彼らの教授です。

2 中性・単数主格

語尾		Что?		語尾
он	о́	письмо́ 手紙	но́в	ое
чь	ё		пе́рв	ое
мо	ё	мо́ре 海	втор	о́е
тво	ё		молод	о́е
на́ш	е	пла́тье ワンピース, ドレス	са́м	ое
тре́ть▼	е		ру́сск	ое
хоро́ш	ее	вре́мя▼ 時間	больш	о́е
сосе́дн	ее		как	о́е
(его́, её, их)			э́т	о

▶ тре́ть　男性主格は тре́т|ий なので тре́т|ье と表記することも可能ですが，簡便にするためにこれ以降はすべて тре́ть|е のように тре́ть を左枠に記すことにします。
▶ вре́мя　主格形の末尾が **-мя** で終わる中性名詞が 10 語ほどありますが，よく使われるのは вре́мя「時間」と и́мя「名前」。両者の変化表を巻末の**付記**でまとめて別掲します。

э́то「この」は中性名詞を修飾する指示代名詞。この **э́то** は，述語の前に置かれて「**これは～だ／です。**」という文を作る э́то（助詞）とは違います（**第 7 課**参照）。

［比較］ 1 助詞としての э́то「これは～」

Э́то моё пла́тье.　これは私のワンピースです。♪
Э́то моё но́вое пла́тье.　これは私の新しいワンピースです。

2 指示代名詞の中性形としての э́то「この～」

Э́то пла́тье ста́рое.　このワンピースは古いです。
Э́то моё пла́тье но́вое.　この私のワンピースは新しいです。

3 女性・単数主格

語尾		Кто?	Что?		語尾
он	а́	студе́нтка 女子学生	кни́га 本	но́в	ая
чь	я			пе́рв	ая
мо	я́	балери́на バレリーナ	пе́сня 歌	втор	а́я
тво	я́			молод	а́я
на́ш	а	Та́ня ターニャ	пло́щадь 広場	са́м	ая
тре́ть	я			ру́сск	ая
хоро́ш	ая			больш	а́я
сосе́дн	яя			как	а́я
(его́, её, их)				э́т	а

例 Э́то на́ша но́вая студе́нтка.　こちらは私たちの新しい女子学生です。♪

II. 複数主格形

	語尾	Кто?	Что?		語尾
он	и́	男	男	но́в	ые
чь	и	студе́нты	журна́лы	пе́рв	ые
мо	и́	Андре́и	музе́и	втор	ы́е
тво	и́	жи́тели	словари́	молод	ы́е
на́ш	и	中		са́м	ые
тре́ть	и	пи́сьма	пла́тья	ру́сск	ие
хоро́ш	ие	моря́	времена́▼	больш	и́е
сосе́дн	ие	女	女	как	и́е
		студе́нтки	кни́ги	э́т	и
		балери́ны	пе́сни		
(его́, её, их)		Та́ни	пло́щади		

▶ времена́ は「時期，時代」の意味になる。

形容詞，所有・指示・定代名詞などの複数主格形は全性に共通です。

例 Э́то на́ши но́вые хоро́шие студе́нты▼ и студе́нтки. ♪

これは私たちの新しい優秀な男子学生たちと女子学生たちです。

▶ студе́нты は，«студе́нты и студе́нтки» の**総称**として用いられることもあります。

058

4 個数詞と順序数詞 Како́й? -о́е? -а́я? -и́е? 「(第) 何番目？」の主格形

順序数詞も形容詞と同じ変化をします。「第1番目～10番目」を学びましょう。

いくつ? *ско́лько**?	男性 *како́й?* ♪	中性 *како́е?*	女性 *кака́я?*	複数形 *каки́е?*
1 **оди́н**	пе́рв**ый**	**-ое**	**-ая**	**-ые**
2 **два**	втор**о́й**	**-о́е**	**-а́я**	**-ы́е**
3 **три**	тре́т**ий**▼	тре́т**ье**	тре́т**ья**	тре́т**ьи**
4 **четы́ре**	четвёрт**ый**	**-ое**	**-ая**	**-ые**
5 **пять**	пя́т**ый**	**-ое**	**-ая**	**-ые**
6 **шесть**	шест**о́й**	**-о́е**	**-а́я**	**-ы́е**
7 **семь**	седьм**о́й**	**-о́е**	**-а́я**	**-ы́е**
8 **во́семь**	восьм**о́й**	**-о́е**	**-а́я**	**-ы́е**
9 **де́вять**	девя́т**ый**	**-ое**	**-ая**	**-ые**
10 **де́сять**	деся́т**ый**	**-ое**	**-ая**	**-ые**

▶ тре́тий は特殊変化です。

＊ **ско́лько**は，いくつ（数量），いくら（値段）などを問う**疑問代名詞**。**個数**を数える 1，2，3…などを**個数詞**と呼びます（アクセント要注意）。

Упражне́ние　練習問題 1

例に従い，（　）内にある数字を［順序数詞］にかえて質問に答えてください。

［例］Како́й э́то эта́ж? (1) — Э́то [**пе́рвый**] эта́ж.　　эта́ж（階，フロア）

1) Кака́я э́то страни́ца? (9)　[　　] страни́ца（ページ）
2) Како́й э́то дом? (6)　[　　] дом（家）　☞家屋の（住所）番号を問う。
3) Кака́я э́то ко́мната? (3)　[　　] ко́мната（部屋）
4) Кака́я э́то кварти́ра? (8)　[　　] кварти́ра（フラット，マンションの号室）
5) Кака́я э́то аудито́рия? (4)　[　　] аудито́рия（講義室）
6) Како́й э́то авто́бус? (5)　[　　] авто́бус（バス）　☞路線番号を問う。
7) Како́е э́то упражне́ние? (2)　[　　] упражне́ние（練習問題）
8) Како́й э́то ряд? (7)　[　　] ряд（劇場などの列）
9) Како́е э́то ме́сто? (10)　[　　] ме́сто（劇場などの座席；場所）

解答は巻末 **練習問題 解答** の第**8**課 -1 参照

Упражне́ние　練習問題 2

第**7**課の内容も含むまとめの練習問題です。以下のロシア語を和訳してください。

1) Чей э́то слова́рь?
2) Э́то мой слова́рь.
3) Э́то на́ша студе́нтка.
4) Э́то моё но́вое пла́тье.
5) Э́то вку́сное италья́нское вино́.
6) Э́то италья́нское вино́ вку́сное.
7) Э́то её каранда́ш, а э́то его́ ру́чка.
8) Э́то на́ши но́вые студе́нты и студе́нтки.
9) Э́то их профе́ссор.
10) Э́тот рома́н интере́сный, а тот неинтере́сный.
11) Э́ти бе́лые брю́ки коро́ткие, а те чёрные (брю́ки) дли́нные.
12) Э́тот япо́нский писа́тель са́мый популя́рный.
13) Чита́ть по-ру́сски уже́ легко́, но говори́ть по-ру́сски ещё тру́дно.

解答は巻末 **練習問題 解答** の第**8**課 -2 参照

059

1 電話でのミニ会話

電話での会話を聞きましょう。既習の **чита́ть**「読む」と同じ変化（第 I 変化）をする動詞が使われます。

【語句】 алло́（電話で）もしもし；сейча́с 副 今；де́лать する；чита́ть 読む；слу́шать 聞く；отдыха́ть 休む；америка́нский 形 アメリカの；япо́нский 形 日本の

♪

А：Алло́! Стефан?　もしもし，ステファン？

Б：Да, э́то я. Здра́вствуй, Та́ня!　ああ，僕だよ。こんにちは，ターニャ！

А：До́брый день! Что▼ сейча́с де́лает Алекса́ндр Петро́вич?
こんにちは！　アレクサンドル・ペトローヴィッチは今何をしているの？

Б：Сейча́с он чита́ет америка́нский журна́л.
今彼はアメリカの雑誌を読んでいるよ。

А：А Ни́на Ива́новна? Что она́ де́лает?
では，ニーナ・イヴァーノヴナは？　今彼女は何をしているの？

Б：Она́ чита́ет япо́нский рома́н.
彼女は日本の（長編）小説を読んでいるよ。

А：А что де́лает Алёша?　で，アリョーシャは何してる？

Б：Он слу́шает ра́дио. А что ты де́лаешь, Таня?
彼はラジオを聞いているよ。君は何をしているの，ターニャ？

А：Отдыха́ю▼.　（私は）休んでいるの。

▶疑問詞 **что** はここでは「**何を**」（**直接目的** = **対格**）の意味で使われています。

Что сейча́с **де́лает Алекса́ндр Петро́вич**?

この疑問文を語順に忠実に逐語訳すると「何を今していますかアレクサンドル・ペトローヴィッチは？」となります。まず「何を」が冒頭に出て，次に述部「今している」が続き，主語「アレクサンドル・ペトローヴィッチ」が文末に置かれています。これが疑問詞を伴う疑問文の通常の語順です。

▶отдыха́**ю** は 1 人称単数の я が主語のときの変化形＝ Я отдыха́ю。変化語尾からその主語が明らかなので，主語 **я** を省略しています。
※動詞の主語を省く表現は会話で広く用いられます。

会話に出てきた第Ⅰ変化の動詞の人称語尾変化をみると，де́ла**ть**→（**ты**）де́ла**ешь**，（**он**／**она́**）де́ла**ет**，чита́**ть**→（**он**／**она́**）чита́**ет**，слу́ша**ть**→（**он**）слу́ша**ет**，отдыха́**ть**→（**я**）отдыха́**ю** となっています。以下の 2 では，これらの動詞の原形（＝不定形・инфинити́в）と変化（第Ⅰ変化）を整理します。動詞の現在形（…する／…している）は人称と数で 6 通りに変化します（導 9 課で既出）。

060

動詞の不定形と現在人称変化（第Ⅰ変化）

♪

	чита́**ть**[E] 読む	де́ла**ть**[E] する	отдыха́**ть**[E] 休む	слу́ша**ть**[E] 聞く	人称語尾
я	чита́**ю**	де́ла**ю**	отдыха́**ю**	слу́ша**ю**	**-ю (-у)**▼
ты	чита́**ешь**	де́ла**ешь**	отдыха́**ешь**	слу́ша**ешь**	**-ешь**
он/оно́/она́▼	чита́**ет**	де́ла**ет**	отдыха́**ет**	слу́ша**ет**	**-ет**
мы	чита́**ем**	де́ла**ем**	отдыха́**ем**	слу́ша**ем**	**-ем**
вы	чита́**ете**	де́ла**ете**	отдыха́**ете**	слу́ша**ете**	**-ете**
они́	чита́**ют**	де́ла**ют**	отдыха́**ют**	слу́ша**ют**	**-ют (-ут)**▼

▶3 人称単数の он，оно́，она́ の**現在形人称変化は同じ形**を用います。
☞ Он чита́ет. Она́ чита́ет.
ですから本書ではこれ以降 3 人称単数（3 単）の代名詞は主として **он**／**она́** で示すことにして，表記簡略化のために **оно́ は原則として省略します**。これは Оно́ чита́ет. という表現が存在しないということを意味するものではありません。また，同じく簡略化のために，**она́ も省略して単に он で示すこともあります**。

▶上の表の右端に示した 一人称単数（1 単）の語尾（**-у**），と 3 人称複数（3 複）の語尾（**-ут**）は，たとえば（**次課**参照）**я пишу́**「私は書く」，**они́ пи́шут**「彼らは書いている」のようなヴァリエーションがあることを示します（これは，г，к，х，ж，ш，щ，ч などの後には ю を書かずに **у** を書くべしという例の**正書法の規則**― **第 5 課** 1 -2 に従っています）。

1. 動詞の不定形・инфинити́в

大多数の**動詞の原形**（＝**不定形・инфинити́в**）は **-ть** で終わります。（この **-ть** の部分を**接尾辞**と言います。）

☞ほかに，ごく少数ですが，不定形が **-ти**（**идти́** 歩いて行く）や **-чь**（**мочь** できる）で終わるものもありますが，それはいずれも **-ть** のヴァリエーションです。

不定形は辞書で動詞の見出し語になっています。

2. 現在語幹と人称語尾

既習の動詞 чита́ть の現在変化形は，すべてに共通な чита- と，それ以外の -ю, -ешь, -ет, -ем, -ете, -ют に分けられます。その現在形に共通する部分（変化しない部分）чита- を現在形の語幹すなわち**現在語幹**とよび，その後に付いて -ю, -ешь ..., -ют のように人称と数で変化する末尾を**現在人称変化語尾**（略して**人称語尾**）と言います。

3. 第 I 変化＝ e 変化（まとめ）

もうおなじみの第 I 変化に関する要点をまとめます。

1. чита́ть のように人称語尾が -ю, -ешь, -ет, -ем, -ете, -ют となる動詞のタイプを第 I 変化と呼びます。「第 1」とされるのは，この動詞の変化パターンが多数派だからです（導 9 課参照）。
2. この課の冒頭の会話の中に出てきたその他の動詞も**第 I 変化**です。それらの**現在語幹**は дела-, слуша-, отдыха-。**人称語尾**は -ю, -ешь, -ет..., -ют です。
3. 第 I 変化の動詞は，ты から вы までの語尾が -ешь, -ет, -ем, -ете となり，e が共通しているので **e 変化**と覚えておくと良いでしょう。

※ **e 変化**の動詞の目印を不定形の右肩上の ^{E} で示しています。

3 その他の e 変化の動詞

よく使う動詞 рабо́тать「働く」, ду́мать「考える, 思う」, гуля́ть「散歩する」の人称変化になじみましょう。それらの用例は次項の 4 と 5 で示されます。

	рабо́тать[E]	ду́мать[E]	гуля́ть[E]
я	рабо́та**ю**	ду́ма**ю**	гуля́**ю**
ты	рабо́та**ешь**	ду́ма**ешь**	гуля́**ешь**
он／она́	рабо́та**ет**	ду́ма**ет**	гуля́**ет**
мы	рабо́та**ем**	ду́ма**ем**	гуля́**ем**
вы	рабо́та**ете**	ду́ма**ете**	гуля́**ете**
они́	рабо́та**ют**	ду́ма**ют**	гуля́**ют**

061

4 時の表現 ── 朝昼晩のいつ？

До́брое у́тро!「おはようございます！」などの挨拶でおなじみの**名詞** у́тро, день, ве́чер, ночь は, 語尾を変化させて**時を表現する副詞**になります。

♪

	Когда? いつ？	名詞
(ра́но) 早く	**у́тром** 朝（に）	＜у́тро ㊥朝
	днём 昼間（に）	＜день ㊚昼
(по́здно) 遅く	**ве́чером** 夕方・夜（に）	＜ве́чер ㊚夕方・夜▼
	но́чью 夜中（に）	＜ночь ㊛夜中

▶ ロシア人の一般感覚によると，午後 5 時ごろから 11 時前後までは ве́чер（夕方，夜，晩）そして夜中の 12 時ごろから午前 4 時ごろまでは ночь です。

➡ Когда́ вы гуля́ете? У́тром и́ли ве́чером? ♪

あなたはいつ散歩しますか。朝ですか晩ですか。

— Я гуля́ю ра́но у́тром и по́здно но́чью. — 私は早朝と夜遅くに散歩します。

А ко́гда вы рабо́таете? ではいつ働いておいでですか。

— Я рабо́таю и днём, и▼ но́чью. — 私は昼も夜も働いています。

▶《и…, и...》の構文で「…も…も」という列挙・強勢が表されます。

「いつ仕事をする？」「いつ考える？」——逸話になった会話

かつてあるとき英国のノーベル化学賞受賞者ラザフォード（Резерфóрд［りズィるフゥォーるト］物理学者・化学者）が，夜遅く実験室で（в лаборатóрии［ヴ‿ラバらトゥォーりィイ］）仕事・研究作業をしている大学院生（аспирáнт）を見かけました。そのときのやりとりが広く知られる逸話になっています。語彙を確認した後で読んでみましょう。

【語句】пóздно［プオーズナ］遅く，так пóздно こんなに遅く；конéчно 挿［カニィエーシナ］もちろん；и ... も；тóже ... もまた，同じく；когдá 副疑 いつ；
же〔小詞〕（前にある語を強調して）一体，そもそも。а когдá же ...？ では一体いつ？；
вы дýмаете あなたは考える ☞ものを考える，考えごとをする，思索をする < дýмать^{E}（ものを）考える，思う，思索する

Резерфóрд が尋ね，аспирáнт が答えます ♪

А：Что вы здесь дéлаете так пóздно?
こんな遅くにここであなたは何をなさっておいでかな？

Б：Я рабóтаю.
私は仕事（研究作業）をしています。

А：А что вы дéлаете днём?
では昼間あなたは何をなさっておいでかな？

Б：Конéчно, рабóтаю.
もちろん，仕事をしています。

А：И рáно ýтром тóже рабóтаете?
そして朝早くも仕事をなさっておいでかな？

Б：И рáно ýтром тóже рабóтаю.
早朝もやはり仕事をしています。

А：А когдá же вы дýмаете?
それでは一体いつあなたは（ものを）考えておいでかな？

ワンポイント

動詞の現在形が意味すること

動詞の現在形は次のようなことを表現します（ロシア語には英語のような現在形と現在進行形の区別はありません）。

1 発話の時点で進行中の動作 ♪

а) Я отдыха́ю. 私は（いま）休んでいます。

б) Моя́ мать пи́шет письмо́. 私の母は手紙を書いています。

2 恒常的な状態や一般的な事実

а) Я зна́ю ру́сский язы́к. 私はロシア語を知っています。

б) Она́ хорошо́ чита́ет. 彼女は上手に読みます（＝読むのが上手です）。

в) Когда́ вы ду́маете? いつあなたは（ものを）考えるのですか。

3 以前に開始され，発話時点で継続されている動作

а) Оте́ц рабо́тает, а сын у́чится*. 父親は働き，息子は勉学している。

б) Я живу́* в Москве́*. 私はモスクワに住んでいます。

（* 印の表現の説明は後出）

4 能力の有無（発話の文脈で意味が具体化する）

а) Я говорю́ по-ру́сски. 私はロシア語を話します（ロシア語が話せます）。

б) Я пишу́ по-япо́нски. 私は日本語で書きます（日本語が書けます）。

в) Я не чита́ю по-кита́йски▼. 私は中国語を読みません（中国語が読めません）。

▶ 後出（第 **12** 課 2）

Упражне́ние 練習問題

以下の表の空欄をうめて動詞の現在人称変化を完成しましょう。

	за́втрака**ть**^{E} 朝食をとる	обе́да**ть**^{E} 昼食をとる	у́жина**ть**^{E} 夕食をとる
я	за́втракаю	обе́даю	у́жинаю
ты	1)	обе́даешь	5)
он／она́	за́втракает	3)	у́жинает
мы	2)	обе́даем	6)
вы	за́втракаете	обе́даете	7)
они́	за́втракают	4)	у́жинают

解答は巻末 **練習問題 解答** の第 **9** 課参照

第10課 e変化の動詞(2) 知る，学ぶ，書く；命令形

063

1 знать^E「…を知っている」—— どんな言語をご存じですか。

♪

Какие языки▼ вы знаете? あなたは**何語を**ご存じですか。

▶ язык 単 [ィズゥィーク] 言語，複 **языки** [ィズゥィキー]
この疑問文は вы が主語，знаете が述語，そして какие языки「どのような言語」が直接目的語（直接補語）です。動詞 знать^E は**直接目的語「対格**（～を）」との組み合わせで使われます。

— Я знаю русский и английский языки. Русский язык—мой родной▼ (язык).
— 私はロシア語と英語を知っています。ロシア語は私の母語です。

— А я знаю японский▼ язык, потому что▼ я японец▼.
— 私は日本語を知っています，なぜなら日本人だからです。

▶ родной 形 母国の，生まれ育ちの，ネイティヴの， родной язык 母語／母国語
この文では最後の язык は自明のものなので省略可能です。
▶ японский 形 日本の ▶ потому что なぜならば
▶ японец 男 日本人。女性の「日本人」は японка。

Но▼ вы русский язык тоже▼ знаете? けれどもロシア語もご存じですよね？
— Да, я знаю, но очень▼ мало▼. — ええ，知っていますが，ほんの少しだけです。

▶ но しかし，けれども ▶ тоже 副 …も（また）
▶ очень とても ▶ **мало** 副 わずか，少し（だけ），**мало** の対義語は **много**「たくさん」。

Это «Википедия». Она всё▼ знает.
これは“Wikipedia”です。それはすべてを知っています。
▶ **всё** はここでは直接目的語で「すべてを／何でも」の意味。

064

2 знать^E の人称変化

я	знаю	мы	знаем
ты	знаешь	вы	знаете
он／она	знает	они	знают

※コンパクトにするために時々このように左に単数人称変化，右に複数人称変化を示すことがあります。

《знать＋疑問詞のある文》＝「～は…ということを知っている」

➨ Алексе́й и Мари́я зна́ют, **где** Кремль. ♪

アレクセイとマリーヤはクレムリンがどこにあるかを知っている。

А мы не зна́ем, **где** Кра́сная пло́щадь.

けれど私たちは赤の広場がどこにあるか知りません。

➨ Я зна́ю, **как** её зову́т.　私は彼女の名前を知っています。

А вы зна́ете, **кто** она́?　ところで，あなたは彼女が誰かご存じですか。

—Нет, я не зна́ю.　— いいえ，知りません（わかりません）。

➨ Ты не зна́ешь, **чей** это слова́рь?　君はこれが誰の辞書か知らないかい？

—Нет, не зна́ю.　— いや，知らないよ。

☺ Мой ру́сский друг зна́ет, как писа́ть▼ иеро́глифы▼ «ю́уцу».

私のロシアの友人は「ユウウツ（憂鬱）」という象形文字の書き方を知っています。

▶ писа́ть[E] 書く，как писа́ть どのように／どう書くか

▶ иеро́глифы 複［イィろーグ リィフゥイ］象形文字 ≒ 漢字 ＜ иеро́глиф（憂鬱 =уны́ние）

ワンポイント

何か事実が不明なとき，承知していないとき，日本語では「わかりません」と言いますが，こういう場合は **Я не зна́ю.**（直訳「私は知りません」）と言います。英語ではおなじみの I don't know. です。しかし，「理解できない」という意味の「わかりません／ I don't understand.」には，後ほど顔を出す動詞 **понима́ть**[E] を使います。

☞ **Я не▼ понима́ю.**［イヤー　ニィ‿パ ニィマーュ］。

▶ 否定の не は直後の語頭に続けて発音します。не‿зна́ю［ニィ‿ズ ナーュ］, не‿понима́ю［ニィ‿パ ニィマーュ］など。

065

3 動詞 изуча́ть[E]「…を学ぶ・学習する」

➨ Вы зна́ете ру́сский язы́к?　あなたはロシア語をご存じですか。 ♪

—Нет, но сейча́с **я изуча́ю** ру́сский язы́к.

— いいえ，けれどもいま私はロシア語を学習しています。

я	изуча́ю	мы	изуча́ем
ты	изуча́ешь	вы	изуча́ете
он／она́	изуча́ет	они́	изуча́ют

4 писа́ть^{E}「書く」の人称変化　е 変化の変則

Скажи́те, пожа́луйста, что вы пи́шете? ♪
あのう，あなたは何を書いておいでですか。
— Я пишу́ письмо́.　— 私は手紙を書いています。

Вы ча́сто▼ пи́шете пи́сьма▼?　あなたはよく手紙をお書きですか。

▶ ча́сто よく，しばしば，頻繁に　▶ пи́сьма ㊜ < письмо́ ㊥ 手紙

— Нет, я пишу́ пи́сьма о́чень ре́дко.▼
Но мои́ роди́тели ча́сто пи́шут пи́сьма.
— いいえ，私はごくまれにしか手紙を書きません。けれど私の両親はよく手紙を書きます。

▶ ре́дко まれに（⇔ча́сто）。この「о́чень（ごく，とても）ре́дко（まれに）〜する」という言い回しは，和訳では「ごくまれにしか〜しない」と，否定形で表したほうが和文らしくなることがよくあります。

писа́ть は **е 変化**の動詞ですが，人称変化は**変則**です。不定形にある с が人称変化に際しては **ш** になります（このような現象を**子音の交代**と呼びます）。

	пи-**са**-ть［ピィサーチ］
	⬇
я	пи-**ш**-у［ピィシゥー］
ты	пи-**ш**-ешь［ピーシゥィシ］

今後この種の変則ルールを持つ動詞が出てきます。そのルールの説明文を覚えようとするよりは，まず я，ты，они́ の人称変化形を口ずさみ，その後でこの動詞の原形は（たとえば）писа́ть だ，と確認するようにするほうが数倍効率的でしょう。

5 писа́ть^{E} の人称変化の整理（アクセントにも注意）

♪

писа́ть^{E} [с/ш] *(c)*	
я	пишу́
ты	пи́ш**ешь**
он／она́	пи́ш**ет**
мы	пи́ш**ем**
вы	пи́ш**ете**
они́	пи́ш**ут**

*本書では，**с** が **ш** になるような**子音の交代**が生じる動詞には **[с/ш]** などの印を記します。

*また，писа́ть の変化では ты 以後でアクセントが一つ前の母音に移動します。このア**クセント移動のタイプ**を *(c)* で示しておき，次の課で *(a)*，*(b)*，*(c)* のタイプについて説明します。

※ писа́ть の命令形は（ты）**пиши́**，（вы）**пиши́те**。

068

e 変化動詞正則の命令形

e 変化動詞の正則では，現在形語幹に **-й** を付ければ命令形ができます。**現在語幹**とは，**現在変化**の **они́** の形から**語尾 -ют(-ут) を取り去った**ものです。

例　рабо́тать 働く，отдыха́ть 休む，слу́шать 聞く，изуча́ть 学ぶ　の命令形は

☞ работа~~-ют~~ → рабо́та-**й**　　отдыха́~~-ют~~ → отдыха́-**й**

слу́ша~~-ют~~ → слу́ша-**й**　　изуча́~~-ют~~ → изуча́-**й**

ты で話しかけるときはこれでよいのですが，**вы** で話すなら（丁寧語の単数が相手のときでも，相手が複数でも）この後ろに **-те** を付け加えます。

☞ рабо́тай**те**，отдыха́й**те**，слу́шай**те**，изуча́й**те**

※これ以降，ты と вы に対する命令形を示すときは基本的に
рабо́тай(те)，отдыха́й(те)，слу́шай(те)，изуча́й(те) のように簡略化して表記します。

命令形に пожа́луйста「どうぞ」を添えると丁寧になります。

♪

Чита́йте, пожа́луйста, ме́дленно▼.　どうぞ，ゆっくり読んでください。

▶ ме́дленно 副 ［ミェードゥリィヌナ］ゆっくりと，のろのろと

Не рабо́тайте так▼ мно́го▼. Отдыха́йте.

そんなにたくさん働かないでください。お休みください。

▶ так 副 そのように／このように　▶ мно́го 副 たくさん

Слу́шайте внима́тельно▼.

注意深く聞いてください！(教師が注意を促すときなどに言う)

▶ внима́тельно 副 ［ヴ ニィマーチィリナ］注意深く

第11課 「話す」；и 変化の動詞；動詞アクセントの３タイプ

▶ оди́ннадцатый ［アディーナツァトゥイイ］＝ 11 番目の

070 → 069

「…語で(を)話す」と「～語を知っている」の使い分け

♪

А：Ната́ша хорошо́ **говори́т** по-англи́йски.
ナターシャは英語を上手に話します。

Б：Да, она́ хорошо́ **зна́ет** англи́йский язы́к.
ええ，彼女は英語をよく知っています。

А：Скажи́те, пожа́луйста, вы **зна́ете** ру́сский язы́к?
うかがいますが，あなたはロシア語をご存じですか。

Б：Да, я **зна́ю** ру́сский язы́к.　はい，私はロシア語を知っています。

А：Скажи́те, пожа́луйста, вы **говори́те** по-ру́сски?
あのう，あなたはロシア語を話しますか。

Б：Да, я **говорю́** по-ру́сски.　ええ，私はロシア語を話します。

「英語**を**･ロシア語**を**話す，読む，書く，理解する」と言うときは по-англи́йски（英語**で**），по-ру́сски（ロシア語**で**）という**副詞**を使います。

また，「英語**を**･ロシア語**を**知っている，学ぶ」と言うときは англи́йский язы́к（英語**を**），ру́сский язы́к（ロシア語**を**）という**直接目的語**（**対格形**）を使います（後述）。

070

И 変化（第 II 変化）の動詞

е 変化の主流動詞に対して 2 番手つまり少数派であるのが第 II 変化。この говори́ть のような変化タイプを **и 変化**として **говори́ть**″ で示します。両者（導**9 課** 初出）を比べてみましょう。

次ページの右側 **говори́ть** の**変化語尾**を見ると，**чита́ть** の語尾とよく似てはいますが，不定形から **-ть** だけでなく，その前の母音も取り去られています。これが**第 II 変化**の特徴です。

e変化 чита́-ть[E]		и変化 говор-и́ть[И▼]	
я	чита́-ю	я	говор-ю́
ты	чита́-ешь	ты	говор-и́шь
он	чита́-ет	он	говор-и́т
мы	чита́-ем	мы	говор-и́м
вы	чита́-ете	вы	говор-и́те
они́	чита́-ют	они́	говор-я́т

▶ 第 I，第 II 変化の印としては，不定形の右肩にそれぞれ [E]，[И] を付けています。*E*（*Ё*）や *И* の印がある動詞の中でも変則や不規則変化と呼ばれる動詞があります。が，本書ではそれらの不規則性や変則性をことさら細かなカテゴリーで分類するのを控え，変化の特徴を簡潔に（　）内に文字記号で説明することにします。

1. и 変化動詞（говори́ть[И] 型）：正則および変則変化（その1）

♪

	1. звони́ть[И] 電話する	2. молча́ть[И] 黙っている	3. смотре́ть[И] 見る	変化語尾
я	звоню́	молчу́	смотрю́	-ю／-у
ты	звони́шь	молчи́шь	смо́тришь	-ишь
он／она́	звони́т	молчи́т	смо́трит	-ит
мы	звони́м	молчи́м	смо́трим	-им
вы	звони́те	молчи́те	смо́трите	-ите
они́	звоня́т	молча́т	смо́трят	-ят／-ат

表の 1. **звони́ть** が **говори́ть** と同じように標準形（**正則**）です。
и 変化の中にも**変則**のものがあります：

1 まず，変化形式の問題ではないが，気をつけるべきものとして正書法の規則が出るものがあります。表の 2. **молча́ть** の **я** と **они́** の変化語尾がそれぞれ **-ю**, **-ят** ではなくて，**-у**, **-ат** になります。これは，**ч** の後には **ю**, **я** を書いてはならず，かわりに **у**, **а** を書くべしという正書法のルールによるものです（**第5課** 1 の 2 参照）。

2 次に，3. **смотре́ть** のように，**ты** 以下のアクセントが一つ前の母音に移るものがあります。**e 変化**の **писа́ть**「書く」もそれと同じでした。これはそういうアクセントのタイプとして覚えましょう（**次項 3**「アクセントの3タイプ」参照）。

例 ➡ Я звоню́, а жена́ смо́трит телеви́зор. ♪
僕は電話をし，妻はテレビを見ています。

Я говорю́, а муж молчи́т, потому́ что▼ сейча́с он▼ смо́трит футбо́л.
私は話しているが，夫は黙っています，なぜなら（彼は）今サッカーを見ているからです。

▶ потому́ что なぜならば（既出）
▶ он は省略可能。人称変化 смо́трит が он を想定しているからです。

Я не смотрю́ телеви́зор, когда́ я звоню́▼.
私は電話をするときはテレビを見ません。

▶ когда́ я звоню́ 私が電話をしているとき。когда́［カグ ダー］はここでは「…のとき（に）」の意味の接続詞（＝〚英〛when）。ここの я も省略可能──звоню́ の主語が я であることが明らかだから。

2. и 変化の変則パターン（その2）

	4. сиде́ть^{и}[д/ж/д] 座っている	5. спать^{и}[п/пл/п] 眠る	変化語尾
я	**сижу́**	**сплю**	**-ю／(-у)**
ты	сид**и́шь**	сп**и́шь**	**-ишь**
он／она́	сид**и́т**	сп**ит**	**-ит**
мы	сид**и́м**	сп**им**	**-им**
вы	сид**и́те**	сп**и́те**	**-ите**
они́	сид**я́т**	сп**ят**	**-ят／(-ат)**

♪

上表の 4 や 5 のように，**я** のところでだけ**子音が交替**するものがある。**и 変化**ではあるが，正則とは異なるので**変則パターン**とされる。

子音交代は［д/ж］などで表示するので，**変化形を確かめるときの指針にしてください。この表示そのものを暗記する必要はありません。**

例 сиде́ть^{и} **[д/ж/д]** 座っている　　спать^{и} **[п/пл/п]** 眠る

сиде́ть，спать の用例

Сейча́с мой муж не рабо́тает. Он сиди́т и спит. ♪
いま（私の）夫は働いていません。彼は座って眠っています。

Да, моя́ жена́ говори́т пра́вду▼. Сейча́с я не рабо́таю. Я сижу́ и сплю.
はい，（私の）妻は本当のことを言っています。いま私は働いていません。私は腰掛けて眠っています。

▶ пра́вда ㊛ 真実，本当のこと。この女性名詞の直接目的の形は пра́вду となる（**第12課** **5**）。говори́ть пра́вду ＝「本当のことを言う」。「眠っている」のに妻の言うことが聞こえているとは，いささか不可解ですね☺

«сиде́ть в Интерне́те» (直訳：インターネットの中に座る) という，以前にはなかったロシア語の表現が流行になりました。「インターネットを見る／のぞく／使う」の意味ですが，«Он до́лго сиди́т в Интерне́те.» と言うと「彼は長時間インターネットに腰を据えている＝浸っている／はまっている／ふけっている」のニュアンスになります。

動詞のアクセントの 3 タイプ

動詞のアクセントのタイプを理解しておくと記憶の支えになります。整理すると，ほとんどの動詞は *(a)(b)(c)* の 3 タイプに分類されます。

(a) タイプ	*(b)* タイプ	*(c)* タイプ ▼
現在変化をするときのアクセントが常に**語幹**にある	アクセントが常に変化**語尾**にある	1 人称 **я** の次の **ты** からは，アクセントが **1 つ前の母音**に移る
чита́-ть「読む」	**говор-и́ть**「話す」	**смотр-е́ть**「見る」
я　чит**а́**-ю	я　говор-**ю́**	я　смотр-**ю́**
ты　чит**а́**-ешь	ты　говор-**и́**шь	ты　см**о́**тр-ишь
они́　чит**а́**-ют	они́　говор-**я́**т	они́　см**о́**тр-ят

▶ 既出の писа́ть[E]—я пишу́，ты пи́шешь... они пи́шут も *(c)* **タイプ**です。
ちなみに，спра́шивать，отвеча́ть，рабо́тать，ду́мать，гуля́ть，за́втракать，обе́дать，у́жинать，знать，изуча́ть などは常に**語幹にアクセント**がある *(a)* **タイプ**です。
そして звони́ть，молча́ть，сиде́ть，спать などは常に**変化語尾にアクセント**がある *(b)* **タイプ**。

長期的には **е 変化**，**и 変化**とともに，*(a)* か *(b)* か *(c)* かのタイプを意識して動詞を整理するとよいでしょう。そのために自前の動詞ノートを作るのがお勧めです。そこへ例文や用例などを随時書き足す工夫をすると学習効果が上がります。

и 変化動詞の命令形

動詞の命令形は現在形から作られます。**и 変化**動詞の場合，**現在形語幹**（動詞の現在変化の 3 人称複数形から語尾 -ят(-ат) を取り去ったもの）**の末**（ふつうは子音）に -**й** を付けます。　☞ они́ говор-**я́т** → говор**и́**　　они́ сид-**я́т** → сид**и́**

ただし，現在語幹の末が母音のときは -**й** を付けます。　☞ они́ сто-**я́т** → стой

и 変化動詞の命令形の基本を整理しておきます。

говори́ть^{и}*(b)* 話す　♪

（я говорю́，ты говори́шь，... они́ говоря́т）：говори́(те)

сиде́ть^{и}*(b)* 座っている

（я сижу́，ты сиди́шь，... они́ сидя́т）：сиди́(те)

лежа́ть^{и}*(b)* 横たわる

（я лежу́，ты лежи́шь，... они́ лежа́т）：лежи́(те)

смотре́ть^{и}*(b)*▼ 見る

（я смотрю́，ты смо́тришь，... они́ смотря́т）：смотри́(те)

▶ アクセントのタイプが (c) の動詞なら，命令形のアクセントは 1 人称単数の位置に合わせます：**смотре́ть**^{и}*(b)* 見る：я смотр**ю́** → смотр**и́**。

стоя́ть^{и}*(b)* 立っている

（я стою́，ты стои́шь，... они́ стоя́т）：сто́й(те)

вы で話すなら（相手が単数でも複数でも）後ろに -**те** を付け加えます。

☞ говори́**те**，сиди́**те**，лежи́**те**，смотри́**те**，сто́й**те**：

- Говори́те по-ру́сски.　ロシア語で話してください。　♪
- Говори́те, пожа́луйста, ме́дленно.▼　どうかゆっくり話してください。
  - ▶ ме́дленно［ミェードゥリィヌナ］副 ゆっくり(と)
- Сиди́ и слу́шай!　座ったままで聞きなさい！
- Пожа́луйста, молчи́те, когда́▼ я говорю́.
  私が話しているときは，どうか黙っていてください。
  - ▶ когда́ 接「…するとき」という従属文を接続させる =〚英〛when
- Учи́тельница▼ говори́т: «Ива́н и Пётр, сто́йте в коридо́ре▼! »
  先生は言っています：「イワンとピョートル，廊下に立っていなさい！」
  - ▶ учи́тельница 女 教師／先生　▶ в‿коридо́ре［フ‿カりドゥォーりェ］廊下に／で

※**なお，あらゆる動詞の命令形を覚える必要はないでしょう** (Скро́йся!「潜伏せよ！」などはおそらく使わないでしょう？)。命令形は辞書に記載されています。

第12課 対格（1） 非動物；何語を？ 民族・国籍

▶ двена́дцатый［ドヴィナーツァトゥイ］

072

1 「何語を？」と「何語（を／で）？」の使い分け

以下の語句を予習・確認して会話を理解しましょう。

【語句】 немно́го 副 少し；ру́сский 男 ロシア人；япо́нка 女 日本人（女性）；
понима́ю < понима́ть^{E} *(a)*（～が）分かる，（～を）理解する；
У меня́ есть... 私には…がいます／あります；кита́йский 形 中国（人）の；друг 男 友人；
прекра́сно 副 素晴らしく（上手に）；по-францу́зски 副 フランス語で／を；
по-неме́цки 副 ドイツ語で／を

♪

А： Вы говори́те по-англи́йски? あなたは英語を話しますか。

Б： Да, я немно́го говорю́ по-англи́йски, хорошо́ чита́ю и немно́го пишу́. はい，私は少し英語を話し，よく読めて，少し書けます。

Вы ру́сский▼? あなたはロシア人ですか。

А： Да, я ру́сский. А вы? ええ，私はロシア人です。で，あなたは？

Б： Я япо́нка. 私は日本人（女）です。

▶ ру́сский 形男「ロシアの」。ここでは形容詞 ру́сский は**名詞化**して「（男性の）ロシア人」という意味で使われています（第7課1参照）。

А： А вы говори́те по-ру́сски? で，あなたはロシア語を話しますか。

Б： Да, немно́го говорю́ и понима́ю. Но я не чита́ю и не пишу́ по-ру́сски. И у меня́ есть италья́нский▼ друг...

はい，少し話せて，分かります。けれども私はロシア語では読まないし，書きもしません。それから，私にはイタリアの友人がいまして…

А： А как его́ зову́т▼? で，彼の名は？

Б： Его́ зову́т Леона́рдо. Он прекра́сно говори́т по-ру́сски и по-францу́зски. Немно́го понима́ет по-неме́цки.

彼の名はレオナルドです。彼は素晴らしく上手にロシア語とフランス語を話します。少しドイツ語が分かります。

▶ италья́нский 形 イタリアの
▶「как（どのように）его́（彼を）зову́т（呼んでいる）?」→「彼の名は？」；男性の名。

2 国や言語

すでに学んだように,「ロシア語**を**・日本語**を**・英語**を**・知っている, 学ぶ」と言うときは**直接目的語**(=**対格形**)を用います(☞ ру́сский язы́к ロシア語**を**, など)。

一方,「英語**を**・ロシア語**を**・日本語**を**話す, 読む, 書く, 理解する」と言うときは**副詞**を用います(☞ по-ру́сски ロシア語**で**, など)。

ここで**直接目的**「〜語を」と**副詞**「…語で」をどのような動詞との組み合わせで使うか整理しておきましょう。

若干の国名とその言語の言い方にもなじみましょう。(例 Росси́я – ру́сский язы́к – по-ру́сски▼)　▶ по-ру́сски の語末には й は付きません。

страна́ 国	**使う動詞**	**国の形容詞+ язы́к** **〜語(を)**	**使う動詞**	**副詞:** **…語で/を**
Росси́я ロシア		ру́сский язы́к▼ ロシア語		по-ру́сски ロシア語で
Япо́ния 日本		япо́нский язы́к 日本語	**говори́ть** 話す	по-япо́нски 日本語で
А́нглия イギリス	**знать** 知る	англи́йский язы́к 英語	**чита́ть** 読む	по-англи́йски 英語で
Испа́ния スペイン	**изуча́ть** 学ぶ・ 学習する	испа́нский язы́к スペイン語	**писа́ть** 書く	по-испа́нски スペイン語で
Кита́й 中国		кита́йский язы́к 中国語	**понима́ть** 分かる	по-кита́йски 中国語で
Фра́нция フランス		францу́зский язы́к▼ フランス語		по-францу́зски フランス語で
Герма́ния ドイツ		неме́цкий язы́к ドイツ語		по-неме́цки ドイツ語で

▶ 話題が ру́сский язы́к(ロシア語)など,「〜語」であるということが明らかな前後関係では язы́к[イズウィーク]「語/言語」はしばしば省略されます。

例 Ни́на изуча́ет япо́нский язы́к, а Ви́ктор — испа́нский (язы́к).
[直訳] ニーナは日本語を学んでいますが, ヴィクトルはスペイン(語)です。

▶ францу́зский язы́к　発音:Фра́нция[フらーヌツィヤ], францу́зский 形[フらヌツウースキイ]

参考

国名は **Герма́ния** なのに，なぜ「ドイツの」という形容詞は **неме́цкий** なのだろうか。

実はスラブ語の中に ***нем*** = «непоня́тно говоря́щий»「わかりにくく喋る」という意味の形動詞（動詞からできた形容詞）があります。この **нем** が語源です。

かつて古代ロシア（「ルーシ」と呼ばれたころ）の地では自分たち（スラブ人）にとって不可解なことばを話すすべての**異邦人**を一括して **не́мец** ㊚「わかりにくく喋る人」（**не́мцы** ㊝）と呼びました。のちには Герма́ния（ゲルマン／ドイツ）の出身者（ドイツ人）だけを ── **не́мец** ㊚，**не́мка** ㊛，**не́мцы** ㊝ と呼ぶようになりました。

形容詞は **неме́цкий**「ドイツの」，「ドイツ語」は **неме́цкий язы́к**。

073

3 Как по-ру́сски ～？ ～のことをロシア語ではなんと言いますか。

♪

А：Скажи́те, пожа́луйста, **как по-ру́сски** «apple»?▾
教えてください，«apple» は**ロシア語ではなんと言いますか**。

Б：«Apple» по-ру́сски — «я́блоко». «apple» はロシア語では «я́блоко» です。

▶「«...» はロシア語ではなんと言いますか。」はよく使える便利なフレーズ。
物を指したり，現物を見せたりしながら「これはロシア語でなんと言いますか」と問うときは，**Как э́то по-ру́сски?** と尋ねれば用が足ります（伝家の宝刀？）。

А：А вы зна́ете, как по-ру́сски «sport»?
では，«sport» はロシア語では何と言うかご存じですか。

Б：Коне́чно▾, зна́ю. «Спорт»▾. もちろん，知っています。«спорт» です。

▶ **коне́чно**［カニィエーシナ；**ч** の発音は **ш**］㊫ もちろん
▶ Спорт　文頭なので大文字で書き始めますが，спорт は普通名詞。小文字で書きます。

А：А как по-ру́сски «boutique»? では，«boutique» はロシア語では？

Б：Францу́зское сло́во «boutique» по-ру́сски — «бути́к»▾.
フランス語の単語 «boutique» はロシア語では «бути́к» です。

▶ ロシアでの бути́к［ブゥチィーク］（ブティック）はおもに衣服や靴を売っています。

А：Большóе спасúбо!　どうもありがとうございます。

Б：Нé за что!▼　どういたしまして。

▶ **Нé за что!** [ニェーザシタ（続けて発音する）] は，「お礼には値しません」というニュアンスの表現で，Пожáлуйста!（どういたしまして）と同義（синóним）です。

4 Кто вы по национáльности?
あなたはなに人ですか。

♪

А：Кто вы по национáльности▼?　あなたはなに人ですか。

Б：Я рýсская▼. А мой муж — дóбрый▼ япóнец.
私はロシア人（女）で，私の夫は優しい日本人です。

▶ по национáльности [パ‿ヌツィアナーリナスチィ] は「国籍上，民族としては」の意味。
▶ рýсская ㊎㊛ ロシアの。ここでは形容詞 рýсская は**名詞化**して「（女性の）ロシア人」を意味する。　▶ дóбрый ㊎ 良き，優しい，善良な，親切な

国名・首都・「なに人」などの言い方（若干）の整理

国　首都 **странá — столúца**	男性 **я，ты，он**	女性 **я，ты，онá**	複数形 **мы，вы，онú***
Россúя — Москвá	рýсский	рýсская	рýсские
Япóния — Тóкио	япóнец	япóнка	япóнцы
Áнглия — Лóндон	англичáнин	англичáнка	англичáне
Испáния — Мадрúд	испáнец	испáнка	испáнцы
Китáй — Пекúн	китáец	китаянка	китáйцы
Фрáнция — Парúж	францýз	францýженка	францýзы
Гермáния — Берлúн	нéмец	нéмка	нéмцы
Амéрика — Вашингтóн▼	америкáнец	америкáнка	америкáнцы

＊男性名詞の複数形で「…人（ロシア人たち，日本人たち…）」その民族全体を表す。しかし，特に「日本／イギリス／スペインの女性たち」などを強調するときは япóнк**и**／англичáнк**и**／испáнк**и** などのように女性名詞の複数形を使う。なお，「外国人」は инострáнец，инострáнка，инострáнцы。「外国語」は инострáнный язы́к ㊈，инострáнные языкú ㊋ と言う。

▶ Амéрика　正式国名は「アメリカ合衆国」Соединённые Штáты Амéрики，略して США = USA。

正式名称の頭文字をとって США [スェー・シェー・アーまたはスシァー]。Вашингто́н の発音は［ヴシゥィヌクトゥオーヌ］

☞ **確認（語末音の無声化）**— Мадри́д [д→т]　Пари́ж [ж→ш]　францу́з [з→с]

075

非動物名詞の対格 №4 : что?「何を？」

文中で名詞が**直接目的「～を」**の意味になるとき，その名詞は**対格**という格 №4 になります。

♪

A：**Что** вы чита́ете?　あなたたちは**何を**読んでいるのですか。

Б：Я чита́ю **журна́л**, а Ири́на чита́ет **кни́гу**▾.
私は**雑誌を**読んでいますが，イリーナは**本を**読んでいます。

▶ 他動詞 чита́ть「読む」の直接目的語になる журна́л ㊚ は対格形ですが，ご覧のように，この男性名詞は主格と対格が同じ形になっています。一方，**кни́гу**「本**を**」は **кни́га** ㊛ の対格形です。主格語尾の **-а** は対格では **-у** に語尾変化しています。

すでに тарака́н「ゴキブリ」の例（**第1課**）で説明しましたが，ロシア語では人間・動物とそれ以外のもの（植物，事物，現象など）を区別して考えます（**動物名詞 кто と非動物名詞 что**）。ここではその**非動物名詞の対格形**を学びましょう。

1 まず，非動物名詞の**単数対格** №4 では，**女性名詞だけが**主格 №1 と異なる語尾 -у／-ю になります。すなわち主格が **а** で終わるものの対格は **у** になり，**я** に終わるものは **ю**（硬・軟母音の対応）になります。

Что э́то?　主格 №1	**Что?　対格 №4**	**語末**
Э́то журна́л. (он)	Я чита́ю журна́л.	№1 ＝ №4
письмо́. (оно́)	письмо́.	№1 ＝ №4
кни́г**а**. (она́)	кни́г**у**.	**-а → -у**
стать**я́**▾. (она́)	стать**ю́**.	**-я → -ю**

▶ статья́ ㊛ 論文；対格形は стать**ю́** 論文**を**。
-**ь** で終わる非動物の слова́р**ь** ㊚「辞書」や тетра́д**ь** ㊛「ノート」なども変化せず，№1 ＝ №4 です。
※女性名詞の中には単数対格でアクセントが語幹へ移動するものがあります。
例 стена́ ㊛〔主格〕壁 → сте́ну ㊛〔対格〕壁を

2 つぎに，**1**の表中の例文にあるように，非動物の**男性・中性名詞の単数対格形は，主格形と同形**です。つまり語尾**変化させずに**主格形をそのまま対格形として使えます №1 ＝ №4。

3 さらに**非動物名詞の複数対格形**は，すべて**主格形** №1 **と同じです**。

Что э́то?　主格 №1	**Что?　対格** №4	**語尾**
Это журна́л**ы**. пи́сьм**а**. кни́г**и**. стать**и́**.	Я чита́ю журна́л**ы**. пи́сьм**а**. кни́г**и**. стать**и́**.	№1 ＝ №4

ワンポイント

他動詞と非他動詞

直接目的語（**直接補語「кого́ 誰を／что 何を」**）になる名詞とともに用いられる動詞（чита́ть，писа́ть，изуча́ть，слу́шать など）を**他動詞**と呼びます。他動詞の**直接目的語は対格形**〈**кого? что?**〉で用いられます。

例 **Что** вы пи́шете? —Я пишу́ **кни́гу**. ／**Что?** ＝**何を**？（本**を**）

一方，**直接目的語を用いない動詞群**（рабо́тать 働く，отдыха́ть 休む，гуля́ть 散歩する，など）を総称して**非他動詞**と呼びます。

Упражне́ние　練習問題

以下の文をロシア語に訳しましょう。

1) 私たちはロシア語を学んでいます。
2) いま私の母は古い手紙㊢を読んでいます。
3) いまこの作家は面白い長編小説を書いています。
4) 私は論文を読んでいますが，ターニャは音楽▼を聴いています。　▶му́зыка ㊛
5) 私たちは歴史▼，文学，経済学，数学，物理学，化学，生物学と情報科学を学んでいます。　▶「歴史」以下の単語（主格形）は 導 *8* 課の 3 の1. 参照。

解答は巻末 **練習問題 解答** の第 ***12*** 課参照

第13課 対格 (2) 非動物；「学ぶ」と「覚える」

076

1 非動物名詞の対格を修飾する形容詞

非動物の男性名詞と中性名詞にかかる形容詞や形容詞的代名詞は，単数でも複数でも，すべて主格と対格では同じかたちになります。つまり，№1 ＝ №4 です。

一方，非動物の女性名詞は，それにかかる形容詞や形容詞的代名詞も含めて，複数形のみが主格・対格同形になります。以下の具体例 1 2 3 で確認しましょう。

1 非動物の男性名詞の単数 №1 ＝単数 №4

♪

Э́то мой но́вый но́мер▼. これは私の新しい電話番号です。

Вы зна́ете мой но́вый но́мер? あなたは私の新しい電話番号をご存じですか。

▶ 非動物・男性単数 №1，но́мер 男（電話）番号・ナンバー

Мы изуча́ем францу́зский язы́к. 私たちはフランス語を学んでいます。

Э́то францу́зский рома́н. これはフランスの（長編）小説です。

Мы чита́ем францу́зский рома́н. 私たちはフランスの小説を読んでいます。

2 非動物の中性名詞の単数 №1 ＝単数 №4

Э́то ста́рое письмо́. これは古い手紙です。

Я чита́ю ста́рое письмо́. 私は古い手紙を読んでいます。

3 非動物名詞の複数 №1 ＝複数 №4

Э́то мои́ но́вые номера́▼. これは私の新しい電話番号 複 です。

Вы зна́ете мои́ но́вые номера́? 私の新しい電話番号 複 をご存じですか。

▶ номера́ 複 < но́мер 男 電話番号　※複数形ではアクセントが移動する。

Э́то францу́зские рома́ны▼. これはフランスの小説です。

Мы чита́ем францу́зские рома́ны. 私たちはフランスの小説を読んでいます。

▶ рома́ны 複 < рома́н 男（長編）小説

Э́то ста́рые пи́сьма▼. これは古い手紙です。

Я чита́ю ста́рые пи́сьма. 私は古い手紙を読んでいます。

▶ пи́сьма 複 < письмо́ 中 手紙

Э́то краси́вые▼ карти́ны▼. これは美しい絵です。

Худо́жник▼ пи́шет краси́вые карти́ны. 画家は美しい絵を描いています。

▶ краси́вый 形 美しい　▶ карти́ны 複 < карти́на 女 絵　▶ худо́жник 男 画家

女性名詞の単数対格形 №4 を修飾する形容詞は語尾が変わる！

077

直接目的語（直接補語）「…を」を意味する女性名詞単数形の語尾変化：

➡ Кака́я э́то кни́га?　　これはどんな本ですか。
Э́то интере́сная кни́га.　　これは面白い本です。

➡ Каку́ю кни́гу вы чита́ете?　　どんな本を読んでいるのですか。
Я чита́ю интере́сную кни́гу.　　私は面白い本を読んでいます。

➡ Э́то после́дняя▼ страни́ца▼.　　これは最後のページです。
Я чита́ю после́днюю страни́цу.　　私は最後のページを読んでいます。

➡ Э́то моя́ но́вая тетра́дь▼.　　これは私の新しいノートです。
Я открыва́ю▼ мою́ но́вую тетра́дь.　　私は私の新しいノートを開きます。

▶ после́дний 形 最後／最終の（軟変化）　▶ страни́ца ページ　▶ тетра́дь 女 ノート
▶ открыва́ть^E *(a)* 開く → я открыва́ю, ты открыва́ешь, они́ открыва́ют

非動物名詞とそれにかかる形容詞の単数 №4 簡略表

	како́й? како́е? каку́ю? 形容詞の語尾	что?「何を」 非動物名詞の語尾
男性	како́й?	№4 ＝ №1 対格は主格と同形
中性	како́е	
女性	-ую／-юю	-у／-ю／-ь

名詞の単数 №4 の総合的なまとめは 第24課 の 5 で行います。

女性名詞に付く形容詞の単数 №4 の語尾は -ую（軟変化なら -юю），形容詞的代名詞はものによって -у または -ю（э́та → э́ту；моя́ → мою́）。同じように，単数 №1 の語尾が -ь で終わる女性名詞の №4 に付く場合も語尾は -ую（軟変化なら -юю）になる。

078

4 非動物を表す代名詞３人称の対格 №4 — его, её, их

非動物を指す代名詞（он, оно́, она́ それ／они́ それら）の**対格形**は，**男性**名詞と**中性**名詞の場合は **его́** となり，**女性**名詞は **её**，**複数形**はすべて **их** となります。

♪

- Э́то журна́л. Я чита́ю **его́**.　これは雑誌です。私は**それを**読んでいます。
- Вот письмо́. Мой оте́ц чита́ет **его́**.　ほら，手紙です。父は**それを**読んでいます。
- Э́то о́чень интере́сная кни́га. Моя мать чита́ет **её**.
  これはとても面白い本です。母は**それを**読んでいます。
- Э́то интере́сные япо́нские журна́лы и кни́ги. Я чита́ю **их**.
  これは面白い日本の雑誌と本です。私は**それらを**読んでいます。

079

5 動詞 учи́ть「学ぶ，覚える」と изуча́ть

すでに「学ぶ・学習する」という動詞 изуча́ть^{E} *(a)* 〈кого́? что?〉 №4 を習いました。
☞ Я изуча́ю ру́сский язы́к.

この изуча́ть に似た動詞として учи́ть「…を勉強する／覚える」があります。ともに対象を対格で表す両者の使い分けを比較しましょう。

изуча́ть 学ぶ	иностра́нный язы́к▼ 外国語を学ぶ математи́ку　数学を学ぶ фи́зику　物理を学ぶ хи́мию　化学を学ぶ эконо́мику　経済を学ぶ ▶ иностра́нный язы́к 外国語	учи́ть 覚える	пра́вило ㊥ 規則を覚える слова́▼ ㊫ 単語を覚える стихи́▼ ㊫ 詩を覚える уро́к 課業を復習する ▶ слова́ < сло́во ㊥ 単語 ▶ стихи́ ㊫ 詩

изуча́ть「学ぶ」が長期的・体系的な学習を意味するのに対して，учи́ть はここでは「具体的なことを勉強し，覚える」を意味しています（直訳では伝わりにくい意味です）。

учи́ть[И] *(c)* 〈**что?**〉 **覚える；(〜を覚えるために)勉強する**

я	учу́	мы	у́чим
ты	у́чишь	вы	у́чите
он／она́	у́чит	они́	у́чат

ч の後に **ю**，**я** は書かず，対応する **у**，**а** を綴る，という**正書法**のルールにより，учю → учу́，учят → у́чат となる。

Что вы у́чите?　何を勉強しているところですか。

— Я учу́ но́вые ру́сские слова́.

— 新しいロシア語の単語を（覚えようと）勉強しているところです。

参考

日本語では，「本を読む」「彼氏に電話する」など，**補語（目的語）**によって「テニヲハ」が違うように，ロシア語でも，目的語が何格になるか，前置詞を伴う用法があるか，などは動詞それぞれで決まっています。これを**「動詞の格支配」**と言います。この場合，「対格を要求する動詞」などのように，**「要求」**という表現を使うこともあります。

動詞を覚えるときは「その動詞は**補語をどの格で用いることを求めるか**」も覚えなければなりません。それを自分用「動詞ノート」にメモすると良いかも。

たとえば動詞「読む」は補語として対格「…を？」を求めるので，чита́ть[E] *(a)* 〈кого́? что?〉 のように，補語「誰を？／何を？」を意味する **кого́? что?** を書き添えます（**第 8 課** 参照）。〈**что?**〉「何を」だけの場合もあるでしょうから，対格なら〈кого́? что?〉 №4 と記しておけばよいでしょう。また，前置詞を伴う用法に出会えば，その例文も書き加えておくといつか役に立つでしょう。

Упражне́ние　練習問題

以下の文をロシア語に訳しましょう。

1) いま学生たちは新しいロシア語の単語㊝を覚えています。
2) 私の母は古い本㊖を読んでいます。
3) いまこの作家は面白い短編小説▼㊝を書いています。　▶ расска́зы ㊝ < расска́з ㊚ 短編小説
4) 私は青いノート㊖を開きます。
5) いまターニャは新しいロシアの詩㊝を覚えているところです。
6) 僕の友人は僕の新しい電話番号㊖を知らない。
7) 今日画家は大きな美しい絵㊖を書いています。

解答は巻末 **練習問題 解答** の第 **13** 課参照

第14課 対格 (3) 非動物；好き／欲しい；せねば；何曜日？

1 Вы лю́бите? Да, я люблю́.
お好きですか。 はい，私は好きです。

♪

A： Вы лю́бите му́зыку? 音楽は好きですか。
Б： Да, я о́чень люблю́ (му́зыку*). ええ，私は（音楽が）大好きです。
А вы? で，あなたは？
A： Да, я то́же▼ люблю́ (му́зыку*). ええ，私も（音楽が）好きです。
Осо́бенно▼ я люблю́ кла́ссику▼. 私は特にクラシックが好きです。

* люблю́ (му́зыку) ←繰り返しになるので му́зыку は省略可能。これを代名詞㊛の対格 её とすることもある。

▶ я то́же 私も　▶ осо́бенно 特に　▶ кла́ссику < кла́ссика ㊛ クラシック（音楽）／古典作品

люби́ть[и] **[б/бл/б]** *(c)* **⟨кого́? что?⟩** 好き，愛する，好む

я	любл**ю́**
ты	лю́б**ишь**
он／она́	лю́б**ит**
мы	лю́б**им**
вы	лю́б**ите**
они́	лю́б**ят**

これは **и** 変化動詞の**変則**。不定形の **-и́ть** を取り除いて люб に **и** 変化の人称語尾を加えるが，**1人称** я の変化だけは **б** の後に **л** が付加されるタイプ。

☞ **[б/бл/б]**　люб||**и́ть**
люб-**л**-ю
люб-ишь...

アクセントは，ты 以降の変化では一つ前の母音へ移動するので，*(c)* タイプです。люби́ть は ❶ 対格，❷ 動詞不定形，とともに用いられます：

❶ ♪

Я люблю́ акти́вный▼ спорт и энерги́чную▼ му́зыку. Осо́бенно люблю́ футбо́л и рок▼.

私は躍動的なスポーツとエネルギッシュな音楽が好きです。特にサッカーとロックが好きです。

▶ акти́вный ㊋ 活動的／活発・アクティヴな　▶ энерги́чную < энерги́чный ㊋ エネルギッシュな，精力的な　▶ рок ロック

➡ Катю́ша, что ты бо́льше▼ лю́бишь? Бале́т и́ли о́перу?

カチューシャ，君はどれがより好みなの？　バレエそれともオペラ？

▶ бо́льше より多く／たくさん

—Я бо́льше люблю́ бале́т.　—私はバレエのほうが好きだわ。

☺♥ ちなみに「あなたを(君を)愛しています」は **Я люблю́ вас** (**тебя́**).
使える日に備えておきましょう !!! ？

2 ♪

➡ Ве́чером мои́ роди́тели▼ лю́бят смотре́ть телеви́зор, а я люблю́ чита́ть бло́ги▼ и смотреть сайты▼.

夜，私の両親はテレビを見るのが好きですが，私はブログを読んでサイトを見るのが好きです。

▶ роди́тели〔複のみ〕両親　▶ бло́ги 複 < бло́г ブログ　▶ сайты < сайт サイト

➡ Пётр лю́бит де́лать се́лфи▼.　ピョートルは自撮りをするのが好きです。

▶ се́лфи 中〔不変化〕［スィェールフィ／セールフィ］自(分)撮り

➡ В свобо́дное вре́мя▼ студе́нты лю́бят игра́ть▼ в бейсбо́л, те́ннис, футбо́л, а бизнесме́ны лю́бят игра́ть в гольф.

余暇には学生たちは野球，テニス，サッカーをやり，ビジネスマンたちはゴルフをするのが好きです。

▶ в свобо́дное вре́мя 自由時間には／余暇には／暇なときは〔イディオム〕
▶ **игра́ть в** +「**ゲーム・競技の対格形**」で「(…のゲーム・競技を) やる，プレイする」を意味します。

игра́ть^E в +ゲーム名 №4

игра́ть^E(a) プレイする，興じる		
Я игра́ю...	в бейсбо́л	野球
Ты игра́ешь...	в волейбо́л	バレーボール
Он／Она́ игра́ет...	в баскетбо́л	バスケットボール
Мы игра́ем...	в гольф	ゴルフ
Вы игра́ете...	в бадминто́н	バドミントン
Они́ игра́ют...	в те́ннис	テニス（これ以降の **в** の発音は **ф**）
	в футбо́л	サッカー
	в ка́рты	トランプ
	в ша́хматы	チェス

Вы хоти́те? Я хочу́...
欲しい／いかがですか。私は…が欲しいです。

А:	Вы хоти́те пи́во▾?	ビールはいかがですか。 ♪
Б:	Да, я всегда́▾ хочу́ пи́во. А вы?	はい，私はいつもビールが欲しいです。で，あなたは？
А:	Я не хочу▾ пи́во. Я хочу́ во́дку▾.	私はビールは欲しくないです。ウォッカが欲しいです。

▶ пи́во ㊥［ピーヴァ］ビール　▶ всегда́［フスィグダー］いつも，常に　▶ не хочу́ 欲しくない
▶ во́дку < во́дка ㊛［ヴォートカ］ウォッカ

不規則動詞 хоте́ть★ …したい，欲する，欲しい

хоте́ть★ [т/ч/т] 〈кого́? что?〉	
я	хочу́
ты	хо́чешь
он／она́	хо́чет
мы	хоти́м
вы	хоти́те
они́	хотя́т

本書ではごく少数の**不規則変化の動詞**にはその右肩上に**★印**を付けます。その動詞ごとに覚えなければなりませんが，ごくわずかしかありません。

また，不規則でも変化の形に一定の法則性はあります。хоте́ть★ は単数のときには **е** の変化，複数になると **и** の変化になっています（**е** と **и** の**混合変化**）。そして，単数のときは **ч** が使われ，複数に際しては **т** が使われています。

※アクセントにも注意。

хоте́ть 用法には，**1** 直接補語を対格〈кого́? что?〉で表す，**2** 動詞不定形とともに用いる，などがあります（さらにもう一つの用法については **第22課** を参照）：

1

➡ Вы хоти́те ко́фе?　コーヒーはいかがですか（欲しいですか）。 ♪
— Да, хочу́.　— はい，欲しいです。

➡ Каку́ю рабо́ту▾ вы хоти́те?　あなたはどんな仕事が欲しいですか。
— Я хочу́ интере́сную, креати́вную▾ и лёгкую▾ рабо́ту.
— 私は面白くて，クリエイティヴで楽な仕事が欲しいです。

▶ рабо́ту < рабо́та ㊛ 仕事
▶ креати́вную < креати́вный ㊞ 創作的な，クリエイティヴな
▶ лёгкую < лёгкий ㊞ 簡単な，楽な，軽い（対義語は тру́дный 難しい，困難な）

2 ♪

Почему́▼ Светла́на смо́трит телеви́зор и чита́ет газе́ты▼?
なぜスヴェトラーナはテレビを見たり新聞を読んだりしているのでしょうか。

— Потому́ что▼ хо́чет знать но́вости▼.
— なぜなら（彼女は）ニュースを知りたいからです。

▶ почему́ なぜ，どうして〖英〗why　▶ газе́ты 複 < газе́та 新聞
▶ потому́ что なぜならば〖英〗because　▶ но́вости 複 < но́вость 女 ニュース

Почему́ вы так▼ мно́го▼ занима́етесь▼?
なぜあなたはそんなにたくさん勉強するのですか。

— Я мно́го занима́юсь▼, потому́ что я хочу́ говори́ть по-ру́сски хорошо́▼.
— 私はたくさん勉強しています，なぜなら私はロシア語を上手に話したいからです。

▶ так そんなに　▶ мно́го 多く，たくさん
▶ вы занима́етесь < занима́ться 勉強する，（仕事などを）する
▶ я занима́юсь < занима́ться　▶ хорошо́ 上手に，うまく，良く

-ся 動詞と呼ばれる動詞

動詞不定形の語尾 -ть の後ろに -ся(-сь) がついた形があります。これを **-ся 動詞**と呼びます。

занима́ться^{E} *(a)* 勉強／作業などをする	
я	занима́юсь
ты	занима́ешься
он/она́	занима́ется
мы	занима́емся
вы	занима́етесь
они́	занима́ются
命令形	(ты) занима́й**ся** (вы) занима́йте**сь**

занима́|ть|ся の人称変化の仕組み

занима́+**ю**+**сь**　Я мно́го занима́юсь.
занима́+ешь+**ся**　Ты ма́ло▼ занима́ешься.
занима́+ют+**ся**　Они́ серьёзно▼ занима́ются.

▶ мно́го たくさん ⇔ ма́ло 少なく，少しだけ／あまり…しない
▶ серьёзно 真面目に，真剣に，本気で

-ся 動詞の人称変化自体は通常のもの（ここでは **е** 変化）と変わらないが，**語末が子音**だと **-ся** が付き，**母音**だと **-сь** が付く。-ться，-тся は［**ца**］と発音される。

-ся 動詞の意味・機能はいくつかあります（詳しくは後述）。ここでは「勉強／作業をする」という意味の занима́ться の用例を挙げました。まずはよく使われるこの -ся 動詞になじみましょう。

до́лжен（…しなければならない）＋動詞の不定形

до́лжен「…しなければならない；…するべきだ」という表現も不定形（инфинити́в）とともに用いられます。

♪

Ка́ждый день▾ я до́лжен учи́ть но́вые ру́сские слова́.
毎日僕は新しいロシア語の単語を覚えなくてはなりません。

Е́сли▾ ты студе́нт, ты до́лжен серьёзно▾ занима́ться.
もし君が学生なら，君は真剣に勉強しなければなりません。

▶ ка́ждый день 毎日　▶ е́сли ～ もし～ならば　▶ серьёзно 副 真剣に

「…しなければならない」という表現は**主語の性と数**によって使い分けられます。

я, ты, он — **до́лжен**		
я, ты, она — **должна́**	+ **инфини́тив**（不定形）「…しなければならない」	
мы, вы, они́ — **должны́**		

♪

➡ Я студе́нтка. Я должна́ серьёзно занима́ться.
私は学生です。私は真剣に勉強しなければなりません。

➡ А́нна ма́ло▾ отдыха́ет. Она́ должна́ отдыха́ть.
アンナは少ししか休まない。彼女は休むべきです。

▶ ма́ло 副 少し～する／あまり～しない

➡ Мы должны́ мно́го▾ чита́ть и писа́ть по-ру́сски.
私たちはロシア語でたくさん読んで書かなければなりません。

▶ мно́го 副 たくさん，多く（⇔ ма́ло）

中性名詞が主語の場合は（оно́）**должно́** になります。 ♪

➡ Сейча́с ра́дио▾ не должно́▾ рабо́тать▾, потому́ что мы должны́ де́лать▾ дома́шнее зада́ние▾.
今ラジオはついていてはいけません，なぜなら私たちは宿題をしなければならないからです。

▶ ра́дио 中〔不変〕ラジオ　▶ не должно́... …してはならない。не は直後の語を否定する。
▶ рабо́тать^{E} *(a)* は「働く，作動する→ついている・スイッチオンしている」の意味。
▶ де́лать^{E} *(a)* する　▶《дома́шнее 家での，зада́ние 課題》＝宿題

☞必要性に関する表現については**第 30 課**でも学びます。

083

4 曜日の名称；「何曜日に？」の表現法《前置詞 в ＋ №4》

♪

Како́й день? 何曜日 №1 ？		В како́й день? 何曜日に？ в ＋ №4	
понеде́льник	月曜日	в понеде́льник	月曜日に
вто́рник	火曜日	во вто́рник▼	火曜日に
сред**а́**▼	水曜日	в сре́ду	水曜日に
четве́рг	木曜日	в четве́рг	木曜日に
пя́тниц**а**	金曜日	в пя́тницу	金曜日に
суббо́т**а**	土曜日	в суббо́ту	土曜日に
воскресе́нье	日曜日	в воскресе́нье▼	日曜日に

▶ среда́ は №4 でアクセントが移動→ в сре́ду

※「週」は неде́ля と言う。

▶ во вто́рник の前置詞 во は，в‿вто́рник [ффто́рник] と言いづらいため，母音を加えて во とする。

▶ **в**‿**в**оскресе́нье [ヴ‿ヴスクりィスィェーニ・ィェ] 以外の **в** の発音は **ф** になる。

♪

А： Како́й сего́дня▼ день?　今日は何曜日だっけ？

Б： Сего́дня суббо́та.　今日は土曜日。

А： Ты сего́дня рабо́таешь?　君は今日，働いているの？

Б： Нет, в суббо́ту я не рабо́таю. В суббо́ту я обяза́тельно▼ отдыха́ю.
いや，土曜日は，僕は働かない。土曜日は，僕は必ず休むよ。

А： А в воскресе́нье?　じゃあ日曜日は？

Б： И в воскресе́нье то́же отдыха́ю.　そして日曜日も休むよ。

А： Но, коне́чно▼, в понеде́льник ты рабо́таешь?
けど，もちろん，月曜日は働くわよね？

Б： Нет, и в понеде́льник то́же не рабо́таю.
いや，月曜日も同じく働かない。

А： Скажи́, пожа́луйста▼, у тебя́ есть▼ рабо́та▼?
聞くけど，あんた，仕事はあるの？

▶ сего́дня 副 [スィヴォード ニャ] 今日　▶ обяза́тельно 副 [アビザチィリナ] 必ず
▶ коне́чно 挿 [カニェーシナ] もちろん（です）　▶ Скажи́, пожа́луйста, 言ってよ＝聞くけど
▶ у тебя́（君には）есть（ある）；У тебя́ есть ～？ 君には～はあるの？／君は～を持っているの？
▶ рабо́та 仕事，職場

第15課 前置格（1） どこにある？；中／上に；どこで働く？

084

パスポートはスーツケースの上？中？ ビザはポケットの中

人や物の存在場所あるいは行為の場を尋ねるときは通常 **Где?**（どこに／で？）という疑問詞を使います（既習）。質問に答えるときには**前置詞 в**（～のなかに）／**на**（～の上に）＋**前置格** №6 がよく使われます。

♪

Пётр　：Э́то мой па́спорт▾. А где ваш па́спорт, А́нна?
ピョートル：これは僕のパスポート。で，あなたのパスポートはどこですか，アンナ？

А́нна　：**На** чемода́н**е**▾. Ой▾, **в** чемода́н**е**... Нет, **в** су́мк**е**▾.
アンナ：スーツケースの上。ああ，スーツケースの中…いえ，バッグの中だわ。

Пётр　：А где ва́ша ви́за▾?
ピョートル：それで，あなたのビザはどちらに？

А́нна　：Моя ви́за **в** па́спорт**е**... Нет, **в** карма́н**е**▾!
アンナ：私のビザはパスポートの中…いえ，ポケットの中よ！

▶ па́спорт パスポート／身分証明書　▶ на ＋前置格 ～の上に；чемода́не < чемода́н スーツケース
▶ ой 間 ああ　▶ в су́мке [フスゥームキェ] < су́мка バッグ；в ＋前置格 ～の中に（後に続く単語の語頭が無声子音のときは **в** の発音は **ф** になる）　▶ ви́за ビザ　▶ карма́не < карма́н ポケット

前置格は必ず前置詞とともに用いられます。最も頻繁に使われる**前置詞**は **в**（…の中に，の中で），**на**（…の上に，の上で）と **о**（…について，に関して）です。（それらは英語の in や on，at，ならびに about に相当します。）

前置格 №6 を用いることを意味する印としては〈**о ком? о чём?**〉（**誰について**？ **何について**？）を用います。**前置詞 о** については後の**第17課**で取り上げます。

名詞の単数前置格の語尾の大多数は **-е** になります（一部は **-и**）。疑問詞 Где? の末尾 **-е** を意識しておくと，前置格形を作るときのヒントになるでしょう。

単数形 名詞の性	主格 №1 **Что?**	前置格 №6 (前置詞 **в**, **на** を用いるとき) **В чём? На чём?**	語尾
он	стол 机	в／на стол**é** 机の中／上に	+ **-е**
	муз**éй** 美術館	в муз**éе** 美術館内で	**-й** → **-е**
	слов**áрь** 辞書	в／на словар**é** 辞書の中／上に	-ь → **-е**▼
оно́	письм**ó** 手紙	в письм**é** 手紙の中で	**-о** → **-е**
	м**óре** 海	на м**óре** 海（辺）で	**-е** → **-е**
	здáн**ие** 建物	в здáн**ии** 建物内で	**-ие** → **-ии**
	собрáн**ие** 会議	на собрáн**ии** 会議で	
она́	кóмнат**а** 部屋	в кóмнат**е** 室内で	**-а** → **-е**
	дерéвн**я** 村／田舎	в дерéвн**е** 村／田舎で	**-я** → **-е**
	Росс**ия** ロシア	в Росс**ии** ロシアで	**-ия** → **-ии**
	стáнц**ия** 駅	на стáнц**ии** 駅で	
	плóщад**ь** 広場	на плóщад**и** 広場で	**-ь** → **-и**▼

▶ 軟音記号 **ь** で終わる男性名詞と女性名詞の単数前置格の語尾の相違に注意。

※ごく少数ですが，男性名詞にも前置格形が **-ии** となるものがあります（планетáр**ий** → в планетáр**ии** プラネタリウムで／ санатóр**ий** → в санатóр**ии** サナトリウムで）。

085

2 Где вы рабóтаете? どちらにお勤めですか。

А：Скажи́те, пожáлуйста, где вы рабóтаете? ♪
あのう，あなたはどちらにお勤めですか。

Б：Я рабóтаю в университéте. Я преподавáтель▼.
大学で働いています。講師です。

А：Где рабóтает ваш муж? ご主人はどこで働いておいでですか。

Б：Мой муж рабóтает на завóде▼. Он инженéр.
夫は工場で働いています。彼はエンジニアです。

▶ преподавáтель ㊚ 講師
▶ **на** завóде 工場で < завóд（重工業の）工場。軽工業の工場は фáбрика。

А：Вáша женá рабóтает? 奥さんは働いておいでですか。

Б：Да, моя́ женá рабóтает в шкóле▼. Онá учи́тельница▼.
ええ，妻は学校で働いています。彼女は教師です。

А：А где рабо́тают ва́ши роди́тели▼?
では，ご両親はどこで働いておいでですか。

Б：Они́ уже́ не рабо́тают. Они́ на пе́нсии▼.
彼らはもう働いていません。（彼らは）年金生活です。

▶ шко́ла（初等・中等教育の）学校　▶ учи́тельница ㊛ 教師
▶ роди́тели〔複のみ〕両親　▶ **на** пе́нсии 年金生活（の立場上にある）< пе́нсия ㊛ 年金

086

3 場所を表す前置詞 в と на の使い分けの目安

♪

1 場所を表す前置詞 в は，人や物が対象の中・内部にあることを意味する。	**1 на は人や物が対象の表面上やひらけた場所・空間にあることを意味する。**
а) Где ко́шка? — Ко́шка **в** маши́н**е**▼. ネコはどこ？ — ネコは車の中。 б) Письмо́ **в** стол**е́**▼. 手紙は机の（引き出しの）中です。 в) Ру́чка **в** словар**е́**▼. ペンは辞書の中です（＝辞書にはさまっている）。 г) «Сло́во **в** словар**е́**»「辞書の中の単語」 д) Бе́лое вино́ **в** холоди́льник**е**▼. 白ワインは冷蔵庫の中にある。 ▶ маши́на ㊛ 車 ▶ стол 机。**в** стол**е́**（アクセント注意） ▶ слова́рь ㊚ 辞書 ▶ холоди́льник 冷蔵庫	а) Где ко́шка? — Ко́шка **на** маши́н**е**. ネコはどこ？ — ネコは車の上です（＝車の屋根の上にいる）。 б) Письмо́ **на** стол**е́**. 手紙は机の上（にある）。 в) Ру́чка **на** словар**е́**. ペンは辞書の上（にある）。 г) Соба́ки▼ **на** у́лиц**е**▼ и **на** пло́щад**и**▼. イヌは通りや広場にいる。 д) Кра́сное вино́ **на** холоди́льник**е**. 赤ワインは冷蔵庫の上にある。 ▶ соба́ки ㊫ < соба́ка イヌ　▶ у́лица 通り ▶ пло́щадь ㊛ 広場
2 場所を表す前置詞 в は「建物・施設の中（で）」も意味する。	**2 на は「活動の場・催し物・観劇の場で／に」を意味することもある。**
в музе́**е**；**в** университе́т**е**； **в** теа́тр**е**；**в** магази́н**е**； **в** посо́льств**е**；**в** апте́к**е**； **в** больни́ц**е** など▼。 ▶ музе́й 美術館；университе́т 大学；теа́тр 劇場；магази́н 店；посо́льство 大使館；апте́ка 薬局；больни́ца 病院	Сейча́с мой оте́ц в ба́нке **на** рабо́т**е**▼. いま父は銀行の職場にいる。 Мы в теа́тре **на** бале́т**е**▼. 私たちは劇場（で）のバレエに来ている。 ▶ рабо́та 職場／仕事　▶ бале́т バレエ

3 地域，国，都市，村（で／に）などを意味するときにも **в** が用いられる。	**3** 大陸や島，方位を示すときは **на** を用いる。
в Евро́п**е**；**в** А́зи**и**；**в** Сиби́р**и**；**в** Росси́**и**；**в** го́род**е**；**в** райо́н**е**；**в** дере́вн**е** など▼。 ▶ Евро́па ヨーロッパ；А́зия アジア；Сиби́рь ㊛ シベリア；Росси́я ロシア；го́род 都市；райо́н 地区；дере́вня 村	**на** контине́нт**е**；**на** о́стров**е**；**на** восто́к**е**；**на** за́пад**е**；**на** ю́г**е**；**на** се́вер**е** など▼。 ▶ контине́нт 大陸；о́стров 島；восто́к 東；за́пад 西；юг 南；се́вер 北

一応，上のような в と на の使い分けがありますが，**多くは慣用化**しており，その使い分けの明確なルールはないので，個々のケース（後出）を覚える必要があります。

Упражне́ние　練習問題

1. [　　] に適切な前置詞を入れましょう。

1) ビザはスーツケースの中にあります。　Ви́за [　　] чемода́не.
2) パスポートはポケットの中にあります。　Па́спорт [　　] карма́не.
3) 辞書は机の上にあります。　Слова́рь [　　] столе́.
4) イヌは通りや広場にいます。　Соба́ки [　　] у́лице и [　　] пло́щади.

2. 働いている場所を表現しましょう。Где она́ рабо́тает? Она́ рабо́тает...

例 посо́льство 大使館で　→ в посо́льстве.

1) о́фис 事務所で　→ в ________.
2) библиоте́ка 図書館で　→ в ________.
3) шко́ла 学校で　→ в ________.
4) больни́ца 病院で　→ в ________.
5) поликли́ника 外来総合診療所で　→ в ________.
6) гости́ница ホテルで　→ в ________.
7) поли́ция 警察で　→ в ________.
8) Петербу́рг ペテルブルクで　→ в ________.
9) фа́брика（軽工業の）工場で　→ на ________.
10) заво́д（重工業の）工場で　→ на ________.
11) по́чта 郵便局で　→ на ________.
12) юг 南（南方）で　→ на ________.

解答は巻末 **練習問題 解答** の第 **15** 課参照

Шестна́дцатый▼ уро́к

第16課　前置格（2）　住む，学ぶ；過去形の作り方

▶ Шестна́дцатый［シゥイスナーツァトゥイ］-стн- の т は発音しない。

Где вы живёте?　どちらにお住まいですか。

♪

А：Где вы живёте▼?　どちらにお住まいですか。

Б：Сейча́с я живу́ в Москве́.　いま私はモスクワに住んでいます。

А：Ва́ши роди́тели то́же живу́т в Москве́?
あなたのご両親もモスクワにお住まいですか。

Б：Нет, они́ живу́т в Япо́нии, в го́роде▼ О́сака.
いいえ，彼らは日本に，大阪市に住んでいます。

▶ живёте < жить[Ё] 住む・暮らす　▶ в го́роде 市／都市に < го́род。日本の「市」については《в го́роде ＋市の名称 №1》で「～市に／～という町に」（ある／住む）が表現できる。

「住む・暮らす・生きる」жить[Ё] ＝「е 変化」動詞の変則

жить[Ё] [+**в**](*b*) 住む・生きる	
я	живу́
ты	живёшь
он	живёт
мы	живём
вы	живёте
они́	живу́т

жить は「е 変化の」**変則動詞**。不定形語幹（-**ть** を取り去ったもの）**жи** に **в** が加わる→本書では [+**в**] と印す。

я　жи + **в** + **у**
ты　жи + **в** + **ёшь**
они　жи + **в** + **у́т**

жить の人称変化のタイプそのものはⅠ式正則（**е 変化**）と同じだ。

しかし，アクセントが語尾に移り，**е を ё と発音するタイプ**になる。
そして，я と они́ のところで語尾が -ю，-ют ではなくて，-**у**，-**ут** になる。

♪

А：Мы живём вот здесь, в э́том до́ме▼.
私たちはほら，ここ，このマンションに住んでいます。

Б：Пра́вда? А на како́м этаже́▼ вы живёте?
そうですか。それで**何階にお住まいですか**。

А：Живём на деся́том▼ этаже́.　10階に住んでいます。

▶ в э́**том** до́**ме** このマンション(の中)に №6 < э́тот до́м №1。дом は，戸建ての「家」だけでなく，アパートメントなどの「集合住宅」や「ビルディング」も意味します。

▶ **на** как**о́м** этаж**é** 何階に №6 < как**о́й** эта́ж 何階 №1。эта́ж 階，フロアー（アクセントが移動する **на** этаж**é**）　▶ деся́т**ом** №6 < деся́т**ый** №1 10番目の

参考　1～9「階に」までの言い方〈**на** ~ этаж**é**〉になじみましょう。

☞ **на** + пе́рв**ом** ／ втор**о́м** ／ тре́ть**ем** ／ четвёрт**ом** ／ пя́т**ом** ／ шест**о́м** ／ седьм**о́м** ／ восьм**о́м** ／ девя́т**ом** ／ + этаж**é**

※順序数詞の主格形は **第8課** を参照；形容詞などの前置格形は **第17課** で整理。

2　Вы у́читесь и́ли рабо́таете?
在学中ですか，それともお勤めですか。

088

すでに **учи́ть**「覚える」という動詞を学びました。これを **-ся 動詞**にした **учи́ться**「学んでいる，勉学している」もよく使われます。これには「どこどこ**に**在学している／通学している」という意味もあります。

♪

А：Вы уже́▼ рабо́таете и́ли▼ ещё▼ **у́читесь**?
あなたはもう働いておいでですか，それともまだ在学中ですか。

Б：Я ещё **учу́сь** в университе́те.
私はまだ大学で学んでいます（在学中です）。

А：На како́м ку́рсе▼ вы **у́читесь**?　何学年に在学中（何年生／何回生）ですか。

Б：Я **учу́сь** на пя́том ку́рсе▼.　5学年に在学中（5年生）です。

▶ уже́ もう，すでに　▶ и́ли あるいは　▶ ещё まだ

▶ **на** как**о́м** ку́рс**е** 何学年で №6 < как**о́й** ку́рс 何学年 №1。大学での「学年」は курс。

▶ **на** пя́т**ом** ку́рс**е** 5学年で №6 < пя́т**ый** ку́рс 5学年 №1。※ロシアの大学は5年制です。

-ся 動詞 учи́ться*и* (*с*) の人称変化

учи́ться*и* (*с*) 学ぶ／勉強／在学する				уч|и́ть|ся	
я	учу́сь	мы	у́чимся	я	уч+у́+**сь**
ты	у́чишься	вы	у́читесь	ты	у́ч+**ишь**+**ся**
он／она́	у́чится	они́	у́чатся	они́	у́ч+**ат**+**ся**

人称変化（ここでは и 変化）の語末が子音だと **-ся** が付き，母音だと **-сь** が付く。

※ -ться, -тся は〔**ца**〕と発音される。

参考

（大学の）**1／2／3／4 学年** №1 →**「学年に／で」** №6 **の言い方**

1 学年　пéрвый курс → **на** пéрв**ом** кýрс**е**
2 学年　вторóй курс → **на** втор**óм** кýрс**е**
3 学年　трéтий курс → **на** трéт**ьем** кýрс**е**
4 学年　четвёртый курс → **на** четвёрт**ом** кýрс**е**

「演奏する，奏でる，弾く」《игрáть на ＋楽器（前置格形 №6 ）》

《動詞 игрáть（プレイする）**в** + что「ゲーム・競技の**対格形** №4 」》で「(…のゲーム・競技を）やる，する」を意味します（**第 14 課**で既習)。

これに対し，楽器をプレイ・演奏すると言うときは《игрáть **на** + чём「楽器の**前置格形** №6 」》の慣用表現を使います。чём は что の前置格形です。

☞ **На чём** вы игрáете?　あなたは何を演奏しますか。

игрáть[E] *(а)*	**на + чём?** №6	**что?** №1　**楽器名**
я　игрáю...	на флéйт**е**	＜флéйт**а** フルート
ты　игрáешь...	на роя́л**е**	＜роя́ль 男 グランドピアノ
он／онá　игрáет...	на гитáр**е**	＜гитáр**а** ギター
мы　игрáем...	на скрúпк**е**	＜скрúпк**а** バイオリン
вы　игрáете...	на балалáйк**е**	＜балалáйк**а** バラライカ
они　игрáют...	на пианúн**о**	＜пианúн**о** 中〔不変〕(竪型の）ピアノ

089

Что вы дéлали вчерá?
昨日あなたは何をしていましたか。

♪

А：Что вы дéлали вчерá?▼　昨日あなたは何をしていましたか。
Б：Вчерá я отдыхáл дóма.▼　昨日僕はうちで休んでいました。

▶ что 何／何を；вы дéла**ли** あなたはしていた ＜ дéла**ть**「する」の**過去形**；вчерá 昨日
▶ я отдыхá**л** 僕は休んでいた ＜ отдыхá**ть**[E]「休む」の過去形；дóма 自宅で／うちで

090

5 動詞過去形の作り方

過去形の作り方は比較的簡単。まず**発音練習**をしましょう── **л, ло, ла, ли**。

動詞過去形は，形容詞のように，性と数によって，4通りに形を変えます。過去形を作るには，不定形からその印 **-ть** を取りのぞき，**-л** ㊚，**-ло** ㊥，**-ла** ㊛，**-ли** ㊢ を付けます（不規則動詞を除く）。

身近な動詞── де́лать する，чита́ть 読む／読書する，писа́ть 書く，рабо́тать 働く，отдыха́ть 休む ──で確認しましょう。

♪

		де́ла|**ть**	чита́|**ть**	писа́|**ть**	рабо́та|**ть**	отдыха́|**ть**
男性	я, ты, он	де́ла**л**	чита́**л**	писа́**л**	рабо́та**л**	отдыха́**л**
中性	оно́	де́ла**ло**	чита́**ло**	писа́**ло**	рабо́та**ло**	отдыха́**ло**
女性	я, ты, она́	де́ла**ла**	чита́**ла**	писа́**ла**	рабо́та**ла**	отдыха́**ла**
複数	мы, вы▼, они́	де́ла**ли**	чита́**ли**	писа́**ли**	рабо́та**ли**	отдыха́**ли**

▶ **вы** が単数の相手でも，文法的には**複数扱い**になります。

Когда́? いつ？ 過去の時を表す副詞（句）

вчера́ у́тром 昨日の朝	Вчера́ у́тром я чита́л газе́ты до́ма. ♪ 昨日の朝，僕は自宅で新聞を読みました。
вчера́ днём 昨日の昼	Вчера́ днём она писа́ла име́йл в о́фисе. 昨日の昼，彼女はオフィスでメールを書きました。
вчера́ ве́чером 昨日の晩	Вчера́ ве́чером студе́нты отдыха́ли в общежи́тии▼. 昨日の晩，学生たちは寮で休みました。 ▶общежи́тие 寮
вчера́ но́чью 昨日の夜中	Вчера́ но́чью Мари́на игра́ла на компью́тере. 昨日の夜中，マリーナはコンピュータで遊びました。
позавчера́ おととい	Позавчера́ студе́нты у́жинали в рестора́не. おととい学生たちはレストランで夕食をとりました。
ра́ньше 以前／かつて	Ра́ньше мой оте́ц рабо́тал в гости́нице. 以前，父はホテルで働いていました。

「僕は（私は）何もしなかった」は **Я** ничего́ не де́лал（де́лала）. と言います。

動詞の過去形では女性だけアクセントが語尾に移るものがあります。
たとえば既習の жить^{Ё} *(b)*「住む，暮らす，生きる」がそうです。

♪

жить の過去形 ☞ ㊚ жил，㊥ жи́**ло**，㊛ жи**ла́**，㊢ жи́**ли**

- Ра́ньше я жил в Москве́.　以前，僕はモスクワに住んでいました。 ♪
- Ра́ньше на́ша семья́ жила́ в Петербу́рге.

以前，うちの家族はペテルブルクに住んでいました。

-ся 動詞の過去形の作り方

	занима́|ть|ся 勉強，作業する	**учи́|ть|ся** 勉学，在学する
男性	занима́ + **л** + **ся**	учи́ + **л** + **ся**
中性	занима́ + **ло** + **сь**	учи́ + **ло** + **сь**
女性	занима́ + **ла** + **сь**	учи́ + **ла** + **сь**
複数	занима́ + **ли** + **сь**	учи́ + **ли** + **сь**

過去形語尾が子音（**л**）で終わるときは＋**ся**，母音（**а**，**о**，**и**）で終わるなら**сь**が加わります。

♪

- Вчера́ Бори́с мно́го **занима́лся** в библиоте́ке. Он чита́л текст, учи́л слова́, де́лал упражне́ния.

昨日ボリスは図書館でたくさん勉強しました。彼はテキストを読み，単語を覚え，練習問題をしました。

- В шко́ле О́льга **учи́лась** хорошо́. Она́ хорошо́ чита́ла, писа́ла и говори́ла по-англи́йски.

学校でオリガはよく勉強しました。彼女は英語を上手に読み，書き，話しました。

быть の過去形（いた／あった），否定（いなかった／なかった）

英語の **be 動詞**に相当する**動詞 быть「いる, ある, である」**は，現在形＝ быть は通常，省略されますが（☞ Па́спорт здесь.），過去形は省略されず，形容詞と同じように性と数に応じて変化します。（☞ Паспо́рт **был** здесь. ここにパスポートは**ありました**。）

	бы|ть	否定
я，ты，он	был	**не́** был
оно́	бы́**ло**	**не́** был**о**
я，ты，она́	был**а́**	не был**а́**
мы，вы，они́	бы́**ли**	**не́** был**и**

⚠ была́ や **не́** などのアクセントに注意。

⚠ **не́** было［ニェー ブィラ］と **не́** были［ニェー ブィリィ］の《было》と《были》はアクセントなしで発音される。

- Что▼ бы́ло на стене́?　壁には何がありましたか。 ♪

—На стене́▼ бы́ли ста́рые▼ часы́▼.　—壁には古時計がありました。

▶ **что は常に中性・単数扱い。**

▶ стене́ < стена 女 壁　▶ ста́рые 複 < ста́рый 古い　▶ часы́〔複 のみ〕時計

➠ Кто▾ нé был вчерá на рабóте▾ ?　昨日は誰が職場にいませんでしたか。

— Вчерá на рабóте нé были Áнна и Михаи́л.

— 昨日職場にはアンナとミハイルがいませんでした。

▶ **кто は常に男性・単数扱い。**　▶ на рабóте №6 < рабóта №1 仕事，職場

Упражнéние　練習問題

以下の文の [　　] 内の動詞を和訳文に照らして変化させ，アクセントも打ちましょう。

1) Вáши роди́тели тóже [жить] в Москвé?
あなたのご両親もモスクワにお住まいですか。

2) Я [жить] на трéтьем этажé.　私は 3 階に住んでいます。

3) Вы [работать] и́ли [учиться]?
あなたは働いておいでですか，それとも在学中ですか。

4) На какóм кýрсе вы [учиться]?　あなたは何学年に在学中ですか。
— Я [учиться] на пéрвом кýрсе.　— 私は 1 学年に在学中／ 1 年生です。

5) И́ра хорошó [играть] на гитáре.　イーラは上手にギターを弾きます。

6) Вчерá вéчером И́горь [писать] имéйл в óфисе.
昨日の夕方イーゴリはオフィスでメールを書いていました。

7) Рáньше Ни́на [жить] в Ри́ме.　以前，ニーナはローマに住んでいました。

8) Вчерá Áнна [заниматься] в библиотéке. Онá [читать] текст, [учить] словá.
昨日アンナは図書館で勉強しました。彼女はテキストを読み，単語を覚えていました。

9) В шкóле Бори́с [учиться]хорошó. Он хорошó [говорить] по-англи́йски.
学校でボリスは勉強がよくできました。彼は英語を上手に話しました。

10) Что [быть]на стенé?　壁には何がありましたか。
— На стенé [быть] краси́вая карти́на.　— 壁には美しい絵がありました。

11) Кто нé [быть] вчерá на собрáнии?　昨日は誰が会議を欠席しましたか。

12) Вчерá мы [работать] в óфисе.　昨日私たちはオフィスで働きました。

解答は巻末 **練習問題 解答** の第 **16** 課参照

第17課 完了・不完了？ 動詞の体（1）；前置格（まとめ）

091

1 быть の過去形の用法整理

♪

1 Позавчера́ в То́кио был снег▼. おととい東京は雪だった。

2 Вчера́ Ми́ша был на конце́рте. 昨日ミーシャはコンサートに行ってきた。

3 В её ко́мнате бы́ло тепло́▼. 彼女の室内は暖かかった。

▶ снег 雪　▶ тепло́ 副 暖かい

быть（ある・いる／…だ・…である）の過去形の用法・意味

1「…があった／…だった」の表現

♪

➡ Вчера́ бы́ло воскресе́нье▼.

昨日は日曜日だった（直訳→昨日は日曜日があった）。

▶ воскресе́нье が主語。вчера́ は副詞。

➡ Вчера́ в Москве́ была́ хоро́шая пого́да▼.

昨日モスクワは良い天気だった（直訳→昨日モスクワには良い天気があった）。

▶ пого́да が主語。

➡ Вчера́ во Владивосто́ке была́ плоха́я пого́да.

昨日ウラジオストクは悪天候だった。

2「いた」「行った／行ってきた」の意味

➡ Сего́дня у́тром я был▼ в университе́те. 今朝，僕は大学にいました。

▶ 前後関係で「行きました／行ってきました」とも訳せることに留意しよう。

➡ Позавчера́ ма́ма была́ в универма́ге▼.

おとといママはデパートに行きました／行ってきました。

▶ в универма́ге №6 < универма́г デパート／百貨店

➡ Вчера́ шко́льники бы́ли в музе́е на вы́ставке▼.

昨日学童たちは美術館の展覧会に行きました／行ってきました。

▶ на вы́ставке №6 < вы́ставка 展覧会。

※ «в музе́е на вы́ставке» の訳し方 ☞「美術館での展覧会に」→「美術館の展覧会に」

3 主語を持たない文の連辞（…だった／…であった）として

В ко́мнате хо́лодно.「部屋の中は（直訳→部屋の中では）寒い」のように，副詞を述語とし，主語を持たない文を**無人称文**と言います。この例文の В ко́мнате「室内は」は，主語ではありません。このような文（無人称文）の**過去形**には**連辞**としての быть（～だ／～である）の中性形 **бы́ло** が用いられます。

☞ В ко́мнате бы́ло хо́лодно.　部屋の中は寒かった。

同じように— Ле́том в Хаба́ровске бы́ло жа́рко.「夏，ハバロフスクは暑かった（直訳→夏には，ハバロフスクでは暑かった）」も主語がない**無人称文**です（詳細は後述）。

2 過去の動作「…していた」と「…し終えた」の違いを示す動詞

ロシア語では，**単に動作を表す動詞 чита́ть**「読んでいる」と，**完結・結果を表す動詞 прочита́ть**「読み終える／読了する」を使い分けます。まず例を見ましょう。

♪

А：Что вы **де́лали** вчера́?　あなたは昨日何を**していましたか**。
Б：Я **чита́л** рома́н.　昨日僕は小説を**読んでいました。**
А：Вы **прочита́ли** его́?　あなたはそれを**読み終えましたか**。
Б：Да, **прочита́л**.　はい，**読み終えました。**

ロシア語の動詞のほとんどは，不完了体（чита́ть 読む，писа́ть 書く，изуча́ть 学ぶ…）と**完了体**（прочита́ть 読み終える，написа́ть 書き終える，изучи́ть マスターする…）の **2 つの形**を持っています。つまり動詞には 2 つの対（ペア па́ра）があります。

完了体の動詞は，**過去**あるいは**未来**において**完全に終わったか，終わる動作を結果として表します。過去の場合：**

Я **прочита́л** кни́гу.　私は本をおしまいまで読みました。
Я **написа́л** письмо́.　私は手紙を書き終えました。
Я **изучи́л** ру́сский язы́к.
私はロシア語をマスターしました（ロシア語をもう知っています）。

という意味になります。

これに対して，**Я чита́л** кни́гу.／**Я писа́л** письмо́.／**Я изуча́л** ру́сский язы́к. などの文では，動作が行われたことを示すだけで，それが終わったかどうかを示すものではありません。чита́л 読んだ／読んでいた，писа́л 書いた／書いていた，изуча́л 学んだ／学んでいた ──は**不完了体**の動詞であり，**動作そのものを過程として示しているだけ**で，**その動作が終わったかどうかを，つまり結果を示すものではありません。**

両者の相違を，過去形の用例に限定し，以下の動詞のペアで比較してみましょう。

чита́ть[E] *(а)* 不完 読む	**прочита́ть**[E] *(а)* 完 読み終える
писа́ть[E] [с/ш] *(с)* 不完 書く	**написа́ть**[E] [с/ш] *(с)* 完 書き上げる
учи́ть[И] *(с)* 不完 覚える	**вы́учить**[И] *(а)* 完 覚えこむ
де́лать[E] *(а)* 不完 する	**сде́лать**[E] *(а)* 完 仕上げる／成し遂げる
покупа́ть[E] *(а)* 不完 買う	**купи́ть**[И] [п/пл/п] *(с)* 完 買い終える
смотре́ть[И] *(с)* 不完 見る	**посмотре́ть**[И] *(с)* 完 見終える／見てしまう

既出の動詞のほとんどは**不完了体**でした。以後，**不完了体動詞の**不定形には「不完」を略記し（чита́ть[E] 不完），**完了体には**「完」を付します（прочита́ть[E] 完）。

♪

Андре́й, что вы де́лали вчера́? アンドレイ，あなたは昨日は何をしましたか。

—Вчера́ я чита́л текст и учи́л глаго́лы▼. А вы, Та́ня?

—昨日はテキストを読んで動詞を覚えようとしました。で，貴女は，ターニャ？

Я **прочита́ла** текст, **вы́учила** глаго́лы и **сдела́ла** упражне́ние.

私はテキストを読み終えて，動詞を覚えてしまって練習問題を仕上げたわ。

—Я то́же чита́л текст и учи́л глаго́лы, но я **не прочита́л** весь▼ текст и **ещё не▼ вы́учил** глаго́лы.

—僕もテキスト読んで，動詞を覚えようとしていたけど，テキスト全部は読み終えてないし，まだ動詞を覚えきれていないよ。

▶ глаго́лы 複 < глаго́л「動詞」

▶ весь ～は「～全体／丸々」の意味。　▶ ещё не ... まだ…していない／でない

Ханако, что вы де́лали позавчера́? 花子，おとといあなたは何をしましたか。

—Позавчера́ я покупа́ла сувени́ры▼. —おととい私はみやげ物の買い物をしていました。

А что вы **купи́ли**? それで，何を買ったのですか。

—Я **купи́ла**▼ краси́вую ру́сскую матрёшку▼.

—私はきれいなロシアのマトリョーシカ（入れ子人形）を買いました。

▶ сувени́ры 複 < сувени́р 記念品，みやげ物

▶ купи́ть[И] 完 **[п/пл/п]** *(с)* 買う：я куплю́, ты ку́пишь, они́ ку́пят

▶ матрёшку < матрёшка

Почему́ ты не смо́тришь но́вости▼? なぜ君はニュースを見ないの？

—Я уже́ **посмотре́л** их. —僕はもうそれら（＝ニュース）を見てしまったんだよ。

▶ но́вости 複 ニュース

Упражне́ние　練習問題

以下の文の［　　］内の動詞を和訳文に照らして変化させ，アクセントも打ちましょう。

1) Я▾ [читать] текст, но не [прочитать] весь текст.
僕はテキストを読んだけれど，テキスト全体は読み終えていない。　▶ я は男性と想定。

2) Она́ [учить] глаго́лы, но ещё не [выучить].
彼女は動詞を覚えようとしたけれど，まだ覚えきれていません。

3) Андре́й и Татья́на [написать] упражне́ния, [выучить] глаго́лы, [прочитать] текст и тепе́рь▾ [слушать] му́зыку.
アンドレイとタチヤーナは練習問題を書き上げ，動詞を暗記し，テキストを読み終えて，今は音楽を聴いています。　▶ тепе́рь 今は

解答は巻末 **練習問題 解答** の第**17**課参照

3　前置格の用法 ── о ком? (誰について？)，о чём? (何について？)

093

♪

A：**О ком**▾ вы говори́те?
あなた方は誰について話しているのですか。

Б：Таня, мы говори́м **о вас**▾.
ターニャ，私たちはあなたについて話しています。

▶ о ком №6 誰について ＜кто №1
▶ о вас №6 あなた／あなた方について ＜вы №1

A：**О ком** он до́лго▾ говори́л?
彼は誰について長いこと話していたのですか。

Б：Он до́лго говори́л **о бра́те**▾, **о Са́ше**▾.
彼は男兄弟，サーシャについて長いこと話していました。

▶ до́лго 副 長く，長いこと　▶ **о бра́те** 兄／弟について ＜брат №1
▶ **о Са́ше** №6 サーシャについて ＜Са́ша №1

人称代名詞の前置格 №6 о ком? о чём? 誰／何について

кто? (что?)	о **ком**? (о **чём**?)	кто? (что?)	о **ком**? (о **чём**)
я	обо▼ **мне**	мы	о **нас**
ты	о **тебé**	вы	о **вас**
он／онó	о **нём**▼	они́	о **них**
онá	о **ней**		

▶ 前置詞 **о** は мне と結びつくときは，**обо** ［アバ］（無アクセント）になります。

▶ он，онó，онá は動物だけでなく非動物の代名詞でもありえます。

例 дом 男 → о дóме → о **нём**（家について）；мóре 中 → о мóре → о **нём**（海について）；мýзыка 女 → о мýзыке → о **ней**（音楽について）

※変化形の全貌を見渡すには**巻末付記** 3 の「人称代名詞の全 6 格のかたち」を参照。

о чём? (何について？) — о ＋ №6 の用例

前置格「何について？〈**о чём?**〉」とともに使われる動詞 знать[E] 不完 *(a)*「知っている」，расскáзывать[E] 不完 *(a)*「お話をする／話を聞かせる」の用例を見ましょう。

Я живý **в Росси́и, в Петербýрге**. 私はロシア，ペテルブルクに住んでいます。 （жить 住む）	Я мнóго знáю **о Росси́и, о Петербýрге**. 私はロシア，ペテルブルクについてたくさん知っています。
Рáньше▼ Тóни рабóтал **в Áнглии**. かつてトニーはイギリスで働いていました。 （рабóтать 働く）	Он чáсто▼ расскáзывает **об**▼ **Áнглии**. 彼はしばしばイギリスについてお話をしています。

▶ рáньше 以前，かつて　▶ чáсто しばしば

▶ а，и，у，э，о の直前では前置詞は о に代えて **об** ［アブ］を使う。Амéрика → **об** Амéрике；И́ван イワン→ **об** И́ване など。

Мой друг ýчится **во**▼ **Владивостóке**. 僕の友人はウラジオストクで勉学中です。 （учи́ться 学ぶ）	Он мнóго▼ знáет **о Владивостóке**. 彼はウラジオストクについてたくさん知っています。

▶ 2 子音（以上）が連続する直前では前置詞は **в** に代えて **во** ［ヴァ］を使う。

▶ мнóго ［ムヌォーガ］たくさん

名詞とそれにかかる形容詞の単数前置格 №6 簡略表

	(в /на /о) како́**м**? (в /на /о) како́**й**? 形容詞の語尾	(в / на /о) **ком**? (в / на /о) **чём**? 名詞の語尾
男・中性	**-ом／ем**	**-е／-и**
女性	**-ой／-ей**	**-е／-и**

前置格は **в**，**на**，**о** などの前置詞とともに使われます。整理のために，硬変化と軟変化の形容詞も含めた前置格の使用例を以下に示します。

- **На** больш**о́й** пло́щад**и** гуля́ют соба́ки. ♪
  大きな広場でイヌが散歩しています。
- О́льга рабо́тает в туристи́ческой компа́нии▼.
  オリガは旅行会社で働いています。
  ▶ в туристи́ческой компа́нии №6 < туристи́ческая компа́ния №1 ㊛ 旅行会社
- Мой мла́дший бра́т занима́ется **в** сосе́дн**ей** ко́мнат**е**.
  私の弟は隣室で勉強中です。
- Я расска́зываю **о** но́в**ом** хоро́ш**ем** до́м**е**.
  私は新しい良い家について話をしています。
- Он расска́зывает **о** ста́р**ой** си́н**ей** маши́н**е**.
  彼は古い青い車について話をしています。
- Дми́трий говори́л **о** ста́рш**ем** бра́т**е** и **о** мла́дш**ей** сестр**е́**.
  ドミトリーはお兄さんについて，そして妹さんについて話していました。

「何語で？」の同義表現 №6

говори́ть／чита́ть／писа́ть **по-ру́сски**「ロシア語で話す／読む／書く」などの表現は既習ですが，前置格でも говори́ть／чита́ть／писа́ть **на** ру́сск**ом** язык**е́**「ロシア語で」という同義表現ができます。「日本語で」なら **по-япо́нски** = **на** япо́нск**ом** язык**е́** となります。

☞ **На как**о́**м язык**е́ вы говори́те?　**何語で**話しておいでですか。 ♪

「в＋月名の前置格形（語尾 e）」で「いつ／何月に」が表せる ♪

	Какóй мéсяц?「何月？」		В какóм▼ мéсяце?「何月に？」♪	
1月	янвáрь*	［イヌヴァーり］	в январé*	［ヴ‿ウィヌヴァりエー］
2月	феврáль*	［フィヴらーリ］	в февралé*	［フ‿フィヴらリエー］
3月	март	［マーるトゥ］	в мáрте	［ヴ‿マーるチェ］
4月	апрéль	［アプりェーリ］	в апрéле	［ヴ‿アプりェーリェ］
5月	май	［マーィ］	в мáе	［ヴ‿マーイェ］
6月	иÿнь	［イユーニ］	в иÿне	［ヴ‿ウィユーニェ］
7月	иÿль	［イユーリ］	в иÿле	［ヴ‿ウィユーリェ］
8月	áвгуст	［アーヴグゥストゥ］	в áвгусте	［ヴ‿アーヴグゥスチェ］
9月	сентя́брь*	［スィヌチャーブり］	в сентябрé*	［フ‿スィヌチィブりエー］
10月	октя́брь*	［アクチャーブり］	в октябрé*	［ヴ‿アクチィブりエー］
11月	ноя́брь*	［ナィヤーブり］	в ноябрé*	［ヴ‿ナィブりえー］
12月	декáбрь*	［ヂィカーブり］	в декабрé*	［ヴ‿ヂィカブりエー］

▶「何月に？」の疑問代名詞 **какóй**（мéсяц）も前置格 №6 の形では（в）**какóм**（мéсяце）になります。

上の表で「＊」印がついた月名は格変化に際しアクセントが**語尾に移動**するので，発音（特に я）もそれに従い変化します（→右側の列参照）。

男性名詞の前置格形が **-ý** で終わるものがあります。
сад – в садý 庭で；лес – в лесý 森で；аэропóрт – в аэропортý 空港で；
год – в~годý ~年に，など。

※詳しくは 巻末付記 4 の I．単数形「№6 前置格（男性・中性）」補足 2 を参照。

第18課 быть の未来形；動詞の体（2）；未来の表現

095

1 動詞 быть の未来形

Зáвтра▼ мы бýдем▼ в óфисе на собрáнии.
明日私たちはオフィスでの会議に出席します。

▶ зáвтра 副 明日　▶ мы бýдем 私たちは出席するでしょう／する予定です

бýдем は быть の 1 人称複数（мы）の未来形で，前後関係（文脈）によって「いるだろう／出席するだろう／行くだろう」などを意味します。この動詞 быть（ある／いる／である）の未来形は，人称と数によって変化します。

быть[E] 不完 *(a)*「ある／いる」の未来形変化

未来形は変則変化 [ы/уд] です。

я	бýду
ты	бýдешь
он／онó／онá	бýдет
мы	бýдем
вы	бýдете
онú	бýдут

Сегóдня **я бýду** в университéте.
今日私は大学に**行きます**。

Ты бýдешь зáвтра на лекции?
君は明日講義に**出る**？

Послезáвтра **онá бýдет** дóма.
明後日彼女は自宅に**います**。

Где **вы бýдете** лéтом?　夏はどこに**いますか**（どこに**行きますか**）。
—Лéтом **мы бýдем** в Сибúри.　—夏私たちはシベリアに**います**（**行きます**）。

3 人称の単数・複数未来形の бýдет・бýдут は，非動物名詞が主語の場合にも使います。

Сегóдня ýтром **бýдет лéкция**, а зáвтра днём **бýдут экзáмены**.
今朝は**講義があるが**，明日の昼は**試験がある**。

096

2 不完了体動詞の未来形

быть の未来形は，上に示されたように，それとしての意味（「いるだろう／出席するだろう／行くだろう／あるだろう」等）を持ちます。さらに，それ以外に，**助動詞**のような働きもします。つまり，быть の未来形に不完了体動詞の不定形を付けると，その動詞の未来形になるのです。

Вчера́ мы рабо́тали, за́втра **бу́дем отдыха́ть**.
昨日私たちは働きました，明日は**休みます／休むつもりです**。 ♪

《быть の未来形 ＋ 不完了体動詞の不定形》＝合成未来

動詞 **быть** の未来形が不完了体動詞の不定形（инфинити́в）とドッキングして未来時制の表現ができます。これを**合成未来**と呼びます。

	未来形		
		чита́ть рома́н.	小説を読む（つもりです／以下同）。
		слу́шать му́зыку.	音楽を聴く。
Я	бу́ду	писа́ть письмо́.	手紙を書く。
Ты	бу́дешь	смотре́ть телеви́зор.	テレビを見る。
Он／Она́	бу́дет	рабо́тать до́ма.	自宅で働く／仕事をする。
Мы	бу́дем	отдыха́ть на да́че.	別荘で休む。
Вы	бу́дете	учи́ться в Москве́.	モスクワで勉学する。
Они́	бу́дут	жить в Петербу́рге.	ペテルブルクで暮らす。
		игра́ть в те́ннис.	テニスをする。
		игра́ть на гита́ре.	ギターを弾く。

➡ **Что вы бу́дете де́лать** за́втра? 明日あなたは何をしますか。 ♪
—За́втра **я бу́ду рабо́тать** в о́фисе. —明日私はオフィスで働きます。

➡ **Кто бу́дет рабо́тать** послеза́втра? 明後日は誰が働きますか。
—Послеза́втра **никто́ не бу́дет**▼ рабо́тать, потому́ что бу́дет воскресе́нье. —明後日は**誰も**働き**ません**，なぜなら日曜日になるからです。

▶《**никто́ не бу́дет ＋不完了体動詞の不定形**》＝**誰も…しないだろう。**

➡ Ско́ро▼ **студе́нты бу́дут говори́ть** по-ру́сски.
もうすぐ学生たちはロシア語で話すようになるでしょう。 ▶ско́ро 副 もうすぐ，じきに

完了体動詞で表す未来
Я прочита́ю кни́гу. 私は本を読み終える。

前課で学んだように，ロシア語の動詞のほとんどは２つの体に区別されます。

参考・詳解

「**体**」とは何のことか，という問に参考までに答えておきましょう。すなわち，**継続**や**反復**あるいは**完了**など，動詞が表す**行為の様相**（アスペクト）をロシア語では **вид** と呼び，これを日本語では「体」と訳しています。そして，動作を「(**完了の有無に焦点を絞らずに**) **過程**」としてとらえる動詞を**不完了体**，動作を「**完了の結果ないしは瞬間**」としてとらえる動詞を**完了体**と言います。

つまり，「体」とは動詞が表す動きの全過程をどの局面に注目して表現するかという「**見方・とらえ方**」を示すものです。

語り手が動作や状態の流れをどのように見なしているのか——
①**過程**としてか，**続いている**もの，**反復される**ものとしてか，あるいは ②**完了した**もの，**結果を示す**もの，**一回きりのもの**としてか ——ということを動詞が反映するわけです。その①が**不完了体**，②が**完了体**です。

この２つの体の**過去形**は前課で学びました。また，不完了体を用いる**合成未来**はこの課の前半で取り上げました。次は，残りの，**完了体を使う未来形**に移りましょう。

まず，**不完了体**の чита́ть，писа́ть と**完了体**の прочита́ть，написа́ть の用例で考えてみましょう。Я **прочита́ю** кни́гу.（本を最後まで読む）；Я **напишу́** письмо́.（手紙を書き終える）は，**未来に動作が完了**することを意味します。日本語でも「私は書き上げます」というと，それはおのずから未来での**行為の完了**を表す「未来完了形」でしょう。

これに対して Я **бу́ду чита́ть** кни́гу.（本を読むつもり）；Я **бу́ду писа́ть** письмо́.（手紙を書くつもり）などの文では未来において**動作が行われるだろう**ということを単に示すだけで，その動作が完了するかどうかはわからない。つまり本は最後まで読み終えられないかもしれないし，手紙は書き上げられるところまで行かないかもしれないのです。

また，完了体 прочита́ть の例が示すとおり，чита́ть と同じように**現在変化をさせればそれがそのまま未来形**になります。これを**単一未来**と称して，不完了体を用いる**合成未来**と区別します。完了体の動詞は現在時制を示すことができないので，**現在人称変化（я прочита́ю，ты прочита́ешь，они́ прочита́ют）をした場合にはそれそのものが単一で未来を意味する**というわけです（次表を参照）。

097

4 不完了体・完了体で表す動詞の時制

ロシア語の時制は単純で，現在形，過去形，未来形の 3 つのみです。その単純さを補うのが不完了体と完了体の動詞のペアです。

時制	Несоверше́нный вид (НСВ▼) **不完了体** чита́**ть**（読む）	Соверше́нный вид (СВ) **完了体** прочита́**ть**（読み終える）
過去	я чита́**л**▼	я прочита́**л**
現在	я чита́**ю**	
未来	я **бу́ду** чита́ть	я прочита́**ю**

▶「不完了体」**не**соверше́нный **в**ид［ニィサヴィるシエーンヌィ ヴィート］の文字から一部を取り出した略語 **НСВ** はロシア語の原書でよく使われる（完了体は **СВ**）。

▶ 主語が女性単数なら過去形語尾は ла。**不完・完了体の過去形語尾は同形**（**-л**，**-ло**，**-ла**，**-ли**）。

近未来や未来での具体的な一回の動作を遂げる意図を表すには完了体を用います。

➡ Сейча́с▼ **я напишу́**▼ свой а́дрес▼. ♪

いま（すぐ）私は自分の住所を書きのこします。

- ▶ сейча́с (副) いま。文脈によっては「いますぐ」も意味する。
- ▶ напишу́ < написа́ть^{E} (完) **[с/ш]** *(c)* 書き上げる（ты напи́шешь，они́ напи́шут）
- ▶ свой а́дрес〔対〕自分の住所を №4

➡ Сейча́с **медсестра́**▼ **откро́ет**▼ окно́▼.　いま（すぐ）看護師は窓を開けます。

- ▶ медсестра́ (女) 看護師（女性）
- ▶ откро́ет < откры́ть^{E} (完) **[ы/о]** *(a)* 開ける（я откро́ю，ты откро́ешь，они́ откро́ят）
- ▶ окно́ (中) 窓を №4

➡ Сейча́с **Ива́н расска́жет**▼ анекдо́т▼.　いまイワンがひと口話を話します。

- ▶ расска́жет < рассказа́ть^{E} (完) **[з/ж]** *(c)* お話をする，話を聞かせる（я расскажу́，ты расска́жешь，они́ расска́жут）
- ▶ анекдо́т〔対〕ひと口話を，ジョークを №4

➡ За́втра **моя́ мла́дшая сестра́**▼ **ку́пит**▼ тёплое пальто́▼.

明日，妹は暖かいオーバーコートを買います。

- ▶ моя мла́дшая сестра́ 私の妹
- ▶ ку́пит < купи́ть^{И} (完) **[п/пл/п]** *(c)* 買う（я куплю́，ты ку́пишь，они́ ку́пят）
- ▶ тёплое пальто́ (中) 暖かいオーバーを №4

Девятна́дцатый уро́к

第19課 動詞の体（3）；体のペアのパターン；体の使い分け

098

1 不完了体・完了体の使い分け（まとめ）

比較的簡単な例文で両体の特徴を観察しましょう。

2つの体の機能や用法の比較

♪

不完了体	完了体
1 完了したかどうかではなくて動作そのものを表す。	**1** 動作の完了，結果を表す。
Что ты де́лал вчера́? 昨日君は何をしていたの？ — Я чита́л рома́н. — 私は小説を読んでいたわ。	Что ты сде́лал вчера́? 昨日君は何をし終えたのかい？ — Вчера́ я наконе́ц▼ прочита́л рома́н. За́втра я прочита́ю друго́й▼ рома́н. — 昨日私はついに小説を読み終えたわ。明日私は他の小説を読みきるわよ。
▶ наконе́ц 副 ついに　▶ друго́й 形 他の，その他の	
2 動作の継続，進行，過程を表す。	**2** 動作の継続，過程は表現しない。
Ты до́лго чита́л рома́н? 君は長いこと小説を読んでいたのかい？ — Я чита́л рома́н весь ве́чер. — 私は小説をひと晩中読んでいたわ。	現在時制はなし
3 動作の反復を示す。	**3** 一回の完結した動作ないしは瞬時の動作を示す。
Я чита́ю газе́ту ка́ждый день. 私は新聞を毎日読みます。 Я ча́сто покупа́ю журна́лы в э́том кио́ске.　私はしばしばこのキオスクで雑誌類を買っています。	Сейча́с я скажу́ пра́вду▼. いま私は本当のことを言います。 Вдруг она́ кри́кнула▼. 突然彼女は悲鳴をあげた。
▶ пра́вду〔対〕< пра́вда 女 真実 ▶ кри́кнула〔過〕< кри́кнуть[E] 完 *(a)*（一回）叫ぶ。я кри́кну，ты кри́кнешь，они́ кри́кнут	

4 動作の同時進行を表現する。	4 次々に完結する動作を表現する。
Я читáл книгу и слýшал рáдио. 僕は本を読みながらラジオを聞いていました。	Я вы́учу▼ нóвые словá и переведý▼ э́тот текст. 私は新しい単語を覚えてしまい，それからこの(原)文を訳し上げます。
▶ вы́учу < вы́учить[И] (а) 覚えてしまう	▶ переведý < перевестú[Ё] 完 [ст/д] 訳し終える
5 動作そのものの有無（したことがあるかないか）を確認する。	5 動作の結果・完了（し終えたかどうか）を確認する。
Вы читáли ромáн «Войнá и мир»? あなたは長編『戦争と平和』を読んだことがありますか。 — Да, чи́тал. ／ Не читáл. — ええ，読んだことがあります。／ 読んだことがありません。	Вы прочитáли ромáн «Войнá и мир»? あなたは長編『戦争と平和』を読み切りましたか。 — Да, прочитáл. ／ Не прочитáл. — ええ，読了しました。／ 読了していません（＝読みかけたが）。

不完了体・完了体動詞のどちらかとともによく用いられる副詞(句)

всегдá 副「いつも」と言えば，それと使えるのはおのずから不完了体の動詞です。一方で，наконéц「ついに」は，動作の完結・結果を表す完了体の動詞とセットで使われます。不完・完了体の「水先案内」になる副詞(句）を覚えておくと体の用法理解の助けにもなります。

♪

動作・状態の過程や反復； 事実の有無を表す**不完了体動詞とともによく用いられることば**	動作・状態の完了； 具体的な一回だけの動作・状態などを表す **完了体とともに用いられることば**
繰り返し，頻度： кáждое ýтро 毎朝； кáждый день (вéчер) 毎日(晩)； всегдá いつも；обы́чно 通常，ふつう； чáсто しばしば；рéдко 希に； иногдá ときどき **行為の時間的な長さ**： дóлго 長い(あいだ)；весь день 終日； всё врéмя 絶えず	**結果**： ужé もう，すでに； наконéц ついに，とうとう **一回，瞬時の動作**： вдруг 突然，急に； срáзу すぐに，ただちに，即座に； неожи́данно 思いがけず，不意に

体の意味と用法の基本を示しましたが，発話・文章の前後関係で具体的な使い分けが決まるので，多数の用例と取り組む必要があります。

〈両体の使い分け用例〉

体の使い分けを次のページの**和訳練習問題**で学びましょう。まず，そこで使われる動詞の体のペアと若干の単語を**予習**しましょう。

1) преподава́тель 男 講師 ； но́вая грамма́тика 女 新しい文法 ； когда́ 接 (…する／した) 時に〖英〗＝when ； объясня́ть[E] 不完 *(a)* ［アブ・イスニャーチ］説明する (он объясня́ет) — объясни́ть[И] 完 *(b)* ［アブ・イスニーチ］説明し終える (он объясни́т)
2) до́лго 副 長い（あいだ）； писа́ть[E] 不完 **[с/ш]** *(c)* 書く (он пи́шет) — написа́ть[E] 完 **[с/ш]** *(c)* (он напи́шет) ； обяза́тельно 副 必ず ； игра́ть[E] 不完 *(a)* 〈на чём'〉…で遊ぶ，プレイする；на компью́тере コンピュータで №6
3) учи́ть[И] 不完 *(c)* 覚えようとする (они́ у́чат) — вы́учить[И] 完 *(a)* 覚えてしまう (они́ вы́учат)。　※ **вы**（接頭辞＝単語の頭の部分）で始まる**完了体動詞**のアクセントは常に **вы́** にあります (я вы́учу，ты вы́учишь，они́ вы́учат) ； но́вые слова́ 複 新しい単語；э́ти 指 これらの／それらの
4) статья́ 女 論文 ； переводи́ть[И] 不完 **[д/ж/д]** *(c)* 訳す (она́ перево́дит) — перевести́[Ё] 完 **[с/д]** *(b)* 訳し終える (она́ переведёт)。動詞 перевести́ の不定形語尾 **-ти** のタイプについては**第9課**の 2 の1を参照。またあらためて具体例をもとに変化形について説明します。
5) сдава́ть[Ё] 不完 **[-ва]** (ва を取り除いて変化させる変則変化) *(b)* テストなどを受ける (они́ сдаю́т)；экза́мены 複 ＜экза́мен 試験 — сдать★ 完 〔不規則変化〕受かる (я сдам，ты сдашь，он／она́ сдаст，мы сдади́м，вы сдади́те，они́ сдаду́т) ； сдать экза́мен ＝試験に受かる，合格する；обе́дать[E] 不完 *(a)* 昼食をとる
6) отдыха́ть[E] 不完 *(a)* 休む，休憩する (мы отдыха́ем) ； отдохну́ть[Ё] 完 *(b)* 休み終える，すっかり休む (мы отдохнём) ； занима́ться[E] 不完 *(a)* 勉強する
7) прочита́ть[E] 完 *(a)* 読み終える (я прочита́ю) ； написа́ть[E] 完 *(c)* 書き終える，書き上げる (я напишу́) ； слу́шать[E] 不完 *(a)* 聞く

Упражнéние　練習問題

以下の文を和訳してください。

1) Сейчáс преподавáтель объясня́ет нóвую граммáтику. Когдá он объясни́т граммáтику, студéнты бýдут писáть упражнéния.
2) Антóн дóлго пи́шет письмó. Вéчером он обязáтельно напи́шет егó▼ и бýдет игрáть на компью́тере.
   ▶ егó それを（＝письмó）
3) Óльга и Андрéй ýчат нóвые словá. Когдá они́ вы́учат э́ти словá, они́ бýдут читáть текст.
4) Натáша перевóдит статью́. Скóро онá переведёт э́ту▼ статью́.
   ▶ э́ту ㊢㊛〔対格〕この～を／その～を
5) Сейчáс Ивáн и Ни́на сдаю́т экзáмены. Когдá они́ сдадýт их▼, они́ бýдут обéдать в кафé.
   ▶ их〔対〕< они́
6) Сейчáс мы отдыхáем. Когдá мы отдохнём, мы бýдем занимáться.
7) Когдá я прочитáю текст, вы́учу словá и напишý упражнéния, я бýду слýшать мýзыку.

解答は巻末 **練習問題 解答** の第 ***19*** 課参照

参考：不完了体と完了体のペアの仕組み

不完了体　**Что де́лать?** （何を…する／している）	完了体　**Что сде́лать?** （何を…し終える／なし遂げる）

❶ 接頭辞（＝単語の頭の部分）を加えた形が完了体になる

不完了体	完了体
чита́ть 読む	**про**чита́ть
писа́ть 書く	**на**писа́ть
учи́ть 覚える	**вы́**учить
смотре́ть 見る	**по**смотре́ть
звони́ть 電話する	**по**звони́ть
ду́мать 思う・考える	**по**ду́мать
пить 飲む	**вы́**пить
есть★ 食べる	**с**ъесть

❷ 接尾辞の部分のちがいが両体を区別する

不完了体	完了体
изуч**а́**ть 学ぶ	изуч**и́**ть
повтор**я́**ть 繰り返す	повтор**и́**ть
объясн**я́**ть 説明する	объясн**и́**ть
реш**а́**ть 解く・決める	реш**и́**ть
конч**а́**ть 終える	ко́нч**и**ть

❸ 不定形語幹の一部の変化で区別する

不完了体	完了体
нач**ина́**ть 始める	нача́ть
пон**има́**ть 分かる	поня́ть
да**ва́**ть 与える；貸す	дать
спра́ш**ива**ть 尋ねる	спроси́ть
отвеч**а́**ть 答える	отве́тить
расска́з**ыва**ть 話してきかせる	рассказа́ть

❹ 形が全く異なるか，語幹が異なる

不完了体	完了体
говори́ть 話す	сказа́ть
покупа́ть 買う	купи́ть
брать 手に取る；買う	взять
переводи́ть 訳す（翻訳・通訳する）	перевести́

099

3 必ず不完了体動詞の不定形とともに用いられる動詞

動作の開始・継続・終了を示す動詞 начина́ть (不完) ／**нача́ть** (完)「…し始める」，**продолжа́ть** (不完)「…し続ける」，**конча́ть** (不完) ［カニちャーチ］／**ко́нчить** (完) ［クォーニちィチ］「…し終える」を意味する動詞の後には必ず**不完了体動詞の不定形**を用います。

♪

Мы **на́чали**▼ изуча́ть▼ ру́сский язы́к в апре́ле.

私たちは４月にロシア語を学び始めました。

▶ **на́чали** < **нача́ть**^{Ё} (完) *(b)* …し始める，…することを開始する（я начну́，ты начнёшь，они́ начну́т）　▶ изуча́ть^{E} (不完) *(a)* 学ぶ

Я **начина́ю**▼ понима́ть▼ по-ру́сски.　私はロシア語が分かり始めています。

▶ **начина́ю** < **начина́ть**^{E} (不完) *(a)* …し始める（я начина́ю，ты начина́ешь，они́ начина́ют）　▶ понима́ть^{E} (不完) *(a)* 分かる，理解する

Бизнесме́ны▼ до́лго сиде́ли▼ в ба́ре▼ и **продолжа́ли**▼ пить▼ вино́.

ビジネスマンたちはバーに長いこと腰をすえて，ワインを飲み続けていた。

▶ бизнесме́н はおもに実業家を意味する。
▶ сиде́ли < сиде́ть^{И} (不完) *(b)* [д/ж/д] 座る，腰掛ける，腰をすえる（я сижу́，ты сиди́шь，они́ сидя́т）
▶ в ба́ре №6 バーに／で < бар バー
▶ **продолжа́ли** < **продолжа́ть**^{E} (不完) *(a)* …し続ける（я продолжа́ю，ты продолжа́ешь，они́ продолжа́ют）
▶ пить^{Ё} (不完) *(b)* [и/ь] 飲む（я пью，ты пьёшь，он／она́ пьёт，мы пьём，вы пьёте，они́ пьют；он пил，оно́ пи́ло，она пила́，они́ пи́ли）

Оте́ц уже́▼ **ко́нчил**▼ чита́ть газе́ты.　父はもう新聞を読み終えた。

▶ уже́ もう，すでに
▶ **ко́нчил** < **ко́нчить**^{И} (完) *(a)* …し終えてしまう（я ко́нчу，ты ко́нчишь，они́ ко́нчат）

Обы́чно студе́нты-хи́мики▼ **конча́ют**▼ занима́ться▼ в лаборато́рии▼ по́здно ве́чером▼.

ふつう化学専攻の学生たちは，実験室で作業するのを夜遅くに終えます。

▶ студе́нты-хи́мики 化学専攻学生
▶ **конча́ть**^{E} (不完) *(a)* …し終える（я конча́ю，ты конча́ешь，они́ конча́ют）
▶ занима́ться^{E} (不完) *(a)*（勉強・仕事・スポーツなどを）する
▶ в лаборато́рии №6 < лаборато́рия (女) 実験室　▶ по́здно ве́чером 夜遅くに（第**9**課 参照）

Двадца́тый▼ уро́к

第20課　3つの格の復習；移動の動詞（1）идти́ と е́хать

▶ Двадца́тый ［ドゥヴァッツァートゥィイ］

既習の格の用法概観

既習の3つの格 №1 №4 №6 を一覧しましょう。復習・確認のための用例を挙げます。もうこんなにたくさんのことを学びました。（未習の格の用例は空欄です。）

№1 主格　кто? что?	
кто?（誰？） Мой **оте́ц** рабо́тает. Э́то моя́ **мать**. У неё есть **сестра́**.	**что?**（何？） Э́то наш но́вый **дом**. Э́то моя́ **ко́мната**. У меня́ есть **смартфо́н**.
№2 生格　кого́? чего́?	
№3 与格　кому́? чему́?	
№4 対格　кого́? что?	
что?（何を？） Я зна́ю ру́сский **язы́к**. Я фотографи́рую **мо́ре**. Мой брат лю́бит **му́зыку**.	**когда́?**（いつ？） Я отдыха́ю **в суббо́ту**.
№5 造格　кем? чем?	
№6 前置格　о ком? о чём? (в чём? на чём?)	
о ком?（誰について？） Я говорю́ **о бра́те, о сестре́, об отце́**. Он ду́мает **о балери́не**. Ива́н расска́зывает **о Са́ше, о Ната́ше, о Ни́не и об Андре́е**. Андре́й пи́шет **об актёре**.	**о чём?**（何について？） Мы чита́ем **о Москве́**. Я пишу́ **о Япо́нии**. **где?**（どこで／に？） Мой па́спорт **в су́мке**. Мы живём **в Петербу́рге**. Вчера́ он бы́л **в теа́тре**. За́втра я бу́ду **на рабо́те**. **когда́?**（いつ？） Он бы́л в Росси́и **в январе́**.

№1 文の主語になる名詞の形＝主格形。主格形は述語としても用いられる。

№4 他動詞の直接目的語（＝直接補語）になる名詞の形を対格形と呼ぶ。**非動物**を表す男性・中性名詞の対格は主格と同形。**動物名詞の男性・単数の対格**は，語尾が **-а**／**-я** になる。

一方，**単数主格**が **-а**／**-я**／**-ь** で終わる**女性名詞の対格**は，**動物も非動物も語末**が **-у**／**-ю**／**-ь** になる。

→Я люблю́ и Мари́ю, и рабо́ту.（**и..., и...** は「マリーヤ**も**仕事**も**」の意味。）

№4 「何曜日に」という表現もできる（**суббо́та** → **в суббо́ту** 土曜日に）。

№6 話題「～について」；場所「どこに」；「何月に」の表現もできる。

これら以外にも，格の色々な形や機能について学びました。以下では対格と前置格についての既習ポイントを整理するとともに，若干の事項を補足します。

№4 《игра́ть в + что》「スポーツをする／プレイする」は対格を使う。

Я игра́ю **в те́ннис**／**футбо́л.** 私はテニス／サッカーをやっています（します）。

№6 《игра́ть на + чём》「楽器を演奏する」は前置格を用いる。

Я игра́ю **на гита́ре**／**скри́пке**.

私はギター／バイオリンを弾いています（弾きます）。

100

2 補足① 時を表す №6

時の副詞句

♪

когда́? (на како́й неде́ле? いつ？／どの週に？）	**когда́? (в како́м году́?** 何年に？）
на про́шлой▼ неде́ле▼ 先週 на э́той неде́ле 今週 на сле́дующей▼ неде́ле 翌週	в про́шлом году́▼ 去年 в э́том году́ 今年 в сле́дующем году́ 翌年

▶ про́шлой < про́шлый 過ぎた
▶ неде́ле < неде́ля 女 週
▶ сле́дующей < сле́дующий 次の

▶ в... году́ …年に
год が前置格では（в）году́ のように語尾が -у になる例については **第17課** 参照。

同義表現 на бу́дущей неде́ле 来週
в бу́дущем году́ 来年（＜бу́дущий 来る，未来の）

補足② 移動の動詞「行く」と，その行き先を示す в/на ＋対格 №4

1．徒歩で移動するとき

♪

А：Здрáвствуйте! Кудá **вы идёте**▼? こんにちは！ どちらへおいでですか。
Б：**Я идý в** библиотéку▼. 私は図書館に行くところです。
А вы кудá? で，あなたはどちらへ？
А：**Я идý**▼ **на** собрáние. 私は会議に行くところです。

▶ вы идёте あなたは（歩いて）向かう・行くところ・途中です
▶ библиотéку №4 < библиотéка №1　▶ я идý 私は（歩いて）向かう・行くところ・途中です

動詞 **идтú**[Ё] 不完「行く，向かう」は，ある場所を目標にして**徒歩で移動する**ことを表すときに使います。これは不定形語尾が **-ти** で終わるタイプの動詞です。

この**移動の動詞**の行き先を示すときはおもに《**前置詞 в/на ＋対格** №4》を使います。その際，場所・行き先の表現で用いる名詞や地名が **в** を要求するか，**на** を要求するかは，場所・位置などを示すときの**前置格** №6 **の場合と同じ**です。

Кудá вы идёте?
— Я **идý в** университéт（музéй，теáтр，гостúницу ホテルへ，больнúцу 病院へ，…）.
— Я **идý на** концéрт（собрáние，плóщадь 広場へ，стáнцию 駅へ，фáбрику 工場へ，…）.

非動物の №4 を用いるときは**女性形の変化だけに注意**すべきだということは既習です。確認しましょう。動詞 **идтú** の人称変化や意味・用例にも注目してください。

- Мы **идём в** наш университéт. ♪
  私たちは私たちの大学へ歩いて行く途中です（向かっています）。
- Мы **идём на** Крáсн**ую** плóщадь▼.
  私たちは「赤の広場」へ向かって歩いています。 ▶ < Крáсная плóщадь 女 №1「赤の広場」
- Турúсты **идýт в** нóв**ую** большý**ю** гостúниц**у**▼.
  旅行者たちは新しい大きなホテルへ向かって（歩いて）います。
  ▶ < нóвая большáя гостúница №1 新しい大ホテル
- Андрéй **идёт в** теáтр **на** концéрт.
  アンドレイは劇場へコンサートに（歩いて）行く途中です。

➡ Сейча́с мы **идём в** музе́й **на** вы́ставку▼.

いま私たちは美術館へ展覧会に行く途中です（＝歩いて）。 ▶ <вы́ставка №1 展覧（示）会

不完了体動詞 идти́ Ё 不完〔特〕

♪

идти́ Ё 不完〔特殊変化〕は，基本的には **ё 変化**で，不定形の語尾 -ти を取り除いて変化させます。я と они́ の変化語尾はそれぞれ **-у／-ут** になります。

я	иду́	мы	идём
ты	идёшь	вы	идёте
он／она́	идёт	они́	иду́т

※ 過去形「（徒歩で）向かっていた」は例外的な形：男 шёл，中 шло，女 шла，複 шли（第 **25** 課に用例あり）

「**徒歩で**」行くことを強調するには идти́ **пешко́м** の組み合わせを使います。

例 Сейча́с моя́ мать **идёт** в магази́н **пешко́м**.

いま母は店に**徒歩で向かっています**。

2. 乗り物で移動するとき

♪

А：Здра́вствуйте! Куда́ **вы е́дете**▼?

こんにちは！ どちらへお出かけですか。

Б：**Я е́ду в** городску́ю больни́цу▼.

私は市立病院に行くところです。

А вы куда́? で，あなたはどちらへ？

А：**Я е́ду**▼ **на** фа́брику▼. 私は工場へ行くところです。

▶ вы е́дете あなたは（乗り物で）**向かう・行くところ・途中**です
▶ городску́ю больни́цу №4 < городска́я больни́ца №1 市の，市立の病院
▶ я е́ду 私は（乗り物で）向かう・行くところ・途中です
▶ на фа́брику №4 < фа́брика 女（軽工業の）工場

ある場所を目標にして**乗り物で移動する**ときは動詞 **е́хать** Е 不完「行く，向かう」を使います。**行き先を示す**ときは同じく《**前置詞 в/на** + №4》を使います。

Куда́ вы е́дете?

— **Я е́ду в** университе́т（музе́й，теа́тр，гости́ниц**у** ホテル**へ**，библиоте́к**у** 図書館**へ**，…）

— **Я е́ду на** конце́рт（собра́ние，пло́щад**ь** 広場**へ**，ста́нци**ю** 駅**へ**，фа́брик**у** 工場**へ**，…）

不完了体動詞 éхать^{E} (不完)〔特〕 ♪

「(**乗り物で**) 行く・向かうところだ」という意味の**移動を表す動詞 éхать** は特殊な **e 変化**動詞〔特〕。現在形は不定形から -хать を取り除いて人称変化させます。

я	**éду**	мы	**éдем**
ты	**éдешь**	вы	**éдете**
он/онá	**éдет**	они́	**éдут**

※ 過去形「(乗り物で) 向かっていた，行く途中だった」：(男) éхал, (中) éхало, (女) éхала, (複) éхали

Они́ éдут в большу́ю больни́цу.
彼らは大病院へ (乗り物で) 行く途中です。

Мы éдем в нову́ю библиотéку.
私たちは新しい図書館へ行く (向かう) ところです。

移動の手段・乗り物を表すときは éхать **на чём**?《**на** + №6》を使います。

На чём вы éдете тудá? **何に乗って**そこへ行きますか。

— **Я éду / мы éдем ...**

... на автóбусе バスで＜автóбус；на трамвáе 路面電車で＜трамвáй；
на троллéйбусе トロリーバスで＜троллéйбус；
на электри́чке 電車で＜электри́чка；на пóезде 汽車・列車で＜пóезд；
на мотоци́кле バイクで＜мотоци́кл；на велосипéде 自転車で＜велосипéд；
на метрó 地下鉄で＜метрó (中)〔不変〕；на такси́ タクシーで＜такси́ (中)〔不変〕

Двадцáть пéрвый урóк

第21課 生格（1） 所有・所属；「ある」「ない」

1 所有・所属「～の」を表す生格 №2

A：Чей э́то смартфо́н?　これは誰のスマホですか。

Б：Э́то смартфо́н Михаи́ла▼.　これはミハイル**の**スマホです。

▶ Михаи́ла №2 ミハイルの ＜ Михаи́л 男 №1 ミハイル（男性のファーストネーム）

この課では生格 №2 の用法を学びます。生格は，《所有・所属；由来・出身・起点；ものごとの有無；部分や数量》などを表すときに用いられます。その豊富な機能のうちのひとつは，**名詞の後ろから「～の」という限定・形容をする**働きです。

すでに**第4課**では，疑問詞の чей?（誰の？）を使った質問に対する答え方として所有代名詞（**мой** 私の，**ваш** あなたの，**его́** 彼の …など）を使うことを学びました。

☞ **Чей** э́то смартфо́н?　— Э́то **мой** смартфо́н.

しかし「ミハイル**の**」「友人**の**」「講師**の**」「アンナ**の**」「女学生**の**」という必要もでてきます。そのときは，Михаи́л／друг／преподава́тель／А́нна／студе́нтка の語末の形を変えることによって「誰々**の**」を示すことができます。

— Э́то смартфо́н Михаи́л**а**／дру́г**а**／преподава́тел**я**／А́нн**ы**／студе́нтк**и**...
これはミハイル**の**／友人**の**／講師**の**／アンナ**の**／女学生**の**スマホです。

このときの名詞がとる形が**生格** №2 です。

参考

生格をロシア語では **роди́тельный**（直訳：「**生みの親の**」）**паде́ж**（**格**）と呼びます。もともとこれは古代ギリシア語の伝統にもとづき，「生みの親（父親）の名を示す」働きをする格でした。

たとえば「Алекса́ндр という名の父親**の**息子」は，сын Алекса́ндр<u>а</u>（＝アレクサンドル<u>の</u>息子）となります。Алекса́ндр に語尾 **а** を加えれば生格「アレクサンドル<u>の</u>」になります（この **-а** は英語の **of** に相当）。

生格は所有の「の」にとどまらず，前置詞 с，из，от などとともに用いられて，「出現・発生や，移動・運動の起点（～から）」なども表します（後述）。

2 名詞の単数生格 №1 → №2 кто? что? → когó? чегó?

単数名詞の主格 №1 →生格 №2 の**語尾変化の基本は**おおまかに「ア・イ」すなわち **а**(**я**)・**ы**(**и**) と覚えておくと良いでしょう。

主格での疑問詞 **кто**? (誰が) **что**? (何が) は，生格では **когó**? (誰の) **чегó**? (何の) となります。

♪

単数形 名詞の性	主格 №1 Кто? Что?	生格 №2 Когó? Чегó?	語尾 №1 → №2	
он	студéнт	студéнт**а**	+ **-а**	学生
	журнáл	журнáл**а**		雑誌
	Андрé**й**	Андрé**я**	**-й** → **-я**	アンドレイ
	музé**й**	музé**я**		美術館
	жи́теl**ь**	жи́тел**я**	**-ь** → **-я***	住人・住民
	словáр**ь**	словар**я́**		辞書
онó	письм**ó**	письм**á**	**-о** → **-а**	手紙
	мóр**е**	мóр**я**	**-е** → **-я**	海
	плáть**е**	плáть**я**		ドレス
онá	балери́н**а**	балери́н**ы**	**-а** → **-ы**	バレリーナ
	студéнтк**а**	студéнтк**и**	**-а** → **-и**▼	女子学生
	кни́г**а**	кни́г**и**		本
	Тáн**я**	Тáн**и**	**-я** → **-и**	ターニャ
	пéсн**я**	пéсн**и**		歌
	плóщад**ь**	плóщад**и**	**-ь** → **-и***	広場

* 男性名詞の場合は **ь → я** だが，女性名詞は **ь → и** であることに注意。

▶ この **а → и** は，**г**, **к**, **х** および **ж**, **ч**, **ш**, **щ** の後では，**ы** ではなくて **и** を書くという**綴り字の規則（正書法）**による（第**5**課参照）。

補足

1. 男性名詞には生格（以降）でアクセントが語尾に移るものがあります。
   учени́к 生徒 → ученик**á** ； врач 医師 → врач**á** ； словáрь 辞書 → словар**я́**
2. 生格で母音が省かれたり（＝出没母音・第**5**課参照），その際にアクセントが移動したりする名詞もあります。
   вéтер 風 → вéтра (шум▼ вéтра 風のざわめき)
   певéц → певцá ； потолóк 天井 → потолкá (цвет▼ потолкá 天井の色)

▶ шум ざわめき　▶ цвет 色，色彩

3. вре́**мя** 時間 → вре́**мени** のように変化する中性名詞については **巻末付記6** 参照。
4. мать 母親 と дочь 娘 の2単語のみ，特別な変化をします。
мат**ь** → ма́т**ери** ； доч**ь** → до́ч**ери**（**巻末付記6**の2 参照）

日本語の「～の」はいろいろなことを表すので，ロシア語の生格「～の」に馴染むのは比較的容易でしょう。はじめに出てきた「所有者／持ち主」を示す以外の生格「～の」の意味を見てみましょう。

♪

1 動作をしている人あるいはもの（動作の主体）を表す生格。この場合の名詞は **кого́? чего́?**（**誰の**，**何の**？）の問いに答えます。

- Студе́нты внима́тельно слу́шают ле́кцию **профе́ссора**.
(ле́кцию **кого́?**— профе́ссор**а**)
学生たちは教授のレクチャーを注意深く聞いている。（**誰の**説明を？ ― 教授**の**）

- Мы до́лго слу́шали шум▾ **мо́ря**▾. (шум **чего́?**— мо́р**я**)
私たちは海のざわめきを長いこと聞いていた。（**何の**ざわめきを？ ― 海**の**）
▶ шум ざわめき　▶ мо́ре ㊥ 海

2 動作の対象（目的）を表す生格。**кого́? чего́?**（**誰を**，**何を**？）の問いに答えます。

- вы́зов▾ **врача́** (вы́зов **кого́?**— врач**а́**)
医者の呼び出し＝往診依頼（**誰を**呼び出す？ ― 医者**を**）　▶ вы́зов 呼び出し

- чте́ние▾ **кни́ги** (чте́ние **чего́?** — кни́г**и**)
読書（**何を**読むこと？ ― 本**を**）
▶ чте́ние 読むこと ＜ 動詞 чита́ть「読む」から派生した名詞。

3 所属・帰属を表す。**чего́**?（**何の**？）の問いに答える。

- Э́то зда́ние **университе́та**. (зда́ние **чего́?**— университе́т**а**)
これは大学の建物です。（**何の**建物？ ― 大学**の**）

- Там бе́рег▾ **мо́ря**. (бе́рег **чего́?**— мо́р**я**)
あそこは海の岸辺（海岸）です。（**何の**岸辺？ ― 海**の**）　▶ бе́рег 岸（辺）

4 抽象名詞の生格形が他の名詞の後ろに加わることで，形容詞と同等のことを表現する。この場合は **како́й? како́е? кака́я? каки́е?**（**いかなる**／**どのような**？）という問いに答えます。

Бизнесмéны серьёзно изучáют вопрóсы **макроэконóмики**.▼
(**какúе** вопрóсы? — вопрóсы макроэконóмик**и**)
実業家たちはマクロ経済の諸問題を真剣に学んでいます。
(**どのような**諸問題を — マクロ経済**の**諸問題を＝マクロ経済**的な**諸問題を)

▶ бизнесмéны 男·複 < бизнесмéн ビジネスマン／実業家；
серьёзно 真剣に；изучáть[E] 不完 *(a)* 学ぶ；вопрóсы 男·複 < вопрóс 問題；
макроэконóмики〔生〕< макроэконóмика 女 マクロ経済

もっとも，上のような細かい定義にこだわらなくても，日本語の「～の」の感覚でほとんどが理解可能でしょう。

- цéнтр гóрод**а** 都心▼ ♪

▶ цéнтр 中心，センター；гóрод 都市，町

- начáльник отдéл**а** 部長▼

▶ начáльник 上役，長；отдéл 部

- дирéктор завóд**а** 工場の管理者（＝工場長）▼

▶ дирéктор 管理者，長；завóд 工場

- начáло／конéц ромáн**а** 小説の冒頭／結末▼

▶ начáло 冒頭；конéц 結末

- харáктер герó**я** э́т**ого** фи́льм**а** この映画の主人公のキャラ▼

▶ харáктер 性格，キャラクター；герóй 主人公，ヒーロー；э́т**ого** №2 < э́тот №1 指男 この

- учéбник рýсск**ого** язык**á** ロシア語の教科書▼

▶ учéбник 教科書；рýсск**ого** язык**á** №2 < рýсск**ий** язы́к №1 男 ロシア語

- профéссия нáш**его** отц**á** 私たちの父親の職業▼

▶ нáш**его** №2 < нáш №1〔所有代名詞〕男 私たちの，われわれの；отц**á** №2 < отéц №1 男 父親　※形容詞，指示代名詞などの生格形については**巻末付記**の表も乞参照。

У вас есть фотоппарáт? **あなたはカメラをお持ちですか。**

第4課で「**У вас есть ～?** あなたには～はありますか／いますか。」という表現を学びました。このу меня́，у вас の **меня́**，**вас** は，それぞれ人称代名詞 я，вы の生格の形です。**у** は生格を要求する前置詞で，「～の所に」という意味を表します。「持っている／ある」ということを表すには，ふつうこの《**у＋生格**（меня́，вас...）＋**есть**》の形を用います（《у＋人称代名詞》については，**第4課**の表を確認のこと）。

人の名を使うときは《у＋人名の生格形》の構文にします。

☞ **У** Антó**на есть** маши́на?　アントンは車を持っていますか。 ♪
У Натáш**и есть** словáрь?　ナターシャは辞書を持っていますか。

У меня́ **нет** фотоаппарáт**а. 私にはカメラは(が)ありません。**

нет（ない／持ってない／いない）が述語になる文では，その「存在しないもの」は**生格**に置かれます《**нет** ＋生格》（「**否定生格**」と呼ぶ）。文の形式上の**主格・主語**はなくなります。 ♪

例 У меня́ **нет** му́ж**а**.（＜муж 夫）／У меня́ **нет** жен**ы́**.（＜женá 妻）
私には夫がいません。／私には妻がいません。
У меня́ **нет** аппети́т**а**▾.　私は**食欲が**ありません。
Вчерá у меня́ **нé было** аппети́т**а**.　昨日私は**食欲がなかった**。

▶ аппети́т［アピィチート］食欲

「誰々が／何々が**ない・いない**」にあたる名詞は，いわば「中性化」して，その**性・数を問わず**「ない／いない」を表す**述語は，すべて現在形は нет**（не есть ではない），**過去形は нé было**，**未来形は не бу́дет**です。 ♪

☞ Сегóдня **нет** урóк**а**. Вчерá **нé было** урóк**а**▾. Зáвтра **не бу́дет** урóк**а**.
今日は授業がありません。昨日は授業がありませんでした。明日は授業がありません。

▶ урóк 授業

※「**～も～もない**」と言うときは《**нет ни…，ни…**》の構文を使います。
☞ В нáшем гóроде **нет ни** теáтра, **ни** музéя.
私たちの町には劇場も美術館もない。

Упражнéние　練習問題

［　　］の前にある単語を正しい形にしてください（アクセントも記す）。

1) Э́то пальтó Влади́мир［　　　］，а э́то плáтье Натáша［　　　］.
2) Я люблю́ харáктер герóй［　　　］э́тот［　　　］ромáн［　　　］.
3) Вчерá у они́［　　　］нé было урóк［　　　］япóнский［　　　］язы́к［　　　］.
4) Зáвтра у мы［　　　］не бу́дет собрáние［　　　］.
5) У студéнтка［　　　］нет ни словáрь［　　　］，ни тетрáдь［　　　］.

解答は巻末 **練習問題 解答** の第**21**課参照

Два́дцать второ́й уро́к

第22課 生格（2）用法 「留守です」「～を知らない」「試験が怖い／怖くない」「頭が痛い」「性格が良い／悪い」

1 否定の生格 его́ нет「彼はいない」 меня́ нет「私はいない」

104

♪

А： Алло! Ви́ктор до́ма? もしもし！ ヴィクトルは家にいますか（在宅ですか）。

Б： Нет, **его́ нет**. **Ви́ктора** сейча́с **нет** до́ма.
いいえ，彼はいません。ヴィクトルは今家にいません（留守です）。

А： Ни́на Петро́вна, вы бу́дете в о́фисе за́втра у́тром?
ニーナ・ペトローヴナ，あなたは明日の朝，事務所においでですか。

Б： Нет, за́втра у́тром **меня́ не бу́дет** в о́фисе. Я бу́ду в ба́нке.
いいえ，明日朝は私はオフィスにはいません（行きません）。
私は銀行にいます（行くつもりです）。

会話にある **его́**，**меня́** は**人称代名詞の生格形**です。それらを整理しておきます。

人称代名詞の生格形 №2（**主格 кто? → 生格 кого́?**） ♪

кто?	кого́*?	кто?	кого́?
я	меня́	мы	нас
ты	тебя́	вы	вас
он／оно́	его́*	они́	их
она́	её		

* кого́［カヴォー］，его́［ィヴォー］
ここでの г は в「ヴ」と発音する。

※ его́，её，их の前に前置詞がくると н- が付く。
у него́，у неё，у них（第**4**課参照）

его́，**её**，**их** は非動物の он／оно́，она́，их の生格形としても用いられる。

Есть окно́? — Нет окна́. (= Нет **его́**.) ♪
窓はありますか。— いいえ，窓はありません。（それはありません。）

Есть журна́лы? — Нет. (= Нет **их**.)
雑誌はありますか。— いいえ，ありません。（それらはありません。）

3人称の人称代名詞の生格 **его́**，**её**，**их** は**所有代名詞**として用いられます。

Э́то дом писа́теля. Э́то **его́** дом. ♪
これは**作家の**家です。これは**彼の**家です。

➡ А э́то маши́на актри́с**ы**. Э́то **её** маши́на.
そしてこれは**女優の**車です。これは**彼女の**車です。

※ 上述のように，**人称代名詞の生格** его, её, их は直前に前置詞がくるときは **н**его́, **н**её, **н**их になります。しかし，его́, её, их が**所有代名詞**の意味で使われるときは，前に前置詞がきても **н-** は付きません。

➡ **У него́** есть маши́на.　**彼には**車がある。（**него́** ＝人称代名詞の生格形）
➡ **У** его́ дру́г**а** есть маши́на.　彼の**友人には**車がある。（его́ ＝所有代名詞）

105

2 直接補語を否定する生格 ——「〜を知らない」「〜が分からない」

> Он ещё **не** зна́ет конца́ э́того рома́на.
> 彼はこの小説の結末をまだ知らない。

♪

знать[E] 不完 *(a)* 〈кого́? что?〉知っている；ещё まだ；не зна́ет 知らない；
конца́ №2 < коне́ц №1 結末；э́того рома́на №2 < э́тот рома́н №1 この（長編）小説

直接補語（直接目的語＝ №4）を要求する動詞が否定されている場合，その補語（目的語）は生格 №2 となる（これを「**否定生格**」と呼ぶ）。

♪

1 На экза́мене студе́нт хорошо́ по́нял вопро́с.　試験で学生は問題をよく理解した。

☞これを否定文にします。

На экза́мене студе́нт **не** по́нял вопро́с**а**.　試験で学生は問題を理解しなかった。

поня́ть[Ё] 完 **[ня/йм]**〔変則変化〕*(a)* 〈кого́? что?〉（すべてを）理解しきる
（я пойму́, ты поймёшь, они́ пойму́т〔過〕男 по́нял, 中 по́няло, 女 поняла́, 複 по́няли）；
вопро́с**а** №2 < вопро́с 男 問題。否定される他動詞の補語 вопро́с が生格 №2 になる。

2 Он уже́ ви́дел э́ту карти́ну.　彼はもうこの絵を見た。

☞これを否定文にします。

Он ещё **не** ви́дел э́т**ой** карти́н**ы**.　彼はまだこの絵を見ていない／見たことがない。

ви́деть[И] 不完 **[д/ж/д]** *(a)* 〈кого́? что?〉（я ви́жу, ты ви́дишь, они́ ви́дят）目にする，視る，見える（〚英〛to see）；э́та карти́на 女「この絵」の対格形 №4 は э́ту карти́ну で，生格形 №2 は э́той карти́ны です。

「この絵を見た」と言うときは対格形 э́ту карти́ну を使いますが，「この絵を見なかった」という否定文では生格形 э́той карти́ны を用いています。

№2 を要求する動詞（生格とともに用いられる動詞）

♪

А：**Чегó** вы бои́тесь▼?
あなたは何を怖がっておいでですか（何を恐れておいでですか）。
Б：Я боюсь экзáмена. 試験が怖いです（試験を恐れています）。
А：А я не боюсь! でも私は怖くなんかないですよ！

А：**Когó** ты бои́шься? 君は誰を怖がっているの？
Б：Я боюсь **тебя́**! 君が怖いんだよ！

▶「**怖がる，恐れる**」という動詞（不定形 **боя́ться**）の補語（**〜を**）は〈**когó**? **чегó**?〉つまり生格 №2 で表されます。（боя́ться^и 不完 (a)〈когó? чегó?〉я боюсь，ты бои́шься，они́ боя́тся）

日本語で考えると「〜を」であっても，ロシア語の同じ意味の動詞が №4 を要求するとは限りません。個々の動詞がどの格を要求するかは覚える必要があります。補語「〜を」を〈**чегó**? №2〉で表す汎用動詞には **хотéть** 欲する（第 **14** 課 既出）；**желáть** 希望する，祈る；**ждать** 待つ，期待する；**трéбовать** 求める，要求する，などがあります。

	1 хотéть★▼ 不完 不規則 **[т/ч/т]** 〈когó? что?；**чегó**?〉 欲する	**2 желáть**^E 不完 (a) 〈**чегó**?〉 希望する，祈る	**3 ждать**^Ё 不完 変則 **[да/д]**(a) 〈когó? что?；**чегó**?〉 待つ，期待する	**4 трéбовать**^E 不完 変則 **[ова/у]**(a) 〈**чегó**?〉 求める，要求する
я	хочу́	желáю	жду	трéбую
ты	хóчешь	желáешь	ждёшь	трéбуешь
он	хóчет	желáет	ждёт	трéбует
мы	хоти́м	желáем	ждём	трéбуем
вы	хоти́те	желáете	ждёте	трéбуете
они́	хотя́т	желáют	ждут	трéбуют
命令形	なし	желáй(те)	жди́(те)	трéбуй(те)
過去形 он	хотéл	желáл	ждал	трéбовал
онá	хотéла	желáла	ждалá▼	трéбовала
онó	хотéло	желáло	ждáло	трéбовало
они́	хотéли	желáли	ждáли	трéбовали

▶★は「不規則」の印。 ▶ждалá のアクセント（移動）に注意。

【例文と解説】 ♪

1 Все▼ наро́ды▼ хотя́т ми́ра▼. すべての民族が平和を欲している。

▶ все 複〔主 №1〕< весь 男単〔主 №1〕「すべての」 ▶ наро́ды 複〔主〕< наро́д 民族，国民

▶ ми́ра 男単〔生 №2〕< мир 平和。ここでは мир は動詞 хоте́ть の補語（対象）として生格に置かれます。ただし，хоте́ть の補語が「平和」のような抽象的なものではなくて，具体的な名詞なら，それは №4 で表されます。

➡ Де́вочка▼ хо́чет моро́женое▼. 女の子はアイスクリームを欲しがっている。

▶ де́вочка 女児／少女 ▶ моро́женое 中 №4 アイスクリーム（を）

2 Я жела́ю сча́стья, здоро́вья, успе́хов▼! 私はお幸せ，ご健康，ご成功を祈ります。

▶ сча́стья №2 < сча́стье [しゃースチィェ] 中 №1 幸福；
здоро́вья №2 < здоро́вье 中 №1 健康；успе́хов 男・複 №2 < успе́х 男 №1 成功

3 Я жду от вас отве́та▼. 私はあなたからのお返事を待っています。

▶ от вас あなたから。《前置詞 от + 人称代名詞の生格 №2》で「誰々から」という意味になります；отве́та №2 < отве́т 男 №1 返事，回答。ただし，この動詞 ждать の場合も，補語が具体的な名詞なら，それは №4 で表されます。

➡ Мы ждём пя́тый авто́бус▼. 私たちは5番（線）のバスを待っています。

▶ авто́бус 男（男性の非動物名詞の №1 と №4 は同形）バス（を）

4 Рабо́чие заво́да тре́буют повыше́ния зарпла́ты▼.

工場の労働者は賃金の引き上げを求めている。

▶ рабо́чие 複 < рабо́чий 男単 労働者；заво́да №2 < заво́д 男 №1 工場；
повыше́ния №2 < повыше́ние 中 №1 引き上げ；
зарпла́ты №2 < зарпла́та 女 №1 賃金

ワンポイント

-овать 型の動詞

不定形の末尾が -овать で終わる動詞の現在人称変化は，-ова を -у- に代えて，е 変化の人称語尾を加えます（-ую，-уешь，уют）。これは典型的な変則変化パターンの一つです。本書内でも фотографи́ровать[E] 不完「～を写真に撮る」や чу́вствовать[E] 不完「～を感じる」などを取り上げます。

また，少数ですが，-евать 型の動詞があり（たとえば танцева́ть[E] 不完「ダンスをする」），これも同じ変化パターンで я танцу́ю，ты танцу́ешь，они́ танцу́ют になります。

107

4 前置詞 у を使う日常会話の表現

1 日常会話では у нас「私たちのところでは」，у вас「あなたたちのところでは（そちらでは）」という表現がよく用いられます。これは結構漠然とした表現であり，

「わが国では」「私たちの大学では」「わが社では」「わが家では」／

「お国では」「みなさんの大学では」「御社では」「職場では」「お宅では」

等々を意味することがあるのです。

曖昧さを回避するには，必要に応じて具体的なことばを付け足します。上の例について言うと，

у нас／у вас в стране́▼，у нас／у вас в университе́те▼，
у нас／у вас в компа́нии▼，у нас／у вас на рабо́те▼，у нас／у вас до́ма▼

▶ стра́на 女 国　▶ университе́т 男 大学　▶ компа́ния 女 会社　▶ рабо́та 女 職場
▶ до́ма 副 家で，自宅で

ということでそれらの含意が具体化されます。

例 У вас есть соба́ка?　あなたのところにイヌはいますか。　♪
→ У вас до́ма есть соба́ка?　ご自宅にはイヌはいますか。
— Нет, к сожале́нию▼, у нас до́ма нет соба́ки.
— いいえ，残念ながら，うちにはイヌはいません。

▶ к сожале́нию ［クサジゥィリェーニィユ］ 挿 残念ながら

補足

1. **есть** は英語の be 動詞に当たる быть（ある／いる）の現在形です。主語が単数であっても，複数であっても「（いま）ある／いる」と言うときはこの есть を使います。
2. есть を使う場合と使わない場合があります。その違いを示す例を見てみましょう。

♪

① У вас **есть** слова́рь?　あなたは辞書を持っていますか。
—Да, у меня́ **есть**.　— はい，持っています。

② Како́й у вас слова́рь? Но́вый?
あなたのはどんな辞書ですか。新しいのですか。
— Нет, к сожале́нию, у меня́ ста́рый слова́рь.
— いいえ，残念ながら，私のは古い辞書です。

つまり①では「有無」が問題です。一方，②の場合は，有ることは分かっているが，「どんな辞書か」が問題なので，有無を問う есть は省きます。

このу вас，у меня́などは，「あなたの／私のところにある辞書は」という意味を示すものとして，日本語では「あなたの（辞書）」「私の（辞書）」などと訳すのが自然です。

---

2 《前置詞 **у** + **кого́ ...**》の構文で「**誰々は～が…だ**」の表現ができます。

1. 体調について ♪

Ýтром у меня́ не́ было температу́ры, но сейча́с у меня́ температу́ра.
朝は私は熱がなかったのに，今は（私は）熱がある。

— Да, пра́вда▼, у тебя́ температу́ра высо́кая▼.
Мо́жет быть▼, у тебя́ грипп▼.

— ああ，本当に，君熱が高いよ。もしかしたら，君インフルエンザかも。

▶ пра́вда ㊙挿 本当（に）
▶ высо́кая 形女 < высо́кий 高い；температу́ра は「熱」。
У меня́ температу́ра は元来 У меня́ высо́кая температу́ра（私は高熱だ）を意味しますが，日本語と同様に，「熱が高い」ことを日常会話では単に「熱がある」と言います。
▶ мо́жет быть 挿 もしかしたら，～かもしれない　▶ грипп インフルエンザ

2.「～が痛む」の表現

Что у вас боли́т▼?　あなたはどこが痛いのですか。
— У меня́ боли́т голова́▼.　— 私は頭が痛い。

▶ боли́т < боле́ть″ 不完 痛む。痛む箇所が主語となるので，3人称しか使用されない。現在形は 単 боли́т，複 боля́т；過去形は боле́-л，-ла，-ло，-ли　▶ голова́ 女 頭

Ýтром у меня́ боле́ла голова́ и была́ температу́ра.
朝私は頭が痛くて熱があった。

参考

「痛む・痛い」身体の部

глаз 目（複 глаза́）　у́хо 耳（複 у́ши）　нос 鼻　го́рло のど
зуб 歯（複 зу́бы）　желу́док 胃　живо́т 腹　спина́ 背中
плечо́ 肩（複 пле́чи）　рука́ 手（複 ру́ки）　нога́ 足（複 но́ги）
се́рдце［スィエーるツェ］（д は発音しない）心臓

3 個性や身体的な特徴を表す《у + кого́ ～》

У Петра́ Никола́евича▾ голубы́е глаза́▾. ♪

ピョートル・ニコラエヴィチさんの目は青い。

▶ Петра́ Никола́евича №2 < Пётр Никола́евич №1 ;
▶ голубы́е 形複 < голубо́й 青い ; глаза́ 複 < глаз 男 目

У моего́ дру́га▾ о́чень▾ хоро́ший хара́ктер▾.

私の友人はとても性格が良い。

▶ моего́ дру́га №2 < мой друг №1 男 私の友人 ▶ о́чень 副 とても
▶ хоро́ший 形 良い ⇔ плохо́й 悪い ; хара́ктер 男 性格 ; сло́жный хара́ктер 複雑な性格

У э́той певи́цы▾ о́чень краси́вый го́лос▾.

この女性歌手はとても声がきれいです。

▶ э́той певи́цы №2 < э́та певи́ца №1 女 この (女性) 歌手
▶ краси́вый 形 美しい, きれいな ; го́лос 男 声

У неё душа́ краси́вая▾. 彼女は心がきれいな人です。

▶ душа́ 女 心, 魂 ; краси́вая 形女 < краси́вый (⇔ некраси́вый)

Упражне́ние 練習問題

[ ] の前にある単語を正しい形にしてください (アクセントも記す)。

1) Послеза́втра я [ ] не бу́дет на экску́рсии.
2) Вы бои́тесь экза́мен [ ] ?
3) Все мы хоти́м мир [ ].
4) Он ждёт от вы [ ] отве́т [ ].
5) У Пётр [ ] Ива́нович [ ] боле́ть [ ] го́рло.

解答は巻末 **練習問題 解答** の第 **22** 課参照

第23課 生格（3） 「日本から」「〜の後」；「〜月〜日」の表し方；2桁以上の個数詞と順序数詞

108

1 生格を要求する前置詞

А：Скажи́те, пожа́луйста, отку́да▼ вы? Из Кита́я▼?
ちょっとうかがいますが，皆さんはどちらから？　中国からですか。
Б：Нет, мы из Япо́нии.　いいえ，私たちは日本からです。 ♪

▶ **отку́да?** 疑 どこから？　▶《**из** 前 + №2》〜から；из Кита́я №2 ＜ Кита́й №1 男 中国；из Япо́нии №2 ＜ Япо́ния №1 女 日本

前置詞 **из**「〜から」は，из Кита́**я**，из Япо́ни**и** のように，生格 №2 とともに用いられることを**要求**。この《из + №2》は「**出身や，移動の出発点**」を表します。

Нью-Йорк – из Нью-Йорка ニューヨークから ♪
Фра́нци**я** – из Фра́нци**и** フランスから；Пари́ж – из Пари́ж**а** パリから
Росси́**я** – из Росси́**и** ロシアから；Москв**а́** – из Москв**ы́** モスクワから
шко́л**а** – из шко́л**ы** ［イッ‿シクウォールイ］学校から
университе́т – из университе́т**а** 大学から
магази́н – из магази́н**а** 商店から；рестора́н – из рестора́н**а** レストランから

ただし，前置格で《на + №6》の形をとる名詞は《с 前 + №2》の組み合わせで用いられます。

на конце́рте – с конце́рта コンサートから ♪
на по́чте – с по́чты 郵便局から
на ста́нции – со ста́нции 駅（ステーション）から

生格を要求する前置詞若干 ♪

1 **у** 〜**「〜のそばに，ところに」**（所有・存在を示す **у** は既習）

Я бу́ду ждать вас **у** теа́тр**а**（＜теа́тр）.
劇場のそばであなたをお待ちします。

Послеза́втра я бу́ду **у** врач**а́**（＜врач）.
あさって私はお医者に行きます。

2 по́сле ～「～の後で」

➡ **По́сле** уро́ка▼ студе́нты обы́чно▼ обе́дают▼ в кафе́.

レッスンの後，学生たちはいつもはカフェで昼食をとります。

▶ уро́ка < уро́к レッスン，授業，課　▶ обы́чно ふだん
▶ обе́дают < обе́дать^E 不完 (a) 昼食をとる

➡ Мы бу́дем у вас **по́сле** обе́да (< обе́д).

私たちは昼食後にあなたのところへ行きます。

➡ **По́сле** рабо́ты▼ мы идём▼ в кино́▼.　仕事の後私たちは映画に行きます。

▶ рабо́ты < рабо́та 女 仕事　▶ мы идём 私たちは（徒歩で）行きます
▶ в кино́ 映画へ №4（кино́ 中〔不変〕映画）

➡ **По́сле** дождя́▼ в лесу́▼ о́чень хорошо́.　雨上がりの森の中はとてもすてきです。

▶ дождя́ < дождь 男 雨　▶ в лесу́ №6 < лес 森

※ в лесу́ については**第17**課および**巻末付記**の 4 I－1. №6【補足－2】参照。

3 от「～から」 до「～まで」（距離，間隔）／ с「～から」 до「～まで」（時間）

➡ **От** ста́нции метро́ **до** о́фиса▼ оди́н киломе́тр▼.

地下鉄駅からオフィスまでは1キロ。

▶ о́фиса < о́фис オフィス　▶ оди́н киломе́тр 1キロメートル

➡ **С** утра́▼ **до** ве́чера▼ студе́нты слу́шали интере́сную ле́кцию▼ изве́стного▼ писа́теля▼.　朝から夕方まで学生たちは有名な作家の興味深い講義を聴きました。

▶ утра́ < у́тро 中 朝　▶ ве́чера < ве́чер 夕方，晩
▶ интере́сную ле́кцию < интере́сная ле́кция 女 興味深い講義
▶ изве́стного №2 < изве́стный 形 有名，著名な　▶ писа́теля < писа́тель 男 作家

※形容詞の生格形はこの課の 2 で提示・整理します。

до ～「～まで」の用法もある

➡ **До** свида́ния▼! さようなら！（←出会いまで）

▶ свида́ние 中 面会，会合，出会い，デート

➡ **До** ле́та▼ я обяза́тельно▼ должна́▼ похуде́ть▼!

私，夏までに絶対痩せなくっちゃ！

▶ ле́та < ле́то 中 夏　▶ обяза́тельно きっと，必ず
▶ должна́ 女 ＋動詞不定形「…しなければならない」（第**14**課 3 で既習）
▶ худе́ть^E 不完 (a) ／ похуде́ть^E 完 (a) 痩せる

4 далеко́／недалеко́ от ～「～から遠くに／～から近くに・遠くないところに」

➡ Я живу́▼ **далеко́ от** университе́та (< университе́т).

私は大学から遠いところに住んでいます。

➡ Моя́ мать рабо́тает▼ **недалеко́ от** шко́л**ы** (<шко́л**а**).

母は学校の近くで働いています。

▶ жить[Ё] 不完 *(b)* 住む（я живу́, ты живёшь, они живу́т）　▶ рабо́тать[Е] 不完 *(a)* 働く

5 без ～「～なし（抜き）の／で」

➡ Я люблю́ ко́фе **без** молок**а́** (<молоко́).

私はミルクなしのコーヒーが好きです。

➡ Я пью▼ чай **без** са́хар**а** (<са́хар).　私は紅茶を砂糖抜きで飲みます。

▶ пью < пить[Ё] 不完 *(b)* 飲む〔変則変化〕: я пью, ты пьёшь, они́ пьют

➡ Нет ды́м**а**▼ **без** огн**я́**▼.

直訳：火なしで煙はない＝【諺】火のないところに煙は立たぬ。

▶ ды́м**а** №2 < дым 煙　▶ огн**я́** №2 < ого́н**ь** 男 火

6 для ～「～のために」

➡ Писа́тель пи́шет расска́з▼ **для** журна́л**а** (<журна́л).

作家は雑誌のために短編を書いています。　▶ расска́з 短編（小説）

➡ Позавчера́ я был в ко́нсульстве▼ **для** получе́ни**я**▼ ви́з**ы**▼.

おととい私はビザの受け取りのために領事館に行きました。

▶ в ко́нсульстве №6 < ко́нсульство 中 領事館

▶ получе́ни**я** №2 < получе́ни**е** 中 受け取り　▶ ви́з**ы** №2 < ви́з**а** 女 ビザ

109

2 名詞とそれにかかる形容詞の単数生格 №2 の簡略表

	како́го? **како́й?** 形容詞の語尾	**кого́?**「誰の？」 **動物**名詞の語尾 **чего́?**「何の？」 非**動物**名詞の語尾
男・中性	**-ого▼／-его▼**	**-а／-я**
女性	**-ой／-ей**	**-ы／-и**

▶ 男・中性生格形に出てくる г はすべて в と発音する。

▶ **形容詞の男性形と中性形の語尾は -ого（軟変化は -его），女性は -ой（軟変化は -ей）**。（硬／軟変化については**第6課**参照。）代名詞（э́тот や наш など）はものにより，-ого または -его（男・中性），女性は -ой または -ей（**巻末付記**参照）。

Я читáю учéбник рýсского языкá. ♪

私はロシア語の教科書を読んでいます。

Э́то словáрь▼ нáшего нóвого студéнта▼.

これは私たちの新しい学生の辞書です。

▶ словáрь 男 辞書　▶ нáш нóвый студéнт 男 私たちの新しい学生

Э́то стенá▼ сосéднего здáния▼.　これは隣のビルの壁です。

▶ стенá 女 壁　▶ сосéднее здáние 中 隣のビル

Э́то сýмка▼ нáшей нóвой актрúсы▼.

これは私たちの新しい女優のバッグです。

▶ сýмка 女 バッグ　▶ нáша нóвая актрúса 女 私たちの新しい女優

女性名詞の単数形にかかる形容詞の変化は，№1・№4 以外のすべての格においてここにあるパターンと同形。そう覚えておくと後が楽になります。

Упражнéние　練習問題 1

[　　　] の前にある単語を正しい形にしてください（アクセントも記す）。

1) Э́то турúсты из Япония [　　　].

2) Вчерá мы бы́ли у наш [　　　] преподаватель▼ [　　　].

3) Пóсле завтрак [　　　] мы бýдем занимáться в библиотека [　　　].

4) Я люблю́ пить кóфе без молоко [　　　].

5) Извéстный писáтель написáл расскáз для популярный▼ [　　　] журнал [　　　].

6) От мой [　　　] дом [　　　] до станция [　　　] метрó одúн киломéтр.

▶ преподаватель 講師　▶ популя́рный 大衆的な，人気のある

解答は巻末 練習問題 解答 の第 **23** 課 -1 参照

2桁以上の個数詞

1～10（導8課参照）までを基にして―― ♪

▶［アヂーナッツァチ］ -**дцать** の発音は常に［-ッツァチ］

11	оди́н**надцать**▼				
12	две**на́дцать**	20	два́**дцать**	(21	два́дцать оди́н)
13	три**на́дцать**	30	три́**дцать**	(32	три́дцать два)
14	четы́р**надцать**	40	со́рок*	(43	со́рок три)
15	пят**на́дцать**	50	пять**деся́т**	(54	пятьдеся́т четы́ре)
16	шест**на́дцать**	60	шесть**деся́т**	(65	шестьдеся́т пять)
17	сем**на́дцать**	70	се́мь**десят**	(76	се́мьдесят шесть)
18	восем**на́дцать**	80	во́семь**десят**	(87	во́семьдесят семь)
19	девят**на́дцать**	90	девяно́сто*	(98	девяно́сто во́семь)
		100	сто	(109	сто де́вять)
				(112	сто двена́дцать)
				(136	сто три́дцать шесть)

・11～19 は 1～9 に -**надцать** を付ける。
・14 では четы́р<u>е</u> の <u>е</u> を省く。
・15 では пят<u>ь</u> から <u>ь</u> を省く（このパターンは 19 まで続く）。
・20, 30 …… は，やはり 2～9 に -**дцать**（または -**десят**）を付ければできあがり。
（* **со́рок** 40 と **девяно́сто** 90 は例外）
・21，32 などは，20 と言ってから 1，30 と言ってから 2 と言う（**合成**数詞）。
・綴りに要注意：**2桁の数詞に ь が 2 つ付くことはない**。

4 順序数詞（11～30）

第 8 課 [4] で既出の順序数詞 1～10 の続きを，100 の位の範囲まで取り上げます。

					♪
11	оди́ннадцат**ый**				
12	двена́дцат**ый**	20	двадца́т**ый***		
13	трина́дцат**ый**	30	тридца́т**ый**		
14	четы́рнадцат**ый**	40	сороков**о́й**	(41	со́рок пе́рвый)
15	пятна́дцат**ый**	50	пятидеся́т**ый**	(52	пятьдеся́т второ́й)
16	шестна́дцат**ый**	60	шестидеся́т**ый**	(63	шестьдеся́т тре́тий)
17	семна́дцат**ый**	70	семидеся́т**ый**	(74	се́мьдесят четвёртый)
18	восемна́дцат**ый**	80	восьмидеся́т**ый**	(85	во́семьдесят пя́тый)
19	девятна́дцат**ый**	90	девяно́ст**ый**	(96	девяно́сто шесто́й)
		100	со́т**ый**	(107	сто седьмо́й)

* **20 から**始まる 2 桁以上の順序数詞は，**最後の数詞のみを順序数詞に**する。
два́дцать пе́рвый 21 番目の；тридца́ть второ́й 32 番目の；
сто седьмо́й 107 番目の

※ 巻末付記 [1] に数詞の一覧表をまとめて掲載しておきます。

5 Како́е сего́дня число́?
今日は何日ですか。

♪

А：	Како́е сего́дня число́?	今日は何日ですか。
Б：	Сего́дня пятна́дцатое а́вгуста.	今日は 8 月 15 日です。

「今日は何日（月の）？」という聞き方は Како́е число́? です。**число́** は「数」という意味ですが，ここでは「日・日付」の意味で使われています。**中性名詞**です。

答え方は，**順序数詞を使い中性名詞に付く形にして** пе́рв**ое** число́「1 日」，втор**о́е** число́「2 日」のようにします。

ただし「～月～日」と言うときには，**ふつうこの число́ を省略して** пе́рв**ое** апре́ля「4 月 1 日」，два́дцать тре́т**ье** ма́**я**「5 月 23 日」のように言います。この場合，月の名は日付の後ろに生格 №2 で付けます（апре́ль → апре́л**я**，май → ма́**я** …）。

誕生日を聞くには：

Когда́ ваш день рожде́ния▼? あなたの誕生日はいつですか。 ♪

— Мой день рожде́ния два́дцать пя́т**ого**▼ (числа́) ма́**я**.

— 私の誕生日は 5 月の 25 日です。

▶ день ㊚ 日，デー；рожде́ни**я** №2 < рожде́ние ㊥ 誕生
▶ пя́того [ピャータヴァ]。この場合も日付は №2 ：пя́т**ое** → пя́т**ого**。

♪

откуда? — из Япо́нии **どちらから？— 日本から**
когда́? — пе́рвого апре́ля **いつ？— 4 月 1 日に**

А：Скажи́те, пожа́луйста, **отку́да вы**?
あのう，**あなたはどちらから**？

Б：Я **из** Япо́ни**и**. 私は日本からです。

А：А как вас зову́т? で，あなたのお名前は？

Б：Меня́ зову́т Таро. 僕の名は太郎です。

А：**Когда́** вы прие́хали▼ в Москву́?
いつモスクワに来られました（到着なさいました）か。

Б：Я прие́хал в Москву́ три́дцать пе́рв**ого** декабр**я́**.
僕はモスクワへは 12 月 31 日に来ました（到着しました）。

▶ прие́хали < прие́хать[E] ㊡ *(a)*〔特殊変化〕[ха/ед]（乗り物で）来る，到着する，やってくる（я прие́ду，ты прие́дешь，они́ прие́дут）；〔過〕прие́хал（-ло，-ла，-ли）
目的地は в／на + №4 で示します。в か на かは前置格 №6 の場合と同じです（第 **20** 課も参照）。

「何日に？」はふつう когда́?（いつ？）でもよいのですが，特に「（何月）何日**に**？」と日付を聞く必要があるときは，Как**о́го** числ**а́**? №2 を用います。

Как**о́го** числ**а́** вы прие́хали в Япо́нию? ♪
（何月）何日に皆さんは日本においでになりましたか。

— В Япо́нию я прие́хал девя́т**ого** январ**я́**.

— 私たちが日本に来たのは 1 月 9 日です。

В како́й день вы бу́дете в Киото? 何曜日に▼あなたは京都へおいでですか。

— Там мы бу́дем в суббо́ту. — そちらへは私たちは土曜日に▼参ります。

▶「何曜日**に**」は《в + №4》で表す（第 **14** 課 参照）。

日付を表す主格 №1 と生格 №2 の用法整理（〜日〜月の）／季節

№1 Какóе числó сегóдня▼? 今日は（何月**の**）何日ですか？	№2 Какóго числá? (= Когдá?) 何月**の**何日**に**（**のこと**）ですか？	Какóй сезóн? どの季節？
1.01 - пéрв**ое** январ**я́**▼	1.01 - пéрв**ого** январ**я́**	зимá▼ 冬
2.02 - втор**óе** феврал**я́**	2.02 - втор**óго** феврал**я́**	
3.03 - трéть**е** мáрт**а**	3.03 - трéть**его** мáрт**а**	веснá 春
4.04 - четвёрт**ое** апрéл**я**	4.04 - четвёрт**ого** апрéл**я**	
5.05 - пят**ое** мá**я**	5.05 - пят**ого** мá**я**	
6.06 - шест**óе** июн**я**	6.06 - шест**óго** июн**я**	лéто 夏
7.07 - седьм**óе** июл**я**	7.07 - седьм**óго** июл**я**	
10.08 - деся́т**ое** áвгуст**а**	10.08 - деся́т**ого** áвгуст**а**	
18.09 - восемнáдцат**ое** сентябр**я́**	18.09 - восемнáдцат**ого** сентябр**я́**	óсень 秋
20.10 - двадцáт**ое** октябр**я́**	20.10 - двадцáт**ого** октябр**я́**	
21.11 - двáдцать пéрв**ое** ноябр**я́**	21.11 - двáдцать пéрв**ого** ноябр**я́**	
30.12 - тридцáт**ое** декабр**я́**	30.12 - тридцáт**ого** декабр**я́**	зимá 冬
31.12 - три́дцать пéрв**ое** декабр**я́**	31.12 - три́дцать пéрв**ого** декабр**я́**	

▶ сегóдня の **г** 発音は **в**。　▶「月の名称」は 導 **7** 課 の 2，第 **17** 課 4 で既出。
▶ 季節名はここではすべて主格形で示した。

Упражнéние　練習問題 2

[　　　] の前にある単語を正しい形にしてください（アクセントも記す）。

1) Мы приехать [　　　] из Япония [　　　] в август [　　　].
2) Сегóдня первый [　　　] сентябрь [　　　].
3) Когдá её день рождение [　　　]?
Её день рождение [　　　] двадцать третий [　　　] июнь [　　　].
4) Какое [　　　] число [　　　] онá приéхала в Россия [　　　].
Онá приéхала в Россия [　　　] девятнадцатый [　　　] июль [　　　].

解答は巻末 **練習問題 解答** の第 **23** 課 -2 参照

第24課 対格 (4)　「…してよい？」「だめ」; 動物名詞 **кого́?** 誰を？; 愛する; 知っている; 待つ; 招く; 名詞対格まとめ表

113

1 「…してもよいですか」「だめです」

♪

Диало́г тури́ста и ги́да в музе́е：美術館での旅行者とガイドのやりとり

А：Скажи́те, пожа́луйста, **мо́жно**▼ здесь фотографи́ровать▼?
ちょっと，うかがいますが，ここで写真を撮っても**いいですか**。

Б：Нет, здесь **нельзя́**▼ фотографи́ровать!
いえ，ここは撮影**禁止です**。

- ▶ **мо́жно** …してよい／できる；здесь ここ(で)；
- ▶ фотографи́ровать[E] (不完) **[ова/у]** *(а)* 撮影する／сфотографи́ровать[E] (完)
「…してもいいですか」と**許可を求める**ときは《**мо́жно + инфинити́в?**》の組み合わせで使います。「ええ，いいですよ」という答えは，Да, **мо́жно**. 他方，「いいえ，いけません」は，Нет, **нельзя́**. です。
- ▶ **нельзя́** は禁止・不許可／不可能を表すことばです。
《**нельзя́ + инфинити́в**》の組み合わせで用います：
Здесь нельзя́ фотографи́ровать.　ここは撮影禁止。
Здесь нельзя́ кури́ть*.　ここは禁煙。(この場合 нельзя́ の位置は自由)
*кури́ть[И] (不完) *(с)* 喫煙する，(タバコなどを) 吸う；я курю́, ты ку́ришь, они́ ку́рят

А：Здесь **мо́жно** кури́ть?
ここでたばこを吸っても**いいですか**。

Б：Что́ вы говори́те▼！　Нет, коне́чно▼, здесь кури́ть **нельзя́**!
なんてことをおっしゃるんですか！　いいえ，もちろんここは喫煙**禁止ですよ**！

- ▶ «Что́ вы говори́те!» は驚きや非難を表す＝「なんてことを言うんですか！」「あんさん，何ゆーてまんねん！」など。**Что́** に強いアクセントが置かれます：
Что вы говори́те!
- ▶ коне́чно [カニエーシナ] (挿) もちろん (ч の音は ш)

А：А **мо́жно** вас▼ сфотографи́ровать▼?
ところで，あなたを写真に撮っても**いいですか**。

Б：Меня́ ? Да, коне́чно, **мо́жно**!
私を？　ええ，もちろん，**いいですよ**！

▶ **вас**「あなたを」や **меня́**「私を」はそれぞれ人称代名詞 **вы** と **я** の**対格** №4 です（この課の 2 で詳解）。

▶ фотографи́ровать (不完) ／ сфотографи́ровать (完) は，いわゆる **-овать 型**（第 **22** 課 既出）の動詞。現在変化は **-ова-** を **-у-** に代えて，*E* 変化の人称語尾を加えます（-ую，-уешь，-уют）。これは直接目的を対格 №4 〈**кого́? что?**〉におく他動詞です（～を写す・撮影する）。

А：А как вас зову́т▼？　　それで，お名前は？

Б：Меня́ зову́т А́нна Серге́евна.　　アンナ・セルゲーエヴナです。

А：Хорошо́, я сфотографи́рую▼ А́нну Серге́евну▼.

よーし，僕はアンナ・セルゲーエヴナを撮ります。

▶ 実は，Как **вас** зову́т? は，文字どおりには「**あなたのことを**（人々は）どう呼んでいますか」の意味です。как? は「どう／いかに」の意味の疑問詞。
Как **вас** зову́т? で用いられている **зову́т** は，動詞 звать[E] (不完)「呼ぶ」（я зову́，ты зовёшь，они́ зову́т）の三人称複数形，つまり **они́ зову́т** から**主語 они́ を省いた形**です。このような文を**不定人称文**と言います（下の**ワンポイント**欄参照）。

▶ **с**фотографи́ровать は完了体動詞なので，я сфотографи́рую は「（これから）アンナ・セルゲーエヴナを撮ります」という，未来において完了する動作を表します。

▶ А́нн**а** は女性の и́мя（名・ファーストネーム），Серге́евн**а** は父称の女性形（←父の名 Серге́й），その №4 は А́нн**у** Серге́евн**у**（アンナ・セルゲーエヴナ**を**）。

ワンポイント

主語を示さず，動詞を они́ の形にした文を不定人称文と呼ぶ。

・Как вас зову́т? のように，具体的な主語（они́）を意識せず，「（人々は）…している」「（人々によって）…されている」という動作のみを重視しているときに広く用いられる。

・«Здесь нельзя́ кури́ть.» の代わりに不定人称文を使った **Здесь не ку́рят**.「ここでは（人々は）喫煙していません＝**ここは禁煙**」や，**У нас не ку́рят**.「私たちのところでは（人々は）喫煙していません＝**ここは禁煙**」という掲示もある。

もう 2 つ不定人称文を挙げておこう。

➡ **Говоря́т▼, что** он пи́шет но́вый рома́н. ♪

彼は新しい小説を書いている**そうだ**。

▶ говори́ть 話す，言う；~~они~~ **говоря́т, что ～　～と言っている**（＝**～だそうだ**）

➡ Говоря́т, что за́втра бу́дет снег／дождь.　明日は雪／雨になる**そうだ**。

動物名詞 (単数) の対格 кого́?「誰を？」 №4

ここでは４番目の格 №4 すなわち**対格**についての学習を進めましょう。対格の主な役割は，**直接補語 кого́?** (誰を？)，**что?** (何を？) を表すことです。

すでに**第12課**では**非動物**名詞の**対格 что?** (何を？) について学びました。

おさらいをしておきますと，

① 人や動物以外の「もの／こと」を表す**男性**名詞および**中性**名詞の №4 **は，単数・複数形ともに主格** №1 **と同じ** (**変化しない**)。非動物の**女性**名詞の**複数形**もやはり №4 **は** №1 **と同じです**。だが，

② **主格の語尾が -а／-я** で終わる**女性名詞の単数形**は，№4 では語尾がそれぞれ **-у／-ю** に変化する。そして

③ **語末が -ь** の女性名詞単数形は**変化せず**，№4 **は** №1 **に等しい**，ということでした。

この②の**女性名詞単数形**のルールは，**動物名詞の女性単数** №4 **кого́?** (**誰を？**) にもそのままあてはまります。「図書館，駅，広場，バレリーナ，ターニャ，母」を例に挙げると：

№1：Э́то библиоте́к**а**,
　　ста́нци**я**，пло́щад**ь**，балери́н**а**，Та́н**я**，мат**ь**

№4：Я ви́жу (見ています) библиоте́к**у**,
　　ста́нци**ю**，пло́щад**ь**，балери́н**у**，Та́н**ю**，мат**ь**

では「**人や動物** (おもに人間)」を表す**動物名詞の単数男性** №4，つまり **кого́?** (**誰を？**) の形はどうなるのかというと，それは，すでに**第21課**で学んだ**男性名詞の単数生格** №2 〈**кого́?**〉 **と同じ形**なのです☺。すなわち，**動物名詞の単数男性形** №4 は語尾が **-а**，**-я** になる。具体的には，子音で終わるものには **-а** が付き，**-й**，**-ь** で終わるものはそれが **-я** になる (硬・軟母音の対応)，ということです。

№1 → №4

студе́нт → студе́нт**а**，Андре́**й** → Андре́**я**，жи́тел**ь** → жи́тел**я**

「男子学生 (を)」　「アンドレイ (を)」　「住人 (を)」

ご覧のように，この場合は №4 ＝ №2 です。具体例で確かめましょう：

Мы смо́трим альбо́м▼. 私たちはアルバムを見ています。

▶ смотре́ть[И] 不完 *(c)* 見る；альбо́м №4 = №1 男 アルバム

Э́то Ни́на. Вы зна́ете Ни́н**у**▼? ♪

これはニーナです。あなたはニーナをご存じですか。

▶ вы зна́ете < знать[Е] 不完 *(a)* 〈кого́? что?〉知っている；Ни́н**у** ニーナを №4 < Ни́на 女

Э́то Та́ня. И́горь хорошо́ зна́ет Та́н**ю**▼.

これはターニャです。イーゴリはターニャをよく知っています。

▶ хорошо́ зна́ет よく知っている；Та́н**ю** №4 < Та́ня 女

Э́то мой оте́ц▼. Мой оте́ц лю́бит мо**ю́** мат**ь**▼.

これは私の父です。父は私の母を愛しています。

▶ мой оте́ц 男 私の父親　▶ мо**ю́** мат**ь** 女 私の母を №4 < мо**я́** мат**ь**

これ以下は男性動物名詞の №4 の用例が続きます。

Вот Анто́н▼. Мари́я лю́бит Анто́н**а**.

ほら，これはアントンです。マリーヤはアントンを愛しています。

▶ вот ほら（これは）～です／だ；Анто́н**а** №4 < Анто́н 男

Э́то Серге́й. Ната́ша хоро́шо зна́ет Серге́**я**▼.

これはセルゲイ。ナターシャはセルゲイをよく知っています。

▶ Серге́**я** №4 < Серге́**й**

Э́то И́горь. Вчера́ ве́чером Еле́на ви́дела И́гор**я**▼ в ба́ре▼.

これはイーゴリ。昨日の夜，エレーナはイーゴリをバーで見かけました。

▶ ви́дела〔過〕女 見かけた < ви́деть[И] 不完 [д/ж/д]〈кого́? что?〉*(a)* 見る／見かける（第**22**課既出）；И́гор**я** №4 < И́гор**ь** 男　▶ в ба́ре №6 < бар

Э́то то́же оте́ц. Мы лю́бим отц**а́**▼.

これも父です。私たちは父を愛しています。

▶ отца́ 男 父を №4 < оте́ц

Вот э́то Пётр. Позавчера́ я пригласи́л▼ Петр**а́** в япо́нский рестора́н.

ほら，これはピョートル。おととい僕はピョートルを日本料理店に招待したよ。

▶ приглаша́ть[Е] 不完〈кого́? что?〉*(a)* 招待する／пригласи́ть[И] 完 **[с/ш/с]** *(b)*〈кого́? что?〉：
я приглашу́，ты пригласи́шь，они́ приглася́т；
в япо́нский рестора́н（в + №4）日本料理店に；«я пригласи́л» は，ある日あるときの具体的な動作・状態の完了を示す**完了体動詞**の過去形 男。「僕は～を招待してごちそうした。」の意味になる；Петр**а́** ピョートルを №4 < Пётр 男 語形変化でアクセントが語尾に移動するタイプ。

115

3 動物・非動物名詞の単数対格形 №4 Кого́? Что́? ―まとめ

主格での疑問詞 **Кто?** (誰が) **Что?** (何が) は，**対格**では **Кого́?** (誰を) **Что́?** (何を) となります。

♪

単数形 名詞の性	主格 №1 Кто? Что?	対格 №4 Кого́? Чего́?	語尾 №1 → №4		
он	студе́нт	студе́нт**а**	+ **-а**	〔動物・男〕	学生
	Андре́**й**	Андре́**я**	**-й** → **-я**		アンドレイ
	жи́тел**ь**	жи́тел**я***	**-ь** → **-я**		住人
	журна́л	журна́л		〔非動物・男〕	雑誌
	музе́**й**	музе́**й**	不変化		美術館
	слова́р**ь**	слова́р**ь**			辞書
оно́	письм**о́**	письм**о́**			手紙
	мо́р**е**	мо́р**е**	不変化		海
	пла́ть**е**	пла́ть**е**			ドレス
она́	студе́нтк**а**	студе́нтк**у**	**-а** → **-у**		女子学生
	кни́г**а**	кни́г**у**	**-а** → **-у**		本
	Та́н**я**	Та́н**ю**	**-я** → **-ю**		ターニャ
	пе́сн**я**	пе́сн**ю**	**-я** → **-ю**		歌
	пло́щад**ь**	пло́щад**ь***	不変化		広場
	мат**ь**	мат**ь***	不変化		母

* 男性動物名詞の №4 の場合は **ь** → **я** だが，女性名詞は動物・非動物名詞とも **ь** → **ь** (不変化) だ。

116

4 対格と用いられる身近な動詞

№4 を要求する身近な動詞の用例を見ましょう。

【語句】 **слу́шать**^E (不完) *(a)* 聞く，耳を傾ける (第 **9** 課 既出)；**понима́ть**^E (不完) *(a)*／**поня́ть**^E (完) *(b)*〔変則変化〕(第 **22** 課 既出) ―я пойму́，ты поймёшь，они́ пойму́т；**спра́шивать**^E (不完) *(a)* 〈кого́?〉 (導 **11** 課 初出)

▶ Тури́сты▾ внима́тельно▾ слу́шают ги́д**а**▾. ♪

旅行者たちは注意深くガイド (の話すこと) を聞いている。

▶ тури́сты (複) < тури́ст　▶ внима́тельно 注意深く　▶ ги́д**а** №4 ガイド**を** < гид

На ле́кции▾ студе́нты не понима́ют▾ профе́ссор**а**▾.

レクチャーで学生たちは教授（の言うこと）が分からない。

▶ на ле́кции №6 < ле́кция 女　▶ студе́нты не понима́ют 学生は理解ができない
▶ профе́ссор**а** №4 教授を＝教授の言うことを／が <профе́ссор №1

Студе́нты акти́вно▾ спра́шивают▾ профе́ссор**а**.

学生たちは積極的に教授**に**質問しています。

▶ акти́вно 積極的に　▶ спра́шивают < **спра́шивать** 質問する〈кого́?〉№4

ロシア語では直接目的 №4 のすべてが日本語の「～**を**」に対応するとは限らない。

Вы **меня́** по́няли▾?　私が言ったことが理解できましたか。♪
—Да, я **вас** по́нял.　—はい，おっしゃったことは分かりました。

▶ **поня́ть**[Ё] 完 *(b)* の過去形は，男 по́нял，中 по́няло，女 поняла́，複 по́няли 。

117

5 動物名詞とそれにかかる形容詞の単数対格 №4 簡略表

	как**о́го**? как**у́ю**? 形容詞の語尾	**кого́?**「誰を？」動物名詞の語尾
男・中性	**-ого／-его**（＝№2）	**-а／-я**（＝№2）
女性	**-ую／-юю**	**-у／-ю／-ь**

人称代名詞の №4 は №2 と同形（第 **22** 課 参照）кто? → **кого́?**：

я → **меня́**，ты → **тебя́**，он/оно́ → **его́**，она́ → **её**，мы → **нас**，
вы → **вас**，они́ → **их**

※ 3 人称の **его́**，**её**，**их** は非動物の代名詞としても用いられる。

Я чита́ю кни́гу. ＝ Я чита́ю **её**. ／ Я чита́ю кни́ги. ＝ Я чита́ю **их**.

男性の動物名詞に付く形容詞の単数対格の語尾は，硬変化 **-ого**，軟変化 **-его**：

Мы ждём▾ на́ш**его** хоро́ш**его** го́ст**я**▾ из Япо́нии. ♪

私たちは日本からの素敵なお客さんを待っています。

▶ ждать[Ё] 不完 *(b)* 待つ（第 **22** 課 既出）
▶ хоро́ш**его** го́ст**я** 良い／素敵な／素晴らしいお客さんを №4 < наш хоро́ш**ий** го́ст**ь** 男

В аэропорту́▾ Никола́й и Светла́на встреча́ют▾ популя́рн**ого** япо́нск**ого** музыка́нт**а**▾.

空港でニコライとスヴェトラーナは日本の人気ミュージシャンを出迎えています。

▶ в аэропорту́ №6 空港で < аэропо́рт　▶ встреча́ть[Е] 不完 (а) ／ встре́тить[И] 完 **[т/ч/т]** (а) 会う，出迎える　▶ популя́рн**ого** япо́нск**ого** музыка́нт**а** 日本の人気ミュージシャン**を** №4 < популя́рн**ый** япо́нск**ий** музыка́нт；популя́рный 人気のある，流行の

女性名詞に付く形容詞の単数 №4 の語尾は **-ую**（軟変化なら **-юю**）となる：

Вчера́ в теа́тре мы ви́дели но́в**ую** актри́с**у**▾. ♪

昨日，劇場で私たちは新顔の女優を見ました。

▶ **но́вую актри́су** №4 新顔／新入りの女優**を** < но́в**ая** актри́с**а** 女 №1

Я хочу́▾ **си́н**юю пти́ц**у**▾ сча́стья▾（<сча́стье）．　私は幸せの青い鳥が欲しい。

▶ хочу́ < хоте́ть★ 欲する（第 **14** 課 で既出，不規則動詞）　▶ **си́нюю пти́цу** №4 青い鳥**を** < си́няя пти́ца 女　▶ сча́сть**я** №4 幸せ**の** < сча́сть**е** 中 幸せ

ワンポイント

-а，**-я** で終わる男性動物名詞の単数形（па́п**а** パパ，Алёш**а** アリョーシャ，дя́д**я** 叔父など）の対格語尾は女性名詞と同じく **-у**，**-ю** になる。ただしこれらはあくまでも男性名詞なので，これに付く形容詞などは男性対格形（-ого／-его）を用いる。

Упражне́ние　練習問題

以下の文の [　　　　] に適切な単語を入れてください（アクセントも記す）。

1) 地下鉄でタバコを吸ってもよいですか。　В метро́ [　　　　] кури́ть?
2) 授業では禁煙です。　На уро́ке [　　　　] кури́ть.
3) 私たちはイワンとナターシャをよく知っています。
 Мы хорошо́ зна́ем [　　　　] и [　　　　].
 彼らも私たちをよく知っています。　Они́ то́же хорошо́ зна́ют [　　　　].
4) 私はセルゲイとマリーヤを▾ちょくちょくスーパーマーケットで見かける。
 Я ча́сто [　　　　] [　　　　] и [　　　　] в суперма́ркете.
 ▶ Серге́й；Мари́я
5) 息子は父母を銀行で待っている。
 Сын ждёт [　　　　] и [　　　　] в ба́нке.
6) 私が言ったことを分かっていただけたでしょうか。　Вы [　　　　] по́няли?
7) 昨日僕の友人たちは僕を中華料理店に招待してくれた。
 Вчера́ мои́ друзья́ [　　　　] [　　　　] в [　　　　] рестора́н.

解答は巻末 **練習問題 解答** の第 **24** 課参照

第25課 移動の動詞（2）「行く」と「行って来る・通う」

118

1 移動の動詞とは？

ロシア語には**移動の動詞**という特別な動詞グループがあります。その特徴は結構繊細で，同じ移動を表す動詞の中に，「向かう」という**一方向動詞**と，「往復する／通う」などの**多方向動詞**の２つの形がペアをなしているということです▼。

▶ 英訳のほうがピンとくるかも：前者を unidirectional verb，後者を multidirectional verb と言います（ロシア語では однонапрáвленный глагóл，многонапрáвленный глагóл）。

一方向動詞は，「〜へ向かう，〜へ行く（途中）」という，一定の時に一定の方向にむけて行われる運動を，**多方向動詞**は「〜に行って来る，〜に通う」など「行き来往来」の動きを表します。双方ともに不完了体の動詞で，全部で 14 の基本的なペアがあります。そのうち最もよく使われる動詞の用例で理解を試みましょう。

第 **20** 課ではすでに不完了体の動詞 **идти́** と **éхать** が出ました。これらは**一方向動詞**のグループに属す動詞です。その**現在形は**，時の副詞 сейчáс「いま」や сегóдня「今日」とよく一緒に用いられ，**現在進行形や近未来形**（**直近の動作**の口語体的な表現）の意味を持ちます。用法を確かめましょう。

1 идти́[Ё] 不完 *(b)* 「（歩いて）行く，向かう」：я идý，ты идёшь，они́ идýт

➡ Кудá вы идёте? （いま）どちらへおいでですか。 ♪

—Сейчáс я идý в óфис на собрáние, а вéчером пóсле▼ рабóты▼ идý в фи́тнес-клуб▼.

—いまオフィスの会議に向かうところですが，夜，仕事の後はフィットネスクラブに行きます。

▶ пóсле + №2 = 〜の後　▶ рабóты ここでは「夜，仕事の後」は近未来の時を示しています。　▶ в‿фи́тнес-клуб［フ‿フィートネスクルゥープ］（не の発音は нэ）

2 éхать[Е] 不完 *(a)* 「（乗り物で）行く，向かう」：я éду，ты éдешь，они́ éдут

➡ Кудá вы éдете сегóдня? 今日はどちらへお出かけですか。 ♪

—Сегóдня я éду в музéй на вы́ставку. 今日私は美術館の展覧会に行きます。

А на чём▼ вы éдете тудá▼? На метрó?

そこへは何に乗っていきますか。地下鉄で？

— Нет, на авто́бусе. Я е́ду туда́ на девя́том авто́бусе▼.

— いえ，バスで。そこへは9番（線の）バスで行きます。

▶ на чём №6 何に乗って？　▶ туда́ そこへ／そちらへ

▶ на девя́том авто́бусе 9番（線の）バスで №6 < девя́тый авто́бус

3 **Отку́да?**　どちらから？

動詞 **идти́**（徒歩で）と **е́хать**（乗り物で）は「～（場所）からやって来る，戻る」を意味することもあります。その場合は《前置詞 **из** あるいは **с** + №2》を用います。

Отку́да вы **идёте/е́дете**? ♪

どこからお戻りですか。（＝どこへ行ってらしたのですか。）

— **Из** теа́тр**а**. Я **иду́/е́ду из** теа́тр**а**.　— 劇場から。劇場から戻るところです。
（《**из** + №2》の例：**из** + о́фис**а**，рестора́н**а**，магази́н**а**，музе́**я**，гости́ниц**ы**，больни́ц**ы** ...）。

— Я **иду́/е́ду с** конце́рт**а**.　— コンサートから。コンサートから戻るところです。
（《**с** + №2》の例：**с** + заво́д**а**，экза́мен**а**，собра́ни**я**，фа́брик**и**，вы́ставк**и**，пло́щад**и** ...）。

移動の方向・目的地を示すときは《**в/на** + №4》の形が用いられます（第 **20** 課 初出）。**в** をとる名詞と **на** をとる名詞の違いは，《場所を示す前置格 **в/на** + №6》（第 **15** 課）のときと同じです。反対方向の移動（「～から」）は《**из/с** + №2》で示され，**в** ⇄ **из**，**на** ⇄ **с** の対応関係はこの場合でも維持されます。

【凡例】№1	**где?** №6 どこに／で	**куда́?** №4 どこへ？	**отку́да?** №2 どこから？
го́род ㊚ 都市／町	в го́род**е**	в го́род	из го́род**а**
стран**а́** ㊛ 国	в стран**е́**	в стран**у́**	из стран**ы́**
Росси́**я** ㊛ ロシア	в Росси́**и**	в Росси́**ю**	из Росси́**и**
конце́рт ㊚ コンサート	на конце́рт**е**	на конце́рт	с конце́рт**а**
собра́ни**е** ㊥ 会議	на собра́ни**и**	на собра́ни**е**	с собра́ни**я**
ста́нци**я** ㊛ 駅	на ста́нци**и**	на ста́нци**ю**	со ста́нци**и**

2 多方向動詞とは？

多方向動詞は，反復される運動，往復の運動，方向の決まっていない運動を表します。それを**徒歩でするときは ходи́ть**，**乗り物を使うときは е́здить** を使います。

1．徒歩で移動を繰り返すとき — ходи́ть

♪

А：Здра́вствуйте! Куда́ вы идёте?
こんにちは！ どちらへおいでですか。

Б：Я иду́ в библиоте́ку.　図書館に行くところです。

А：Вы ча́сто▼ **хо́дите** в библиоте́ку?
よく図書館に通っておいでですか。

Б：О́чень▼ ча́сто! Я **хожу́** в библиоте́ку почти́▼ ка́ждый день▼. Я о́чень люблю́ чита́ть!
とっても頻繁です！ 私はほとんど毎日図書館に通っています。
私は読むこと（読書）が大好きです！

▶ ча́сто しばしば　▶ о́чень とても　▶ почти́ ほとんど，ほぼ　▶ ка́ждый день 毎日

ходи́ть[и] (不完) **[д/ж/д]**(*c*)（徒歩で）行って来る，通う

я	хожу́	мы	хо́дим	過去形
ты	хо́дишь	вы	хо́дите	(男) ходи́л，(中) ходи́ло，
он／она́	хо́дит	они́	хо́дят	(女) ходи́ла，(複) ходи́ли

(例)　♪

- Мы **хо́дим в** университе́т пешко́м, потому́ что▼ на́ше общежи́тие▼ ря́дом▼.　私たちは大学へ徒歩で通っています，なぜなら私たちの寮が隣だからです。
  ▶ потому́ что (接) なぜなら　▶ общежи́тие (中) 寮
  ▶ ря́дом (副) 隣りに（ある），ごく近くに（ある）

- Мари́на иногда́▼ **хо́дит в** теа́тр **на** бале́т.
  マリーナはときどき劇場のバレエに足を運びます。
  ▶ иногда́ (副) ときどき

- Мы о́чень лю́бим **ходи́ть в** музе́й **на** вы́ставку▼.
  私たちは美術館の展覧会に出かけるのがとても好きです。
  ▶ **на** вы́ставку (№4) < вы́ставка 展覧(示)会

➡ Вчера́ япо́нские тури́сты **ходи́ли на** Кра́сн**ую** пло́щад**ь**▼.

昨日日本の観光客たちは「赤の広場」へ行ってきました。

▶ Кра́сн**ую** пло́щад**ь** №4 < Кра́сн**ая** пло́щад**ь**「赤の広場」

徒歩による動作の特徴を идти́ と ходи́ть の用例で比較しましょう。 ♪

➡ Сейча́с де́ти иду́т в шко́лу. いま子供たちは学校へ歩いて行くところだ。

➡ Ка́ждый день де́ти хо́дят в шко́лу. 毎日子供たちは徒歩で学校に通っている。

➡ Ма́льчик идёт в туале́т. 男の子はトイレに歩いて行くところだ。

➡ Ребёнок▼ уже́ хо́дит▼. 赤ん坊はもう歩いている（＝ひとりで歩ける）。

▶ ребёнок は「子供；幼児；赤ん坊」のように意味が広い。複数形は де́ти。

▶ 多方向動詞 ходи́ть は，「歩ける」という能力を意味することもある。

2. 乗り物で移動を繰り返すとき — **е́здить**

早朝，バスに乗り合わせた知人同士の И́горь と Ни́на の会話 ♪

И́горь: До́брое у́тро, Ни́на! Куда́ ты е́дешь▼ так ра́но▼?

おはよう，ニーナ！ こんなに早くどこへ行くの？

Ни́на : До́брое у́тро, И́горь! Я е́ду в городску́ю больни́цу▼.
У меня́ анги́на. А ты куда́ е́дешь?

おはよう，イーゴリ！ 市の病院に行くところよ。
私，扁桃腺炎なの。で，あなたはどちらへお出かけ？

И́горь: Я е́ду на стадио́н. Хочу́ поигра́ть▼ в футбо́л.

僕はスタジアムに行くところ。サッカーを少しやりたいんだ。

Ни́на : А ты ча́сто **е́здишь**▼ на стадио́н?

スタジアムへはちょくちょく通っているの？

И́горь: Да, я **е́зжу**▼ на стадио́н ка́ждую суббо́ту▼.
Я о́чень люблю́ футбо́л.

うん，スタジアムへは毎土曜日に通っているよ。
僕はすごくサッカーが好きなんだ。

▶ ты е́дешь 君は（乗り物で）**向かう・行くところ・途中**だ ▶ так ра́но こんなに早く

▶ в городску́ю больни́цу №4 < городска́я больни́ца 町の，市の病院

▶ поигра́ть[Е] *(а)* は完了体動詞「少しプレイする／演じる」で，不完了体は игра́ть[Е] *(а)*「プレイする，演奏する」

▶ е́здишь < е́здить[И] (不完) **[д/ж/д]** *(а)*「（乗り物で）行き来する，通う」の人称変化は次ページの表を参照。 ▶ е́зжу 同上

▶ ка́ждую суббо́ту №4 毎土曜日 < ка́ждая суббо́та №1；
ка́ждый 定代 それぞれの；ка́ждая суббо́та「毎土曜日」のように，〈ка́ждый ＋曜日名〉を**対格** №4 に置くと副詞（когда́? いつ？）の意味になります：ка́ждый понеде́льник「毎月曜日に」，ка́ждое воскресе́нье「日曜日ごとに」など。

е́здить[и] 不完 **[д/ж/д]**(*a*)（乗り物で）行って来る，通う

				過去形
я	е́зжу▼	мы	е́здим	男 е́здил，中 е́здило，
ты	е́здишь	вы	е́здите	女 е́здила，複 е́здили
он／она́	е́здит	они́	е́здят	

▶ е́зжу の発音は，е́жжу のように，ж を長めに出す［ィエージ ジゥ］。

乗り物を使って移動する е́хать と е́здить の用例（直訳）を比較しましょう。

- Куда́ вы е́дете сейча́с?　今どちらへ行くところですか。 ♪
  — Сейча́с я е́ду на рабо́ту. Ка́ждый день я е́зжу на рабо́ту на метро́.
  — いま職場へ向かっています。私は毎日地下鉄で職場に通っています。
- Ви́ктор е́дет в Япо́нию.　ヴィクトルは日本へ行くところです。
- Ле́том Ви́ктор е́здил в Япо́нию.　夏，ヴィクトルは日本に行ってきました。

Упражне́ние　練習問題

現在変化表の空白部分をうめて，すべてにアクセントを付けてください（ё には常にアクセントがあるので不要）。

	идти	ходить	ехать	ездить
я	1)	5)	9)	13)
ты	2)	6)	е́дешь	14)
он／она́	идёт	7)	10)	е́здит
мы	идём	хо́дим	11)	15)
вы	3)	8)	е́дете	16)
они́	4)	хо́дят	12)	е́здят

解答は巻末 **練習問題 解答** の第 ***25*** 課参照

120

3 ходи́ть／е́здить と быть の用法

> Я ходи́л в суперма́ркет. = Я был в суперма́ркете. ♪
> 僕はスーパーへ行ってきた。
> Она́ е́здила в Росси́ю. = Она́ была́ в Росси́и.
> 彼女はロシアへ行ってきた。

日本語の「行った」は「行って帰ってきた」ことを意味することがよくあります（たとえば「僕は昨日映画に行った」）。この課で新出の ходи́ть, е́здить は往復も意味するので，その過去形は日本語の「行った（＝行ってきた）」の意味になります。したがって上掲の左右の文意は等しいといえます。違いは，移動の動詞を用いるか否かで в や на の後の格が異なる（куда́ か где か），ということです。

- **Куда́** вы ходи́ли вчера́? ― Вчера́ я ходи́л в цирк▼. ♪
  (**Где** вы бы́ли вчера́? ― Вчера́ я был в ци́рке▼.)
  昨日あなたはどこへ行きましたか（行ってきましたか）。
  ―昨日私はサーカスへ行きました（行ってきました）。

  ▶ цирк 男 サーカス　▶ в цирк, в ци́рке の в の音は ф

- **Куда́** Ни́на е́здила весно́й? ― Весно́й она́ е́здила в Москву́.
  (**Где** Ни́на была́ весно́й? ― Весно́й она́ была́ в Москве́.)
  春，ニーナはどこへ行きましたか（行ってきましたか）。
  ―春，彼女はモスクワへ行きました（行ってきました）。

идти́ と е́хать の過去形の意味するところ

идти́, е́хать の過去形は，一方向への動きの「過去進行形」のような意味になります。

- Вчера́ И́горь ходи́л в поликли́нику. ♪
  Когда́▼ он шёл туда́, он уви́дел▼ Та́ню.
  昨日イーゴリは総合診療所へ行ってきました。
  そこへ向かっていたとき（途中），彼はターニャを見かけました。

  ▶ когда́ 接 ～する／したとき　▶ ви́деть″ 不完 [д/ж/д](a)／уви́деть″ 完 見る，見かける

- Весно́й Ни́на е́здила в Москву́.
  Она́ е́хала туда́▼ на авто́бусе▼, а обра́тно▼ е́хала на по́езде▼.
  春，ニーナはモスクワへ行ってきました。
  そちら（モスクワ）へは彼女はバスで向かいました。そして帰りは列車で戻りました。

▶ туда́ そちらへ，往路は（= в Москву́）　▶ на авто́бусе №6 バスで
▶ обра́тно 帰りは，復路は　▶ на по́езде №6 列車・汽車で < по́езд

Вчера́ на́ша семья́▼ е́здила на да́чу▼. Туда́ мы е́хали о́чень бы́стро, а обра́тно домо́й е́хали о́чень ме́дленно▼, потому́ что▼ шёл си́льный дождь▼.
昨日わが家は別荘へ行ってきました。そちらへは私たちはとても速く行きましたが，帰りはとてもスローペースで戻ってきました，なぜなら強い雨が降っていたからです。

▶ на́ша семья́ 私たちの家族，我が家　▶ на да́чу №4 別荘へ < да́ча ㊛
▶ ме́дленно ゆっくり　▶ потому́ что なぜなら
▶ си́льный дождь ㊚ 強い雨 ；「雨が降っている」は，慣用で一方向動詞 идти́ を使って «Идёт дождь.» と言う。過去形「雨が降っていた」は «Шёл дождь.»。

идти́ の転義・慣用表現 ♪

Идёт дождь.	雨が降っている。
Вчера́ шёл снег.	昨日は雪（снег）が降っていた。
В теа́тре сейча́с идёт но́вая о́пера.	劇場でいま新しいオペラをやっている。
В кинотеа́тре идёт интере́сный фильм.	映画館で面白い映画をやっている。
Вот идёт наш авто́бус.	ほら，私たちのバスがやってくる。
В университе́те иду́т экза́мены.	大学は試験中だ。

〈移動の動詞＋ инфинити́в〉「…しに行く」

移動の動詞に不定形を付けると目的（…しに行く）を表します。♪

Я иду́ в магази́н покупа́ть▼ хлеб.　私は店へパンを買いに行くところです。
▶ покупа́ть[E] 不完 (a) 買う

Ка́ждый день моя́ мать хо́дит в э́тот магази́н покупа́ть ры́бу▼.
母は毎日この店に魚を買いに行っています。
▶ ры́бу №4 < ры́ба ㊛ 魚

Мы идём в студе́нческую столо́вую▼ обе́дать.
私たちは学生食堂に昼ごはんを食べに行くところです。
▶ в студе́нческую столо́вую №4 学食へ < студе́нческая столо́вая ㊛ 学生食堂

Ско́ро▼ я е́ду в Москву́ изуча́ть ру́сский язы́к, а мой ста́рший брат е́дет в Петербу́рг рабо́тать в торго́вой фи́рме▼.
もうじき私はモスクワへロシア語を学びに行きますが，兄はペテルブルクへ商社で働くために向かいます。
▶ ско́ро 近いうち　▶ в торго́вой фи́рме №6 商社で < торго́вая фи́рма 商社

Два́дцать шесто́й уро́к

第26課 移動の動詞（3）「出発する」「戻る」；位置・方向表現 №6 №4 №2 と前置詞のまとめ

121

1 移動の動詞に接頭辞が付くと？

これまでに学んだ一方向動詞 идти́, е́хать；多方向動詞 ходи́ть, е́здить はともに不完了体ですが，その両者に同じ接頭辞が付くと，新しい意味の動詞の完了体と不完了体の対（ペア）になります。

その場合，**接頭辞がついた一方向動詞は完了体**になります。他方，**接頭辞がついた多方向動詞は不完了体**にとどまります。（ただし「出発，開始」を意味する接頭辞 по- は完了体動詞だけを作り，これに対応する不完了体動詞はありません。）

こんな定義は消化に悪いので，本書では**一方向動詞** идти́, е́хать に接頭辞 **по-**（「出発，開始」を表す）と **при-**（「到着」を表す）を付けた**完了体動詞の用例を重点的に見てみましょう**。（идти́ の綴りの変化に注意。接頭辞が付くと **-йти** になります。）

> идти́ 不完 → **по**йти́ 完（歩いて）**行く，出発する**：
>
> я **по**йду́, ты **по**йдёшь, они́ **по**йду́т
>
> **при**йти́ 完（歩いて）**来る，到着する**：
>
> я **при**ду́, ты **при**дёшь, они́ **при**ду́т
>
> ⚠ идти́ の過去形の再確認：男 шёл, 中 шло, 女 шла, 複 шли

➡ Вы не зна́ете, где Андре́й?　アンドレイはどこか，ご存じありませんか。　♪

—Он **пошёл** в шко́лу.　—彼は学校へ出かけ（＝歩いて出発し）ました。

➡ Ната́ша до́ма?　ナターシャは在宅ですか。

—Нет, она́ **пошла́** в магази́н.　—いいえ，彼女は店へ出かけ（＝歩いて出発し）ました。

➡ Куда́ вы **пойдёте** послеза́втра?　あさってはどちらへお出かけですか（＝徒歩で）。

—Послеза́втра я **пойду́** на стадио́н поигра́ть▼ в футбо́л.

—あさってはサッカーを少しやるためにスタジアムに出かけます。

▶ **по**игра́ть[E] 完 *(a)* 少しプレイする（不完 игра́ть「プレイする」に接頭辞 по- がついた完了体動詞）。

➡ Ваш оте́ц уже́ до́ма и́ли ещё на рабо́те?

お父さんはもう在宅ですか，それともまだ職場ですか。

—Мой оте́ц ещё на рабо́те. Сего́дня он о́чень по́здно **придёт** с рабо́ты домо́й.　—父はまだ職場です。今日彼はとても遅く仕事から戻ってきます。

Пойдём▼ ве́чером на дискоте́ку! А когда́▼ мы **придём** с дискоте́ки домо́й, пригото́вим▼ уро́ки. 夜はディスコに行こうよ！ そして，ディスコから家に戻ってきたとき（＝戻ってきたら），レッスンの予習を済ませよう。

▶ **Пойдём!** ［パイヂョーム！］は誘いの表現としても用いられる（＝「徒歩で」の誘い）。
▶ когда́ 接 ～の時に；～したら ▶ пригото́вим < пригото́вить″ 完 **[в/вл/в]** *(a)* 準備を済ます。**при**гото́вить は гото́вить「準備する／料理する」（я гото́влю, ты гото́вишь, они́ гото́вят）に接頭辞 при- がついた完了体動詞。

е́хать 不完 → **по**е́хать 完（乗って）**行く，出発する**： я **по**е́ду, ты **по**е́дешь, мы **по**е́дем▼, ... они́ **по**е́дут **при**е́хать 完（乗って）**到着する，やって来る**（第 ***23*** 課 初出）： я **при**е́ду, ты **при**е́дешь, они́ **при**е́дут ▶ По́едем! ［パイエーヂム！］は「(乗り物で) 行きましょう！」の誘いの表現にもなる。

Вы не зна́ете, где Ната́ша? ナターシャはどこか，ご存じありませんか。 ♪
— Она́ у́тром **пое́хала** в Хаба́ровск.
— 彼女は朝ハバロフスクへ行き／出発し（＝乗り物で出発し）ました。

На чём▼ она́ **пое́хала** туда́▼? 彼女は何に乗ってそちらへ出発したのですか。
— Она́ **пое́хала** туда́ на по́езде. — そちらへは彼女は列車で発ちました。

А на чём она́ **прие́дет** домо́й? で，家へは何に乗って戻ってきますか。
— Обра́тно▼ домо́й она́ **прие́дет** на авто́бусе.
— そこから家へは，彼女はバスで帰ります。

▶ на чём? №6 何に乗って？（移動手段を問う＝第 ***20*** 課 参照） ▶ туда́ 副 そちらへ
▶ обра́тно 副 元へ，後へ，復路は

Послеза́втра И́горь **пое́дет** во Владивосто́к. ♪
イーゴリはあさってウラジオストクへ行き（＝乗り物で出発し）ます。

На чём он **пое́дет** туда́? そちらへ彼は何に乗って行くのですか。
— На маши́не. И́горь о́чень лю́бит **е́здить**▼ на маши́не.
— 車で。イーゴリは車に乗るのが大好きです。

А когда́ он **прие́дет** туда́? それで彼はいつそこへ到着しますか。
— Туда́ он **прие́дет** в суббо́ту по́здно ве́чером, а в воскресе́нье ра́но у́тром **пое́дет** отту́да▼ в Нахо́дку.
— そこへは土曜日の夜遅く着きます。で，日曜日の早朝，そこからナホトカへ出発します。

▶ **е́здить** 不完「乗る・乗り物で行き来する」は〔多方向動詞〕。
▶ отту́да そこ（そちら）から

復習整理　位置と方向の表現
где? №6 куда́? №4 отку́да? №2

1. 前置詞　в と из の用法，および格との組み合わせ

в	в	из	【単語】
где? №6 どこに／で？	куда́? №4 どこへ？	отку́да? №2 どこから？	
в це́нтре▼	в центр	из це́нтра	це́нтр 中心／都心
в университе́те	в университе́т	из университе́та	университе́т 大学
в магази́не	в магази́н	из магази́на	магази́н 商店
в музе́е	в музе́й	из музе́я	музе́й 美術館
в посо́льстве	в посо́льство	из посо́льства	посо́льство 大使館
в общежи́тии	в общежи́тие	из общежи́тия	общежи́тие 寮
в шко́ле	в шко́лу	из шко́лы	шко́ла 学校
в апте́ке	в апте́ку	из апте́ки	апте́ка 薬局
в гости́нице	в гости́ницу	из гости́ницы	гости́ница ホテル
в дере́вне	в дере́вню	из дере́вни	дере́вня 村／田舎

▶ たとえば теа́тр「劇場」も це́нтр と同一語尾変化：в теа́тре → в теа́тр → из теа́тра.

2. 前置詞　на と с の用法，および格との組み合わせ

на	на	с	【単語】
где? №6	куда́? №4	отку́да? №2	
на за́паде▼	на за́пад	с за́пада	за́пад 西
на заво́де	на заво́д	с заво́да	заво́д（重工業の）工場
на рабо́те	на рабо́ту	с рабо́ты	рабо́та 仕事／職場
на фа́брике	на фа́брику	с фа́брики	фа́брика（軽工業の）工場
на вы́ставке	на вы́ставку	с вы́ставки	вы́ставка 展覧会
на дискоте́ке	на дискоте́ку	с дискоте́ки	дискоте́ка ディスコ
на ле́кции	на ле́кцию	с ле́кции	ле́кция レクチャー
на экску́рсии	на экску́рсию	с экску́рсии	экску́рсия 見学／観光
на ста́нции	на ста́нцию	со▼ ста́нции	ста́нция 駅
на пло́щади	на пло́щадь	с пло́щади	пло́щадь 広場

▶ 方位を表す восто́к「東」，ю́г「南」，се́вер「北」は за́пад と同一語尾変化：на восто́к**е** → на восто́к → с восто́к**а** など。

▶ 2 つ以上の子音の前では с は со になる。　※前置詞 **с** は他の意味で**造格** **№5** とも一緒に用いられる。

Упражне́ние　練習問題

動詞 идти́，ходи́ть（徒歩で）；е́хать，е́здить，пое́хать（乗り物で）を適切な形にしてアクセントを打ち [　　　] をうめてください。

〔徒歩での移動を想定して〕

1) Вчера́ моя́ мать [　　　　　　] в апте́ку▾. Когда́ она́ [　　　　　　] в апте́ку, на у́лице был снег▾.

2) В суббо́ту мы [　　　　　　] в кино́▾. Когда́ мы [　　　　　　] из кинотеа́тра▾, мы говорили о фи́льме▾.

▶ в + **№4** < апте́ка ㊛ 薬局　▶ был снег 雪だった

▶ кино́ ㊥〔不変〕映画（口語で映画館を意味する）

▶ кинотеа́тр 映画館　▶ фи́льм 映画（作品）

〔乗り物での移動を想定して〕

3) Куда́ вы [　　　　　　] ле́том▾?（予定を聞く）

Ле́том я [　　　　　　] в Итали́ю. А вы?

Я [　　　　　　] в Итали́ю в про́шлом году́.

В э́том году́ я [　　　　　　] в Аме́рику.

Вы [　　　　　　] в Аме́рику пе́рвый раз▾?

Нет, я [　　　　　　] туда́ в позапро́шлом году́▾.

▶ ле́том ㊫ 夏（に）（次課参照）　▶ пе́рвый раз 初めて

▶ в + **№6** < позапро́шлый год 一昨年

以下の文を和訳してください。

4) Де́ти пришли́ из шко́лы.

5) Ви́ктор пришёл со стадио́на.

6) Моя́ дочь пришла́ с рабо́ты по́здно ве́чером.

7) Э́ти тури́сты прие́хали из Япо́нии.

8) Э́та писа́тельница▾ прие́хала из Ло́ндона.

▶ писа́тельница（女性の）作家

解答は巻末 **練習問題 解答** の第 **26** 課参照

1 С кем? 誰と？ С чем? 何と？ 造格 №5 の用法

♪

А： **С кем** вы пойдёте в кафе́?
あなたは**誰と**カフェに行きますか。

Б： Я пойду́ **с Алекса́ндром и А́нной**.
私は**アレクサンドルとアンナと**一緒に行きます。

А： **С кем** вы пое́дете в Петербу́рг?
あなたは**誰と**ペテルブルクへ行きますか。

Б： Я пое́ду **с Андре́ем и Мари́ей**.
アンドレイとマリーヤと一緒に行きます。

Ско́ро▼ в Япо́нию прие́дет И́горь. Он прие́дет **с Та́ней**.
まもなくイーゴリが来日します。彼は**ターニャと**やってきます。

▶ ско́ро まもなく

新しい格として**造格**〈**кем**? **чем**?〉№5 の登場です。**С кем**? は「誰と？」という意味です。疑問詞 **кто**? **что**? №1 は造格では **кем**? **чем**? №5 になります。

造格と用いられる前置詞 **с** は「～と（ともに）」の意味です。上の文中の例で説明しますと，**子音で終わる**男性名詞の**造格形は**語尾 **-ом** を加えればできます。そして軟音字 **-й** や **-ь** で終わる男性名詞の造格形はその **-й** や **-ь** を省いて **-ем** を加えます。

男性名詞・単数：	Алекса́ндр №1	→ Алекса́ндр**ом** №5	**硬変化語尾 -ом**
	Андре́**й** №1	→ Андре́**ем** №5	**軟変化語尾 -ем**
	И́гор**ь** №1	→ И́гор**ем** №5	**軟変化語尾 -ем**

つぎに，**-а** で終わる名詞（おもに女性名詞）の造格形は語尾 **-а** を **-ой** に変えます。そして **-я** で終わる名詞は **-ей** に変えます。

女性名詞・単数：	А́нн**а** №1	→ А́нн**ой** №5	**硬変化語尾 -ой**
	Та́н**я** №1	→ Та́н**ей** №5	**軟変化語尾 -ей**

上記は人名の造格形でしたが，この規則は**動物名詞・非動物名詞に共通です**。ко́фе コーヒー，чай 紅茶，хлеб パン，сала́т サラダ　を例に，「са́хар 男 砂糖，молок**о́** 中 ミルク，ма́сл**о** 中 バター，ры́б**а** 女 魚」と組み合わせてみましょう。

☞「私はミルク入りコーヒーが好きです」 Я люблю́ ко́фе с молок**о́м**. ♪

「砂糖入り紅茶」 чай с саха́р**ом**

「バター付きパン」 хлеб с ма́сл**ом**

「魚入りサラダ」 сала́т с ры́б**ой**

※ **中性名詞の単数造格は男性名詞と同じ語尾 -ом/-ем** になります（次表）。

123

2 名詞の単数造格のかたち

主格での疑問詞 **кто**? **что**? は，造格 №5 では **кем**? **чем**? になります。

♪

単数形 名詞の性	主格 №1 **Кто? Что?**	造格 №5 **Кем? Чем?**	語尾 №1 → №5	
он	студе́нт	студе́нт**ом**	+ **-ом**	学生
	журна́л	журна́л**ом**		雑誌
	Андре́**й**	Андре́**ем**	**-й** → **-ем**	アンドレイ
	музе́**й**	музе́**ем**		美術館
	жи́тел**ь**	жи́тел**ем**	**-ь** → **-ем***	住人・住民
	слова́р**ь**	словар**ём**	**-ь** → **-ём***	辞書
оно́	письм**о́**	письм**о́м**	**-о** → **-ом**	手紙
	мо́р**е**	мо́р**ем**	**-е** → **-ем**	海
	пла́ть**е**	пла́ть**ем**		ドレス
она́	балери́н**а**	балери́н**ой**	**-а** → **-ой**	バレリーナ
	студе́нтк**а**	студе́нтк**ой**		女子学生
	кни́г**а**	кни́г**ой**		本
	Та́н**я**	Та́н**ей**	**-я** → **-ей**	ターニャ
	пе́сн**я**	пе́сн**ей**		歌
	пло́щад**ь**	пло́щад**ью**	**-ь** → **-ью***	広場

* 男性名詞の場合は **-ь** → **-ем**／**-ём**（**-ём** はアクセントが語尾に移るタイプ）だが，女性名詞は **-ь** → **-ью** になることに注意：**тетра́дь** 女 ノート → **тетра́дью**

ц, ж, ч, ш, щ で終わる男性名詞，および語尾の前にこれらの文字がある中・女性名詞は，**造格形で語尾にアクセントがないときは**それぞれ -ем；-ей になります（-ом；-ой ではない）。

отéц ㊚ 父 → отцóм　　 япóнец ㊚ 日本人 → япóнцем
нож ㊚ ナイフ → ножóм　　муж ㊚ 夫 → мýжем
врач ㊚ 医師 → врачóм　　карандáш ㊚ 鉛筆 → каранашóм
товáрищ* ㊚ 同僚／同志 → товáрищем（*товáрищ は死語ではありません。）
яйцó ㊥ 卵 → яйцóм　　сóлнце ㊥ 太陽 → сóлнцем
учи́тельница ㊛ 教師 → учи́тельницей　　дáча ㊛ 別荘 → дáчей

補足

1. 男性名詞には生格以降（造格でも）アクセントが語尾に置かれるものがある。
   учени́к 生徒 → ученик**óм**　　словáрь 辞書 → слова**рём**
   врач 医師 → врач**óм**
2. **母音が欠けたり**（＝**出没母音**・**第5課**参照），その際に**アクセントが移動したり**する名詞もある。
   отéц 父 → отцóм　　певéц 歌手 → певцóм　　вéтер 風 → вéтром
   потолóк 天井 → потолкóм　　япóнец 日本人 → япóнцем
3. мать「母親」と дочь「娘」の変化は мáт**ерью**；дóч**ерью**（**巻末付記**参照）。

3 造格による時の表現

第9課で「朝，昼，夜（に）」という表現を理屈抜きに学びましたが，それは，実は，造格を用いたものです。造格は，時を表す副詞の役も果たします。ここでは「春夏秋冬」（**第23課**初出）の表現を整理しておきます。

名詞 №1		→	**Когда?** いつ？ №5	
веснá ㊛	春		**веснóй**	春（に）
лéто ㊥	夏		**лéтом**	夏（に）
óсень ㊛	秋		**óсенью**	秋（に）
зимá ㊛	冬		**зимóй**	冬（に）

Веснóй я поéду▼ в Москвý.　私は春にモスクワへ行きます。 ♪

▶ я поéду < поéхать[E] ㊦ *(a)*（乗り物で）出発する

➡ **Ле́том** я бу́ду ходи́ть▾ в бассе́йн▾.　夏には私はプールに通うつもりです。

▶ я бу́ду ходи́ть 私は通うつもりです；ходи́ть〃 (不完) *(c)*（徒歩で）通う

▶ в бассе́йн **№4** < бассе́йн (男) プール

➡ **Зимо́й** в Москве́ хо́лодно▾.　冬，モスクワは寒いです。

▶ хо́лодно〔述語〕寒い　⚠ 直訳すると「冬にはモスクワでは寒い」という言い方をします。

☞「北は寒い」На се́вере хо́лодно.

125

道具，手段（～で；～によって）の表現

造格は，道具，手段（～で；～によって）を表します。

Я пишу́ ру́чкой.　私はペン**で**書きます。

「造格」が別称「道具格」とされる由縁がここにあります。

♪

➡ **Чем** вы пи́шете письмо́?　あなたは**何で**（何を使って）手紙を書いていますか。

—Я пишу́ карандаш**о́м**／ру́чк**ой**.　—私は鉛筆で／ペンで書いています。

➡ Мы ре́жем▾ хлеб нож**о́м**▾.　私たちはパンをナイフで切ります。

▶ ре́жем < ре́зать[E] (不完) **[з/ж]***(a)* 切る；я ре́жу，ты ре́жешь，они́ ре́жут；〔命〕ре́жь(те)

▶ ножо́м < нож ナイフ

➡ Ру́сские едя́т▾ суп ло́жк**ой**▾, а рис - ви́лк**ой**▾.

ロシア人たちはスープをスプーンで，米はフォークで食べます。

▶ едя́т < есть★ (不完)〔不規則〕食べる　▶ ло́жк**ой** < ло́жка (女) スプーン

▶ ви́лк**ой** < ви́лка (女) フォーク

Ме́жду про́чим,　ちなみに…

есть★「**食べる**」は，「ある；～である」という意味の **есть** (不完)（現在形として使用・語形変化せず）とは別の動詞です（**第4課 3**）。

есть★ (不完)「食べる」は不規則変化：я ем，ты ешь，он ест，мы еди́м，вы еди́те，они́ едя́т；〔過〕(男) ел，(中) е́ло，(女) е́ла，(複) е́ли，〔命〕е́шь(те)

суп は「食べ物」です。　☞ Я ем суп．私はスープを食べます。

「ふつう日本人は米を箸で食べます」と言うときは，

→ Обы́чно япо́нцы едя́т рис па́лочками▾.

▶ 箸一本は па́лочка (女)，(複) は па́лочки。その複数造格形は па́лочками［パーラちカミィ］（複数造格形については後述）。

5 身分や職業，専門を表す（～として）

いちばん簡単に人の身分や職業を聞くときは，Кто вы (он，онá…)? でよいのですが，はっきりと「何をして働いているのか」という質問の仕方は **Кем** вы рабóтаете? **Кем** он рабóтает? です。答えるときは，職業，専門を示すことばを造格で表現します。

Я рабóтаю (он／онá рабóтает) ... инженéр**ом** (<инженéр)
журналúст**ом** (<журналúст),
учúтел**ем** (<учúтел**ь** ㊚ 教師)
учúтельниц**ей** (<учúтельниц**а** ㊛ 教師)
медсестр**óй** (<медсестр**á** ㊛ 看護師)

過去あるいは未来の身分，職業を言うときも造格を使います。

Я рабóтал учúтел**ем**, и моя́ дочь бýдет рабóтать учúтельниц**ей**.
私は教師として働いていました，そして私の娘も教師になります (教師として働きます)。

126

6 述語となる造格

1 Он музыкáнт. 彼はミュージシャンだ。 ♪
Он был музыкáнт**ом**. 彼はミュージシャンだった。
Он бýдет музыкáнт**ом**. 彼はミュージシャンになる（だろう）。
Он хóчет быть музыкáнт**ом**. 彼はミュージシャンになりたがっている。

ロシア語では上例の下線の部分全体を**述語**として扱います。「彼はミュージシャンだ／である」という現在時制では**名詞が主格のままで述語に**なります。しかし，それ以外の過去・未来時制の場合は述語部に**造格**が用いられます。

➡ Мой дя́дя▼ был инженéр**ом**. 私の叔父はエンジニアだった。

▶ дя́дя ㊚ 叔父

➡ Натáша бýдет медсестр**óй**. ナターシャは看護師になるでしょう。

2 意味・機能上 быть に準ずる動詞があります。たとえば完了体動詞 **стать**▼「～になる」がそのひとつです。 ♪

▶ стать[E] ㊎ **[+н]** *(a)*：я стáну，ты стáнешь，онú стáнут

➨ Бори́с стал／ста́нет журнали́стом.　ボリスはジャーナリストになった／なる。

➨ Я мечта́ю▾ стать писа́телем／юту́бером.
僕は作家／ユーチューバーになることを夢見ている。
▶ мечта́ть[E] 不完 (a) + инфинити́в で「…することを夢見る」

➨ Когда́▾ Мари́я была́ ма́ленькой▾, она́ хоте́ла стать певи́цей▾.
マリーヤが幼かったころ，彼女は歌手になりたかった。
▶ когда́ 接 …する・したとき　▶ ма́ленькой №5 < ма́ленькая 形女 小さい，幼い
※述語の部分で用いられる形容詞も造格になります（ここでは女性形 -ая → -ой）。
▶ певи́цей №5 < певи́ца 女 歌手

➨ Кра́сная пло́щадь ста́ла си́мволом▾ Москвы́.
赤の広場はモスクワのシンボルとなった。　▶ си́мволом < си́мвол シンボル

127

№5 を要求する前置詞 с，пе́ред，за

1.《с + №5》を使うおなじみの表現（～と，～を伴って）

➨ Я пью▾ ко́фе с са́харом▾ и чай▾ с молоко́м▾.　♪
私は砂糖入りのコーヒーとミルクを入れた紅茶を飲みます。
▶ пью < пить[E] 不完 (b) 飲む〔変則変化〕я пью，ты пьёшь，они́ пьют；〔過〕男 пил，中 пи́ло，女 пила́，複 пи́ли，〔命〕пе́й(те)
▶ са́харом < са́хар 砂糖　▶ чай 紅茶，お茶　▶ молоко́м < молоко́ ミルク，牛乳

➨ Я ем▾ суп с ку́рицей▾.　私はチキン入りのスープを食べます。
▶ ем < есть★ 不完 食べる（不規則変化・この課 4 参照）　▶ ку́рицей №5 < ку́рица 女 チキン
※「～なしで，～抜きで」と言うときは《без + №2》を用いる（第 ***23*** 課）：
ко́фе **без** са́хара；чай **без** молока́；суп **без** ку́рицы

➨ Я чита́ю по-ру́сски **с** электро́нным словарём▾.
私は電子辞書を**使って**（←とともに）ロシア語を読みます。
▶ электро́нным словарём < электро́нный слова́рь 男 電子辞書

➨ Вчера́ мы с Серге́ем бы́ли в теа́тре.（= я и Серге́й）
昨日，私とセルゲイは劇場に行きました。

➨ Та́ня живёт **вме́сте**▾ **с** И́горем.　ターニャはイーゴリと**一緒に**住んでいます。
▶ **с**「～と / ～とともに」の意味を強調するきは **вме́сте** 副「～と一緒に／ともに」を加えます。
☞〈**вме́сте с** кем? чем?〉

2. пéред＋ №5 ＝時間的・空間的に「～の前に」

перед обéд**ом**／лéкци**ей**；**перед** дóм**ом**／здáни**ем**（＜здáние 建物）／гостúниц**ей** など。

♪

Сегóдня перед▼ обéдом мы погуля́ли.　今日昼食の前に私たちは少し散歩しました。

▶ 前置詞 пéред は通常，アクセントなしで後続の単語の最初の音とともに発音される：перед‿обéдом［ピリダビェーダム］；погуля́ли ＜ погуля́ть[E] 完 *(a)* 少し散歩する

Перед дóмом／гостúницей▼／стоúт▼ дорогáя машúна.

家の／ホテルの／前に高価な車がある。

▶ гостúницей ＜ гостúница 女 ホテル

▶ стоúт ＜ **стоя́ть**[И] 不完 *(b)* 立っている，ある：я стою́，ты стоúшь，онú стоя́т

3. за＋ №5

「～の時に」（時）；「～を買いに；～のために」（目的）；「～の向こう側に，～の裏側に」（位置）などの表現

♪

Обы́чно я читáю газéту за зáвтраком.　ふつう私は朝食時に新聞を読みます。

Я пойдý за вóдкой и закýской▼.　僕はウォッカとつまみを買いに出かけます。

▶ за закýской №5 ＜ закýска 女 おつまみ，前菜

Машúна стоúт за дóмом.　車は家の裏手にある（стоúт 立っている＝ある）。

128

8 名詞と形容詞の単数造格 №5 簡略表

	какúм? **какóй?** 形容詞の語尾	(**с**) **кем?**「誰（と）？」 (**с**) **чем?**「何（と）？」
男・中性	**-ым／-им**	**-ом／-ем**
女性	**-ой／-ей**	**-ой／-ей／(-ью)**▼

▶ **ь** で終わる女性名詞に **ю** を加えれば造格形になる。これを（-ью）で示しておく。

♪

Я занимáюсь в библиотéке **вмéсте с** нá**шим** нó**вым** студéнт**ом**.

私は図書館で私たちの新しい男子学生と一緒に勉強しています。

［比較］Я занимáюсь в библиотéке **вмéсте с** нá**шей** нó**вой** студéнтк**ой**.

私は図書館で私たちの新しい女子学生と一緒に勉強しています。

➡ Я люблю́ сэ́ндвич▼ **с** хоро́ш**им** вку́сн**ым** мя́с**ом**▼ и све́ж**ей**▼ чёрн**ой** икр**о́й**▼. 私は，良質のおいしい肉と新鮮なキャビア入りのサンドイッチが好きです。

▶ сэ́ндвич ㊚ サンドイッチ　▶ вку́сн**ым** мя́с**ом** < вку́сное мя́со ㊥ おいしい肉
▶ све́ж**ей** №5 < све́жая ㊆㊛ 新鮮な　▶ чёрная икра́ ㊛ 黒いイクラ（=「キャビア」のこと）

➡ Ю́рий был тала́нтлив**ым**▼ студе́нт**ом** и тепе́рь▼ стал изве́стн**ым**▼ журнали́ст**ом**.

ユーリイは才能のある学生だった，そしていまや有名なジャーナリストになった。

▶ тала́нтлив**ым** < тала́нтлив**ый** 才能ある　▶ тепе́рь ㊍ いまでは　▶ изве́стн**ый** 有名な

➡ Мой друг мечта́ет стать бога́т**ым** бло́гер**ом**▼.

私の友人は金持ちのブロガーになることを夢見ている。

▶ бога́т**ым** бло́гер**ом** < бога́т**ый** бло́гер 富んだ，金持ちのブロガー

Ме́жду про́чим,　ちなみに…

前置詞 С + №5 を使ったお祝いの慣用表現を使おう！

С Но́вым го́дом▼!　新年明けましておめでとう（ございます）！

С днём рожде́ния▼!　お誕生日おめでとう！

▶ Но́вым го́дом < но́вый го́д 新年；めでたさを強調するために **н** は大文字で記される。
▶ днём рожде́ния < день рожде́ния 誕生日

Упражне́ние　練習問題

[　　　] の前にある単語を正しい形にしてください（アクセントも記す）。

1) - С кто [　　　] вы были в кино?
Я был в кино с мой [　　　] старший [　　　] брат [　　　].

2) - С что [　　　] вы любить [　　　] пить чай?
Я люблю пить чай с сахар [　　　] и лимон [　　　].

3) - Я смотрю телевизор с мой [　　　] младший [　　　] брат [　　　].
Я говорил с мой [　　　] отец [　　　] по телефону▼.

▶ по телефону 電話で

4) - Скажите, пожалуйста, кто [　　　] вы работаете?
Я работать [　　　] инженер [　　　] завода.
- А кто [　　　] работать [　　　] ваша жена?
Она работать [　　　] медсестра [　　　].

5) - Наташа пошла в магазин за хлеб [　　　] и мясо▼ [　　　], а Иван пошёл за пиво▼ [　　　], вино▼ [　　　] и водка▼ [　　　].

▶ мя́со ㊥ 肉　▶ пи́во ㊥ ビール　▶ вино ㊥ ワイン　▶ во́дка ㊛ ウォッカ

- Перед лекция [　　　] мы обедать（現在形で [　　　]）в столовая▼ [　　　].

▶ столовая 食堂

- За наш [　　　] дом [　　　] стоять（現在形で [　　　]）старое▼ дерево.

▶ старое 古い

6) - Его отец был известный [　　　] композитор▼ [　　　].

▶ композитор 作曲家

- Мальчик▼ мечтать▼（現在形で [　　　]）стать космонавт▼ [　　　].

▶ Мальчик 少年　▶мечта́ть^{E} *(a)* 不完 ～を夢見る　▶космона́вт 宇宙飛行士

- Моя младшая сестра хотеть（現在形で [　　　]）стать певица▼ [　　　].

▶ певица ㊛ 歌手

- С Новый [　　　] год [　　　]!

解答は巻末 **練習問題 解答** の第 ***27*** 課参照

第28課 造格 (2) со мной? 私と？ с ней? 彼女と？；～に携わる／～に興味がある；-ся 動詞の意味(整理)

129

1 「私と，私たちと，あなたたちと」の言い方

まず**人称代名詞の造格形**が使われる会話の例を見ましょう。その後で整理します。

♪

В кáмпусе▾ разговáривают▾ Андрéй, Натáша, Тáня, Сáша, Бори́с и Йра. キャンパスでアンドレイとナターシャ，ターニャ，サーシャ，ボリス，イーラが話をしている。

▶ в кáмпусе №6 < кáмпус キャンパス
▶ разговáривают < разговáривать^{E} 不完 *(a)* 会話する

Андрéй：Пойдём▾ **со мной** на катóк▾!
僕とスケートリンクへ行こうよ！

Натáша：Хорошó, я с удовóльствием▾ пойдý **с тобóй!**
いいわ，喜んで私**あんたと**行くわ！

Тáня и Сáша：Нет, лýчше▾ поéдем▾ вмéсте▾ **с нáми** в тёплый бассéйн▾! Там теплó▾!
いや，それよりも**私たちと**一緒に温水プールへ行こうよ！
あそこは暖かいよ！

Бори́с и Йра：Да, да, мы поéдем **с вáми** в тёплый бассéйн!
ハイ，ハイ，私たちは**あなたたちと**温水プールへ行きまーす！

▶ пойдём 行こうよ！=〘英〙let's go! < пойти́ 完 (**徒歩で**) 出かける，出発する
▶ на катóк №4 スケートリンクへ < катóк
▶ **с** удовóльстви**ем** №5 喜んで〔慣用表現〕< удовóльствие 中 喜び，満足
▶ лýчше それよりも ▶ поéдем 行こうよ！=〘英〙let's go! < поéхать 完 (**乗り物で**) 出かける，出発する ▶ вмéсте 一緒に ▶ в тёплый бассéйн №4 = №1 温水プールへ；тёплый 形 暖かい (=温水の)，бассéйн プール ▶ теплó 副 暖かい (第**7**課既出)

人称代名詞の造格形 №5 (主格 кто? → 造格 кем?)

♪

кто?	кем?	кто?	кем?
я	мной▾	мы	нáми
ты	тобóй	вы	вáми
он／онó	им*	они́	и́ми*
онá	ей*		

＊3人称の им，ей，и́ми の前に前置詞がくると **н-** が付く。
☞ с **н**им，с **н**ей，с **н**и́ми

※ им，ей，и́ми は非動物名詞の代名詞としても用いられる。
☞ с теáтром = с ним

▶ мной を前置詞 с とともに用いるときは **со** мной となる。同じく мной を перед（～の前）とともに用いるときは перед**о**［ピリダ］мной になる。

130

間接目的として造格〈кем? чем?〉を求める動詞

занима́ться[E] 不完 *(a)*〈кем? чем?〉～に携わる，～に従事する，～をやる

я занима́юсь, ты занима́ешься, они́ занима́ются

（занима́ться「勉強する」という意味では **第14課** で初出）

この動詞の**間接目的語**（＝**間接補語**）は造格形で用いられます。

☞ Я занима́юсь спо́рто**м**（＜спорт）／му́зык**ой**（＜му́зыка）／ру́сск**им** язык**о́м**（＜ру́сский язы́к）.

私は**スポーツを**／**音楽を**／**ロシア語を**やっています。

♪

А：**Чем** вы занима́етесь в свобо́дное вре́мя▾?

自由時間にはあなたは**何を**しておいでですか。

Б：Я занима́юсь спо́рт**ом.**　私は**スポーツを**しています。

А：Футбо́л**ом**▾?　**サッカーを**ですか。

Б：Нет, волейбо́л**ом**▾ и те́ннис**ом**▾.

いえ，**バレーボールとテニス**です。

А：А **чем** занима́ется ваш друг▾?

あなたの友達は**何を**やっていますか。

Б：Он занима́ется му́зык**ой** в студе́нческом клу́бе▾.

彼は学生クラブで**音楽を**やっています。

▶ в свобо́дное вре́мя **№4** 自由時間に　▶ футбо́л サッカー
▶ волейбо́л バレーボール　▶ те́ннис テニス　▶ друг 男 友人
▶ в студе́нческом клу́бе **№6** ＜ студе́нческий клуб 男 学生クラブ；
☞ пиани́но 中〔不変〕(竪形の) ピアノ；на гита́ре **№6** ＜ гита́ра 女 ギター；
поёт ＜ петь[E] 不完 *(b)* 歌う〔変則変化〕я пою́, ты поёшь, они́ пою́т〔命〕по́й(те)

интересова́ться[E] 不完 **[ова/у]** *(a)*〈кем? чем?〉（～に興味がある）

я интересу́юсь, ты интересу́ешься, они́ интересу́ются

〔過〕男 **интересова́лся**, 女 **интересова́лась**, 複 **интересова́лись**

Моя́ дочь интересу́ется совреме́нн**ым**／класси́ческ**им**／бале́т**ом**▼. 私の娘は現代／古典／バレエに興味があります。 ♪

▶ совреме́нн**ым**／класси́ческ**им**／бале́т**ом** №5
< совреме́нн**ый** 現代の／класси́ческ**ий** 古典の／бале́т バレエ

Мой мла́дший брат интересу́ется ру́сск**ой** литерату́р**ой**▼.
私の弟はロシア文学に関心があります。

▶ ру́сск**ой** литерату́р**ой** №5 < ру́сск**ая** литерату́р**а** ㊛ ロシア文学

Кла́ссик▼ ру́сской литерату́ры Достое́вский всегда́▼ интересова́лся челове́к**ом**▼, его́▼ психоло́ги**ей**▼, его́ хара́ктер**ом**▼.
ロシア文学の巨匠ドストエフスキーは常に人間に，その心理に，その性格に関心を持っていた。

▶ кла́ссик 巨匠，文豪 ▶ всегда́ 常に ▶ челове́к**ом** №5 < челове́к 人間，ひと
▶ его́（彼の／その＝人間の） ▶ психоло́ги**ей** №5 < психоло́ги**я** ㊛ 心理
▶ хара́ктер**ом** №5 < хара́ктер 性格

Ме́жду про́чим, ちなみに…

造格を用いた崇高な一言：

«Не хле́бом еди́ным жив челове́к».「ひとはパンのみにて生きるにあらず」

хле́бом еди́ным は倒置法で，元に戻すと **еди́ным хле́бом** №5「唯一のパンによって」となる。еди́ный〔形・旧〕「唯一の」(← оди́н)。ここまでを **Не** で否定して「唯一のパンによってではなく」→ **жив**「生きている」**челове́к**「人は」。かつて，作家 Дуди́нцев の小説 **«Не хле́бом еди́ным»**（1956）が世に出ると，これが生き方を真正面から問う作品であったため，当時のロシア・ソビエト文学界を論争の渦に巻き込むにとどまらず，国外でも大きく問題にされたものだった。

131

3 整理：-ся 動詞の主な意味は？

これまでいくつか -ся のついた非他動詞を学びました（**第14課・第16課** 参照）。この ся はもとは再帰代名詞 **себя́**「自分自身を」の短縮形でした。この「ся」が動詞と結合して再帰やその他の意味の動詞になっています。いわゆる「-ся 動詞」は主として次のような意味を持ちます。

1 再帰：他動詞に -ся が付いて，行為がその行為をする主体に戻ってくることを表す。（教える⇄学ぶ） ♪

учи́ть[И] 不完 *(c)* 〈кого́?〉 覚える；教える▼ ⇄ **учи́ться** 学ぶ，通学する

▶「覚える + что №4」のほかに，「教える + кого́ №4」という使い方もある。

例 Мой оте́ц рабо́тает учи́телем. Он у́чит дете́й▼ в шко́ле.
Де́ти хорошо́ у́чатся.
父は教師として働いています。彼は学校で子供たちを教えています。
子供たちはよく学んでいます。

▶ дете́й 複〔対〕子供たちを №4 ＜ де́ти 複〔主〕

интересова́ть[Е] 不完 **[ова/у]** *(a)* 〈кого́? что?〉（…が～の）興味・関心をひく
⇄ **интересова́ться** 〈кем? чем?〉（～に）興味・関心がある（前出）

例

Вас▼ интересу́ет ру́сский язы́к▼?
ロシア語はあなたの関心をひきますか（＝関心がありますか／あなたを引きつけますか）。

▶ вас №4 あなたを　▶ ру́сский язы́к が主語。

— Да, коне́чно, меня́▼ интересу́ет ру́сский язы́к.
Я серьёзно▼ занима́юсь ру́сским языко́м, потому́ что я интересу́юсь исто́рией и культу́рой▼ э́той сосе́дней страны́▼.

— ええ，もちろん，ロシア語は私の関心を呼びます（＝関心があります）。私は本気でロシア語をやっています，なぜならこの隣国の歴史と文化に関心があるからです。

▶ меня́ №4 私を＜я 私　▶ серьёзно 真剣に，本気で　▶ исто́р**ией** и культу́р**ой** №5 歴史と文化に＜исто́ри**я** и культу́р**а** 女　▶ э́т**ой** сосе́дн**ей** стран**ы́** №2 この隣の国の＜э́т**а** сосе́дн**яя** стран**а́** 女 この隣の国／隣国

2 相互性：二者あるいはそれ以上の相互動作（互いが～する）を示す。 ♪

встреча́ть 不完（～に）出会う；（～を）迎える／ **встре́тить** 完（第**24**課既出）
⇄ **встреча́ться** 不完（お互いに；～と）出会う；会う；会合する／**встре́титься** 完

例

Вчера́ на у́лице я встре́тил дру́га.　昨日通りで友人に出会った。
За́втра я хочу́ встре́титься с ва́ми.　明日私はあなたとお目にかかりたいです。
Мы встре́тились в аэропорту́.　私たちは空港で出会いました。

3 受動：原則として不完了体の -ся 動詞で，主語が非動物名詞の場合に用いられる。動作の主体を表す必要があるときは，その主体は造格（誰によって）で示される。（～する⇄～される） ♪

стро́ить[И] 不完 *(a)* 建てる ⇄ **стро́иться** 不完 建てられる

例 Мой оте́ц стро́ит э́тот дом.
私の父がこの家を建てています。

Э́тот дом стро́ится мои́м отцо́м▾.
この家は私の父によって建てられています。

▶ мои́м отцо́м №5 私の父親によって < мой оте́ц

4 自動：受動に似ているが，受動ではないので，もとの他動詞の動作主体は示されず，そのもの自体の動作のように表現される（始める⇄始まる；開ける⇄開く）

начина́ть[Е] 不完 *(a)* 始める／**нача́ть**[Ё] 完 [+н] *(b)*〔変則変化〕（я начну́, ты начнёшь, они́ начну́т）⇄ **начина́ться** 始まる／**нача́ться**

конча́ть[Е] 不完 *(a)* 終える／**ко́нчить**[И] 完 *(a)* ⇄ **конча́ться** ／ **ко́нчиться**

открыва́ть[Е] 不完 *(a)* 開ける／**откры́ть**[Е] 完 *(a)*〔変則変化〕（я откро́ю, ты откро́ешь, они́ откро́ют）⇄ **открыва́ться** 不完 ／ **откры́ться** 完

закрыва́ть[Е] 不完 *(a)* 閉める／**закры́ть**[Е] 完 *(a)*〔変則変化〕（я закро́ю, ты закро́ешь, они́ закро́ют）⇄ **закрыва́ться** 不完 ／ **закры́ться** 完

例 ♪

- Профе́ссор начина́ет ле́кцию. 教授がレクチャーを始めるところだ。
- Ле́кция начина́ется. レクチャーが始まるところだ。

ロシアの地下鉄車内では，ドアが閉まるときに以下のアナウンスが流れる。

«Осторо́жно▾, две́ри▾ закрыва́ются▾!»

ご注意ください，ドアが閉まり（つつあり）ます！

▶ осторо́жно 副 注意深く，慎重に；気をつけて ▶ две́ри 女·複 < две́рь 女 ドア
▶ закрыва́ются（不完了体なので）「閉まりつつある」を意味する。主語が複数形 две́ри なので 3 人称複数形変化（они́）закрыва́ются となる。

5 その他：-ся が付くか付かないかで動詞の意味が相違するものや，-ся の付かない形が存在しないものもある。 ♪

1 既出の **занима́ться**〈кем? чем?〉「従事する，勉強する」から -ся を取り除いた他動詞として **занима́ть** があるが，この動詞のおもな意味は「（人・事物が場所を）占める」であり，前者と後者の意味的関係（他動と再帰，能動と受動など）は薄い。

занима́ть 〈кого́? что?〉 ⇄ **занима́ться** 〈кем? чем?〉

例 Я занима́ю ме́сто▾ для Бори́са▾.

私はボリスのために席をとります。

▶ ме́сто 場所，席　▶ для Бори́са ボリスのために（для + №2）< Бори́с ボリス

находи́ть[и] 不完 **[д/ж/д]** *(c)* 見つける ⇄ **находи́ться** 不完 ある，位置する

例

Ле́том я нахожу́ удо́бное▾ ме́сто в па́рке и споко́йно▾ отдыха́ю▾.

夏，私は公園内の快適な場所を見つけて穏やかに休みます。

▶ удо́бное < удо́бный 快適な，便利な　▶ споко́йно 静かに，穏やかに

▶（я）отдыха́ю（私は）休みます，休んでいます 不完

Буфе́т нахо́дится на тре́тьем этаже́▾.　ビュッフェは3階にあります。

▶ на тре́т**ьем** этаж**е́** №6 3階に < тре́т**ий** эта́ж

2 -ся が付かない対応の動詞がないもの。

боя́ться 〈кого́? чего́?〉 №2 怖がる，恐れる（第 **22** 課 既出）

例 Я тепло́▾ одева́юсь▾, потому́ что бою́сь хо́лода▾.

私は暖かくまとい（着）ます，なぜなら寒さが怖いからです。

▶ тепло́ 副 暖かく　▶ одева́юсь < одева́ться（衣服を）まとう，着る

▶ хо́лода №2 寒さを < хо́лод 寒さ

нра́виться[и] ［ヌラーヴィッツァ］ 不完 **[в/вл/]** *(a)* 〈кто? что?／кому́? чему́?〉／**понра́виться** 完：「気に入る，好き」という意味だが，気に入られるものが主語で，「気に入っている」と感じる主体の方は与格（次課で学習）となる。構文としては「AにBが気に入られる」となるが，それは「AはBが好きだ」という意味だ。

例

Како́й го́род вам▾ нра́вится?

あなたにはどの都市が気に入っていますか。＝あなたはどの都市が好きですか。

▶ **вам**（あなたに）は **вы** の与格形

Мне▾ о́чень нра́вится Москва́.

私にはモスクワがとても気に入っています。＝私はモスクワが大好きです。

▶ **мне**（私に）は **я** の与格形

А ему́▾ понра́вился▾ Санкт-Петербу́рг.

ところが彼にはサンクトペテルブルクがお気に入りになりました。

＝ところが彼はサンクトペテルブルクが好きになりました。

▶ **ему́**（彼に）< **он**　▶ понра́вился 完〔過〕男 好きになった，気に入った

再帰代名詞 себя「自分，自身，自己」

-ся 動詞との関連で触れた **себя́** について：

再帰代名詞 себя́ は主語を指して「自分（自身）を」，себе́「自分に」…という意味で動詞の補語として用いられる。格変化は以下の通りで，ты の格変化に準じる（巻末付記の 3 参照）。主格形はない。

♪

№1	なし	
№2	Она́ купи́ла▼ для **себя́** большо́й дом.	彼女は自分のために大きな家を買った。
№3	Он взял▼ **себе́** э́ту кни́гу.	彼は自分用にこの本を借りた。
№4	Э́тот челове́к лю́бит то́лько▼ **себя́**.	この人は自分だけを愛している。
№5	Он дово́лен▼ **собо́й**.	彼は自分に満足だ。
№6	Я не хочу́ расска́зывать▼ о **себе́**.	私は自分については語りたくない。

▶ купи́ла < **купи́ть**[И] 完 **[п/пл/п]**(a) 買う　▶ взял < **взять**[Ё] 完 (b)〔特殊変化〕手にする，借りる：я возьму́, ты возьмёшь, они́ возьму́т；〔命〕возьми́(те)；〔過〕男 взял, 女 взяла́, 複 взя́ли
▶ то́лько 副 ～だけ，のみ　▶ дово́лен 形男（短語尾形 p.257 参照）「満足だ＋自分に №5」；女 дово́льн**а**, 複 дово́льн**ы**　▶ расска́зывать < расска́зывать[Е] 不完 (a) 語る

ワンポイント

再帰代名詞 себя́「自分（自身）を」の用法

➡ Я люблю́ ~~меня~~ себя́.　私は~~私を~~自分（自身）を愛しています。

主語と同一の補語を意味するときは，このように補語を себя́ で表す。

➡ Она́ не понима́ет себя́.　彼女は自分（自身）を理解していない。

この場合，主語と直接補語（目的語）は同一。彼女は自分で自分が分かっていないという意味だ。

➡ Она́ не понима́ет *её*.　彼女は彼女を理解していない。

この場合，主語と直接補語（目的語）は別人物。*её* は主語とは別の女性，すなわち他人だ。

第29課 与格（1） кому? 誰に？／ чему? 何に？「好き，ください，メール・電話を，見せる，買う，贈る，手伝う」

1 ～が好きです

いよいよ残りの格，すなわち**与格** №3 に取り組むことになりました。はじめにまず，前課の終わりに出た нра́виться の用例に**人称代名詞の与格形**を補足します。

♪

Мари́я： Мне о́чень нра́вится▼ рома́н▼ «Война́▼ и мир▼».
А что тебе́ нра́вится, Ви́ктор?

マリーヤ： 私は長編『戦争と平和』が大好き。
ところで何が好き，ヴィクトル？

Ви́ктор： Мне бо́льше▼ нра́вятся▼ стихи́ Пу́шкина▼.
А что лю́бит▼ Ни́на?

ヴィクトル： 僕はプーシキンの詩のほうがもっと好きだ。
ところでニーナは何が好きなのだろう？

Мари́я： Ей нра́вится америка́нское кино́▼.

マリーヤ： 彼女はアメリカ映画がお気に入りよ。

▶ о́чень нра́вится とても～が好き，気に入っている　▶ рома́н 長編小説　▶ война́ 戦争
▶ мир 平和　▶ бо́льше もっと　▶ нра́в**я**тся ⇒主語が стихи́ 詩 ㊋ なので3人称複数形の変化 (они́) нра́в**я**тся [ヌらーヴァッツァ] になっている。
▶ Пу́шкин**а** №2 ＜ Пу́шкин プーシキン（ロシアの国民詩人）
▶ лю́бит ＜ люби́ть″ 不完 **[б/бл/б]** *(c)* ～を好む，愛好する／愛する；（他動詞 люби́ть ≒〚英〛love と，非他動詞 нра́виться ≒〚英〛like は，よく同義語として用いられる）
▶ кино́ ㊥〔不変〕映画（作品）；**тебе́**（君に），**мне**（私に），**ей**（彼女に）はそれぞれ ты, я, она́ の与格形。

人称代名詞の与格 №3（主格 кто? → 与格 кому́?）

♪

кто?	кому́?	кто?	кому́?
я	мне	мы	нам
ты	тебе́	вы	вам
он／оно́	ему́*	они́	им*
она́	ей*		

＊ему́，ей，им の前に前置詞がくると н- が付く。
☞ к **н**ему́，к **н**ей，к **н**им

※ ему́，ей，им は非動物代名詞の он/оно́，она́，их の №3 としても用いられる。

133

Да́йте мне 〜　私に〜をください

与格のもともとの役割は，「**誰に？ кому́? ／何に？ чему́?**」という，**間接目的**を示すことにあります。「〜に**与える**」を示すのが**与格** №3 の主な意味です。

♪

Диало́г▼ продавца́▼ с покупа́телем▼ в Макдо́налдсе▼

（バーガーショップ）マクドナルドでの客と店員の会話

▶ **Диало́г** 会話，ダイアローグ　▶ продавца́ №2 ＜ продаве́ц 店員，販売員
▶ с покупа́телем №5 ＜ покупа́тель ㊚ 客，購買者　▶ в Макдо́налдсе［マグドゥオーナルッェ］ №6 ＜ Макдо́налдс［マグドゥオーナルッ］マクドナルド

Покупа́тель（客）：Да́йте▼ **мне**▼, пожа́луйста, оди́н бигмак▼ и ко́лу▼.
私にビッグマック一つとコーラお願いします（ください）。

Продаве́ц（店員）：Здесь▼ и́ли▼ с со́бой▼?
こちらでですか，お持ち帰りですか。

Покупа́тель（客）：С со́бой▼!　持ち帰りです。

▶ да́йте ください＜**дать** ㊝［不規則変化］я **дам**，ты **дашь**，он/она́ **даст**，мы **дади́м**，вы **дади́те**，они́ **даду́т**［過］㊚ **дал**，㊥ **дало́**（да́ло），㊛ **дала́**，㊔ **да́ли**
▶ **мне** №2 **私に** ＜ **я** №1 **私**　«**Да́йте мне, пожа́луйста,** + №4» は慣用表現「**私に〜をください**；〜をお願いします」　▶ оди́н бигмак №4 ＝ №1 ビッグマックを一つ
▶ ко́лу №4 ＜ ко́ла ㊛ コーラ　▶ здесь ここで，この場所で　▶ и́ли ㊘ あるいは，それとも
▶ с собо́й №5 は「自分と一緒に」という造格表現（→前課）で，前後関係により「お持ち帰り」の意味にもなる。
★ 2022 年 6 月時点では，マクドナルドの国内撤退後，ロシアのチェーン店 «Вку́сно-и то́чка*［フクースナ・イ・トーチカ］»（「美味しい，それだけだ」）が事業を引き継いでいる。*то́чка は「終止符」を意味する。

134

Кому́ вы пи́шете име́йл?
誰にメールを書いているのですか。

格変化の概念を説明した第8課では，「ア，イ，ウ，エ，オ」の音を基盤にして文法を築くのがロシア語の一大特徴だと指摘しました。この課で扱う**単数与格 №3 の語尾は**おもに「ウ，エ」つまり **а，и，у，е，о** の内の「**у，е**」の力を借ります。

例 **кто? №1 → кому́? №3**： брат → бра́ту，Михаи́л → Михаи́лу；
сестра́ → сестре́，Ната́ша → Ната́ше

♪

А： **Кому́** вы пи́шете име́йл▼?
誰にメールを書いているのですか。
Б： Я пишу́ име́йл бра́т**у** и сестр**е́**.
私は兄（弟）と姉（妹）にメールを書いています。

▶ 電子メールのことを単に ме́йл とも言う。

135

Кому́ ты звони́шь?
誰に電話してるの？

♪

А： **Кому́** ты звони́шь▼?
君は誰に電話しているの？
Б： Я звоню́ Серге́**ю**▼ и И́гор**ю**▼, но▼ они́ не отвеча́ют▼.
僕はセルゲイとイーゴリに電話してるんだけど，彼らは出ないんだ。

▶ звони́шь < звони́ть[И] 不完 *(b)* 〈кому́? чему́?〉～に電話する（я звоню́，ты звони́шь，они́ звоня́т） ▶ Серге́**ю** №3 < Серге́**й** セルゲイ ▶ И́гор**ю** №3 < И́гор**ь** 男 イーゴリ
※ Серге́**й** や И́гор**ь** のように語末が **й**；**ь** の名詞は，№3 ではそれらが **-ю** になります。
▶ но 接 しかし ▶ они́ не отвеча́ют 彼らは応答しない；отвеча́ть[E] 不完 *(a)* 答える，解答／応答する（導11課初出）；完了体は отве́тить[И] [т/ч/т] *(c)*：я отве́чу，ты отве́тишь，они́ отве́тят，〔命〕отве́ть(те) 答えてください

136

名詞の単数与格のかたち

ここで名詞の単数与形 №3 の基本を整理しておきましょう。№1 での疑問詞 **кто**? **что**? は，№3 では **комý**? **чемý**? になります。

♪

単数形 名詞の性	主格 №1 Кто? Что?	生格 №3 Комý? Чемý?	語尾 №1 → №3	
он	студéнт	студéнт**у**	+ -**у**	学生
	журнáл	журнáл**у**		雑誌
	Андрé**й**	Андрé**ю**	-**й** → -**ю**	アンドレイ
	музé**й**	музé**ю**		美術館
	жи́тел**ь**	жи́тел**ю**	-**ь** → -**ю***	住人・住民
	словáр**ь**	словар**ю́**		辞書
онó	письм**ó**	письм**ý**	-**о** → -**у**	手紙
	мóр**е**	мóр**ю**	-**е** → -**ю**	海
	плáть**е**	плáть**ю**		ドレス
онá	балери́н**а**	балери́н**е**	-**а** → -**е**	バレリーナ
	студéнтк**а**	студéнтк**е**		女子学生
	кни́г**а**	кни́г**е**		本
	Тáн**я**	Тáн**е**	-**я** → -**е**	ターニャ
	пéсн**я**	пéсн**е**		歌
	Япóни**я**	Япóни**и**	-**ия**▼ → -**ии**	日本
	лéкци**я**	лéкци**и**		講義
	плóщад**ь**	плóщад**и**	-**ь** → -**и***	広場

* 男性名詞の場合は -**ь** → -**ю** だが，女性名詞は -**ь** → -**и** になることに注意。

▶ 単数主格で末尾が -**ия** の女性名詞の変化パターンについては **巻末付記 6** の 3. 参照。

補足

1. 男性名詞には生格以降（与格でも）アクセントが語尾に置かれるものがある。
   учени́к 生徒→ ученик**ý**；словáрь 辞書→ словар**ю́**；врач 医師→ врач**ý**
2. **母音が欠けたり**（＝**出没母音・第 5 課** 参照），**アクセントが移動したり**する名詞もある：от**é**ц 父→ отцý；пев**é**ц 歌手→ певцý；вéт**е**р 風→ вéтру；япóн**е**ц 日本人→ япóнцу；потол**ó**к 天井→ потолкý；ребён**о**к 幼児／子供→ ребёнку
3. мать「母親」と дочь「娘」の与格形は мáт**ери**；дóч**ери**（**巻末付記 6** の 2. 参照）。

137

№3 を求める動詞「見せる，買う，贈る，手伝う」

1 Покажи́те▼ мне га́лстуки▼. 私にネクタイを見せてください。 ♪

Продаве́ц пока́зывает▼ покупа́телю▼ га́лстуки.

店員は客にネクタイを見せている。

▶ покажи́те < **показа́ть**[E] ㊒ **[з/ж]**(*c*)；я покажу́, ты пока́жешь, они́ пока́жут；〔命〕покажи́(те)　▶ га́лстуки ㊓ №4 < га́лстук ネクタイ
▶ пока́зывает < **пока́зывать**[E] 不完 (*a*) 見せる〔命〕пока́зывай(те)
▶ покупа́телю №3 < покупа́тель ㊚ 購買者

2 Я хочу́ купи́ть▼ пода́рок▼ подру́ге▼. Она́ лю́бит игра́ть в те́ннис...

僕はガールフレンドにプレゼントを買いたい。彼女はテニスをするのが好きだが…

Купи́те ей раке́тку▼. 彼女にラケットを買ってやりなさいよ。

▶ **купи́ть**[И] ㊒ **[п/пл/п]** (*c*)；я куплю́, ты ку́пишь, они́ ку́пят；〔命〕купи́(те)／不完了体は **покупа́ть**[E] 不完 (*a*)〔命〕покупа́й(те)　▶ пода́рок ㊚ プレゼント
▶ подру́ге №3 < подру́га 女友達　▶ раке́тку №4 < раке́тка ㊛ ラケット

3 За́втра я подарю́ отцу́▼ часы́▼. 明日私は父に時計を贈ります。

Я подари́ла▼ ма́тери▼ цветы́▼. 私は母に花をプレゼントしました。

▶ отцу́ №3 < оте́ц 父　▶ часы́ 時計
▶ подари́ла < **подари́ть**[И] ㊒ (*c*) 贈る，プレゼントする；я (по)дарю́, (по)да́ришь, они́ (по)да́рят；〔命〕(по)дари́(те)／不完了体は **дари́ть**[И] 不完 (*c*)
▶ ма́тери №3 < ма́ть 母　▶ цветы́ ㊓ 花

4 Мой друг помога́ет▼ нам изуча́ть ру́сский язы́к.

私の友人は私たちに（＝私たちが）ロシア語を学ぶのを手伝ってくれている。

Оте́ц помо́г сы́ну реши́ть▼ тру́дную зада́чу▼.

父親は息子が難しい問題を解くのを手伝った。

▶ помога́ет < **помога́ть**[E] 不完 (*a*) 手伝う，助ける／完了体は **помо́чь**[E] ㊒ **[г/ж/г]**(*c*)〔変則変化〕（この動詞の接尾辞 **чь** は **ть** の一種だと理解しておこう）；я помогу́, ты помо́жешь, они́ помо́гут；〔過〕㊚ помо́г, ㊥ помогло́, ㊛ помогла́, ㊓ помогли́；この動詞＋инфинити́в で「～が…するのを手伝う，助ける」という表現になる；изуча́ть[E] 不完 (*a*) ～を学ぶ
▶ реши́ть[И] ㊒ (*b*) 解く，解決する　▶ тру́дную зада́чу №4 < тру́дная зада́ча №1

Тридца́тый уро́к

第30課 与格（2） 述語副詞「暑い，難しい，面白い」；「…すべきだ，…してはいけない」；移動の動詞（4）お医者へ

138

1 述語副詞「暑い，寒い，難しい，易しい，面白い，退屈だ」

♪

А：Ле́том на ю́ге жа́рко?　夏は，南は暑いですか。

Б：Да, о́чень жа́рко.　はい，とても暑いです。

А：Говори́ть по-ру́сски тру́дно?　ロシア語を話すのは難しいですか。

Б：Да, мне тру́дно говори́ть по-ру́сски, но Анто́ну легко́. Он ру́сский.

ええ，私にはロシア語を話すのは難しいですが，アントンにはたやすいです。彼はロシア人です。

「暑い，寒い，…退屈だ」などの感覚や状態を жа́рко「暑い」，хо́лодно「寒い」，тру́дно「難しい」，легко́「易しい，簡単だ」，интере́сно「面白い」，ску́чно「退屈だ」などの**副詞**で表すことができます。このような副詞を**述語副詞**（第**7**課**5**で初出）と呼びます。

Жа́рко!「暑い！」　そう感じる**主体**（本人）を表す場合は №3 を用います。

☞ Мне жа́рко.　私（にとって）は暑い。

я，ты，он... などの**形式主語**がなくて，**述語が副詞**で表されるこのような文は**無人称文**と呼ばれます。過去・未来形ではその**述語は中性形**（**бы́ло**；**бу́дет**）になります。

例　В музе́е мне бы́ло ску́чно, а на вы́ставке бу́дет интере́сно.　♪

美術館では私は退屈だったが，展覧会では（＝は）面白いだろう。

Мне интере́сно бы́ло чита́ть э́ту кни́гу.

私はこの本を読むのが面白かった。

♪

А： В Росси́и бы́ло хо́лодно?　　ロシアは寒かったですか。

Б： Да, осо́бенно▾ хо́лодно бы́ло▾ в Сиби́ри▾.

ええ，特にシベリアは寒かったです。

А： За́втра в То́кио бу́дет тепло́?　　明日東京は暖かくなりますか。

Б： Нет, говоря́т, что▾ бу́дет хо́лодно.　　いいえ，寒くなるそうです。

▶ осо́бенно 特に　▶ 語順を бы́ло хо́лодно としても意味は変わらない。

▶ в Сиби́ри №6 シベリアでは ＜Сиби́рь ㊛ シベリア

▶ говоря́т, что ～「(人々は)～と言っている」＝**不定人称文** (第 ***24*** 課 参照)

Упражне́ние　練習問題 1

[　　] のなかの単語を使って答えましょう。

[例] Кому́ вы ча́сто пи́шете пи́сьма? [оте́ц и мать]

—Я ча́сто пишу́ пи́сьма отцу́ и ма́тери.

1) Кому́ нра́вится ру́сская литерату́ра? [мы]

2) Кому́ вы пи́шете име́йл? [брат]

3) Кому́ вы покупа́ете газе́ту? [друг]

4) Кому́ студе́нты отвеча́ют▾ на уро́ке? [преподава́тель]

5) Кому́ он пока́зывает свою́ но́вую фотогра́фию? [сестра́]

6) Кому́ Ю́ра помога́ет рисова́ть▾ карти́ну▾? [подру́га]

7) Кому́ продаве́ц показа́л га́лстуки? [покупа́тель]

8) Кому́ Ни́на подари́ла цветы́? [студе́нтка]

9) Кому́ хо́лодно в э́той ко́мнате? [я и он]

10) Кому́ тру́дно изуча́ть францу́зский язы́к? [Никола́й и Мари́я]

▶ отвеча́ют < отвеча́ть[E] 不完 *(a)* 答える〈кому́? чему́?〉

▶ рисова́ть[E] 不完 *(a)* [ова/у] 描く〈кого́? что?〉

▶ карти́ну №4 絵を ＜карти́на ㊛

解答は巻末 **練習問題 解答** の第 ***30*** 課 -1 参照

2 …すべきだ；…してよい／いけない／できない

ну́жно (**на́до**)「…する必要がある，すべきだ」，**мо́жно**「…してよい（許可），…できる（可能性）」，**нельзя́**「…してはいけない（禁止），…できない（不可能）」などの**述語副詞**は，**動詞の инфинити́в** とともに用いられて**無人称文**を構成します。その際，誰にとって「…すべきだ／する必要がある；…してよい／いけない」のか，というその主体を示す場合はやはり №3 を用います。

Сего́дня Ната́ша мно́го рабо́тала. Ей ну́жно отдыха́ть. ♪
今日ナターシャはたくさん働いた。彼女は休む必要がある。
▶ ну́жно の類語 на́до を使ってもよい→ Ей на́до отдыха́ть.

В кинотеа́тре мо́жно пить ко́лу, но нельзя́ есть попко́рн.
映画館でコーラを飲んでもよいが，ポップコーンを食べてはいけない。
▶ ко́лу < ко́ла ㊛ コーラ（飲料）　▶ попко́рн ㊚ ポップコーン

У вас температу́ра. Сего́дня вам нельзя́ занима́ться спо́ртом.
あなたは熱があります。今日あなたはスポーツをやってはいけません。

Э́то де́тский фильм. Тебе́ мо́жно смотре́ть.
これは子供用の映画作品だ。君は見てもよい。
▶ смотре́ть は**不完了体動詞**「見る，観る」。ここでは**《мо́жно＋不完了体》**は**「許可」**を表す。

Э́то хоро́ший фильм. Мо́жно посмотре́ть.
これは良い映画作品だ。一見できる。
▶ посмотре́ть は**完了体**なので，意味は「（一度）見る，（最後までちゃんと）見る」。この文では**《мо́жно＋完了体》**で**「可能・奨励」**を表現する（「見るに堪え得る，一見の価値あり」）。

Нельзя́ открыва́ть окно́. Сего́дня хо́лодно.
窓を開けてはいけません。今日は寒いです（から）。
▶ открыва́ть^{E} 不完 *(a)* 開ける（開け閉めする）／完了体のペアは **откры́ть**（次の文を参照）。**《нельзя́＋不完了体》**は**「禁止」**を意味する。

Нельзя́ откры́ть чемода́н. Я потеря́л ключ.
スーツケースを開けられません。僕はカギをなくしてしまいました。
▶ откры́ть^{E} 完 *(a)* 開ける（開けてしまう）〔変則変化〕[ы/о]（я откро́ю，ты откро́ешь，они́ откро́ют）　▶ чемода́н ㊚ スーツケース　▶ теря́ть^{E} 不完 *(a)* なくす／ потеря́ть^{E} 完 *(a)* なくしてしまう　▶ ключ カギ **《нельзя́＋完了体》**は**「不可能」**を表す。

ワンポイント

ну́жно と **на́до** は「…する必要がある」という意味で**類義語**として用いられる。ну́жно は形容詞 ну́жн**ый** から派生した副詞だ。この ну́жн**ый**，ну́жн**ая**，ну́жн**ому** のように語尾が 2，3 文字からなる「完全な形の形容詞」は**長語尾形**と呼ばれる。

一方，**短語尾形**を持つ形容詞もある。ну́жный もそれに属し，男性形 ну́жен，女性形 нужн**а́**，中性形 ну́жн**о**，複数形 нужн**ы́** がある。男性形は語幹だけで語尾がなく（ゼロ語尾），それ以外の語尾は 1 文字が付く。この短語尾形は「〜が必要だ」という**述語**としてのみ用いられる。

使い方：Мне ну́жен **чай**／нужна́ **во́дка**／ну́жно **вре́мя**／нужны́ **де́ньги**.（私には**お茶が**必要だ／**ウォトカが**必要だ／**時間が**必要だ／**お金が**必要だ）のように語尾の形を**主語の性と数に一致**させる。**на́до** には短語尾形のような形はない。

ну́жно，на́до の否定には не ну́жно（単なる否定），не на́до（きっぱりとした否定）を使います。 ♪

Сего́дня нам не ну́жно рабо́тать. Сего́дня пра́здник▼.
今日私たちは働く必要ありません（働かなくてもよいです）。今日は祝日です。

▶ пра́здник 祝祭日

Тебе́ не на́до говори́ть об э́том▼. Все▼ уже́▼ зна́ют▼, что случи́лось▼.
君がこれについて話す必要はない（話さなくてもよい）。皆は何が起きたかもう知っている。

▶ об э́том（о＋№6）これについて＜э́то これ，このこと
▶ все 皆，すべての人々は（が）　▶ уже́ もう　▶ зна́ют 知っている
▶ что случи́лось 何が起きたのか；＜случи́ться[II] 完 *(b)*（事件や自然現象が）起きる／生じる〔1・2 人称なし〕；〔3・単〕случи́тся，〔3・複〕случа́тся　〔過〕男 случи́лся，中 -лось，女 -лась，複 лись

не мо́жно という表現は使いません。必要な場合は反意語の **нельзя́** を使います。

Мо́жно взять▼ ваш журна́л?　あなたの雑誌をお借りしてもよいですか。 ♪
— Да, мо́жно. Пожа́луйста.　— よろしいですよ。どうぞ。

▶ взять[Ё] 完 借りる，（手に）取る，つかむ

Ми́ша▼, мо́жно взять твою́ ру́чку?　ミーシャ，君のペンを借りてもいい？
— Нет, **нельзя́**. Сейча́с э́той ру́чкой▼ я пишу́ заме́тки▼.
— いや，だめだよ。いまこのペンで僕はメモを書いているんだ。

▶ Михаи́л 男 の愛称　▶ э́той ру́чкой №5 このペンで＜э́та ру́чка 女 このペン
▶ заме́тки 複 №4 ＜заме́тка 女 メモ

3 Я пойду́ к врачу́. お医者さんに行きます。

《前置詞 **к** + **кому́? чему́?**》で「誰々～のところへ」「何々～のほうへ」という言い方ができます。この場合はよく**移動の動詞**が使われます。

♪

Сейча́с студе́нт **идёт**▼ **к** доске́▼.	いま学生は黒板へ向かっています。
Сего́дня я **пойду́**▼ **к** врачу́▼.	今日私はお医者さんに行きます。

▶ **идёт** < идти́ 不完 （歩いて）行く・向かう〔一方向動詞〕

▶ к доске́ 黒板のほうへ　**к** + №3 < доска́ 女（教室にある）黒板・白板などのボード

▶ **пойду́** < пойти́ 完（歩いて）行く・向かう・出発する〔一方向動詞〕；これは完了体の動詞なので пойду́「行く」は未来時制になる。　▶ к врачу́ 医者へ　**к** + №3 < врач 医者・医師

場所と人にからむ表現では，色々な前置詞と格変化の組み合わせで用います。

〈к + кому́ №3〉「**誰々のもとへ**」⇄〈от + кого́ №2〉「**誰々のもとから**」に注目。

♪

1. У́тром я иду́ в университе́т к профе́ссору.
⇄ Ве́чером я иду́ из университе́та от профе́ссора.
朝，私は大学の教授のところへ向かいます。
夕方，私は大学の教授のところから戻ってきます。

2. Сего́дня мы е́дем в Петербу́рг к ста́ршей сестре́.
⇄ Роди́тели е́дут к нам из Петербу́рга от ста́ршей сестры́.
今日，私たちはペテルブルクの姉のもとへ向かいます。
両親がペテルブルクの姉のもとから私たちのところへ向かっています。

3. Сейча́с мой мла́дший брат идёт ко мне.
⇄ Он ча́сто▼ хо́дит ко мне.
今，私の弟は私のところへ向かっています。
彼はしばしば私のところへ行き来しています。

4. Наши́ друзья́ е́дут к нам.
⇄ Они́ не о́чень▼ ча́сто е́здят к нам.
私たちの友達が私たちのところへ向かっています。
彼らはあまり頻繁には私たちのところへ行き来しません（やって来ません）。

▶ ча́сто しばしば　▶ не о́чень あまり～でなく

【解説】

1. я идý は「(徒歩で) 行く，向かう，やってくる，戻ってくる」の意味。
2. éдем，éдут は「(乗り物で) 向かう」の一方向動詞。стáршая сестрá №1 は，к стáршей сестрé №3，от стáршей сестры́ №2 のように変化する。№3 についてはこの課の 5 でまとめる。
3. идти́〔一方向動詞〕と ходи́ть〔多方向動詞〕をコントラストで用いている。хóдит < ходи́ть 不完〔多方向動詞〕(徒歩で) 往復する，行き来する，通う (第 **25** 課 参照)
4. éхать〔一方向動詞〕と éздить〔多方向動詞〕を対比している。не óчень чáсто éздят < éздить 不完〔多方向動詞〕(乗り物で) 往復する，行き来する，通う

4 存在・移動を示す前置詞 у，к，от と格の組み合わせの比較・整理

141

	Где? どこに(で)？ №6	Кудá? どこへ？ №4	Откýда? どこから？ №2
場所	в óфисе в поликли́нике на завóде на вы́ставке	в óфис в поликли́нику на завóд на вы́ставку	из óфиса из поликли́ники с завóда с вы́ставки
	У когó? 誰のところに (で)？ №2	**К комý?** 誰のところへ？ №3	**От когó?** 誰のところから？ №2
人	у президéнта у врачá у инженéра у худóжницы	к президéнту к врачý к инженéру к худóжнице	от президéнта от врачá от инженéра от худóжницы

※ 上掲の単語のうち，поликли́ника は「(外来患者) 総合診療所」，завóд は「(重工業の) 工場」，вы́ставка は「展覧会」，президéнт は「社長」，худóжница は「(女性の) 画家」の意味。
※ №2 №4 №6 は既習，№3 は前課で初出の与格の表現です。

【比較】(第 **26** 課 の 1 の復習にもなります) ♪

Он был в поликли́нике у врачá. 彼は総合診療所の医者のところにいた。
Он ходи́л в поликли́нику к врачý. 彼は総合診療所の医者に行ってきた。
Он пришёл из поликли́ники от врачá. 彼は総合診療所の医者から戻ってきた。

〈к комý? к чемý? №3〉の場合，それにかかる形容詞の単数形は，男性と中性が同じ語尾で **-ому**／**-ему** になり，女性は **-ой**／**-ей** になります。

➡ И́ра пошлá▼ в кли́нику▼ к глазнóму врачý▼. ♪

イーラはクリニックの眼科医へ出かけた。

▶ пошлá < пойти́ᴱ 完（徒歩で）出かける　▶ в кли́нику №4 クリニックへ < кли́ника 女
▶ к глазнóму врачý №3 眼科医のところへ < глазнóй 形 目の，眼科の

➡ Кáтя приéхала▼ в дерéвню к люби́мой▼ мáме.

カーチャは村へ愛するママのもとへ到着した。

▶ приéхала < приéхатьᴱ 完（乗り物で）到着する　▶ люби́мой 愛する，敬愛する

142

名詞とその形容詞の単数与格 №3 簡略表

単数 №3 の語尾のパターンを整理します。その前に，

Я написáл письмó.　私は手紙を書いた（書き上げた）。

を用いた例文を観察しましょう。 ♪

【語句】 мой 私の；свой 自分の；стáрший〔**軟変化**の形容詞〕年上の；брат 兄／弟；сестрá 姉／妹；нóвый〔**硬変化**の形容詞〕新しい；друг 男の友達；подругá 女の友達

➡ Э́то мой стáр**ший** брат.　これは私の兄です。
Я написáл письмó **емý**.　私は彼に手紙を書きました。
Я написáл письмó сво**емý** стáрш**ему** брáт**у**.
私は（自分の）兄に手紙を書きました。
Я написáл письмó мо**емý** нóв**ому** дрýг**у**.
私は（自分の）新しい友達に手紙を書きました。

➡ Э́то мо**я́** стáрш**ая** сестр**á**.　これは私の姉です。
Я написáл имéйл **ей**.　私は彼女にメールを書きました。
Я написáл имéйл мо**éй** стáрш**ей** сестр**é**.
私は（自分の）姉にメールを書きました。
Я написáл имéйл сво**éй** нóв**ой** подрýг**е**.
私は（自分の）新しい女友達にメールを書きました。

	какóму? какóй? 形容詞の語尾	комý? 「誰に？」 чемý? 「何に？」
男・中性	**-ому／-ему**	**-у／-ю**
女性	**-ой／-ей**	**-е／-и**

Упражнéние　練習問題 2

1. [　　　　] のなかの単語を与格形になおしましょう。アクセントも付けましょう。

1) [Спортсмéн▼] нельзя́ кури́ть.
2) [Ребёнок▼] мóжно смотрéть э́тот фильм▼.
3) [Антóн и И́горь] нáдо бы́ло мнóго занимáться.
4) [Мари́на и Мари́я] нýжно бýдет хорошó учи́ться.

▶ спортсмéн スポーツマン　▶ ребёнок 幼児／子供　▶ фильм 映画（作品）

2. [　　　　] のなかの単語を前置詞と一致した必要な格になおしましょう。

例 Ивáн éдет [Петербýрг／стáрший брат].
→ [в Петербýрг к стáршему брáту]

1) Он приéхал [Вашингтóн／свой друг].
2) Я идý [кли́ника／глазнóй врач].
3) Скóро▼ моя́ сестрá поéдет [дерéвня／мать и отéц].
4) Лéтом мать éздила [Москвá／своя́ дочь].
5) Послезáвтра мы поéдем [завóд▼／япóнский инженéр].

▶ скóро もうじき，近いうち　▶ завóд 工場

解答は巻末 **練習問題 解答** の第 ***30*** 課 -2 参照

Три́дцать пе́рвый уро́к

第31課 与格（3） 数と名詞の結合；「何人？」；「何歳？」；「…年…月…日に？」

ここまでで，名詞の単数形を中心にした6つの格の用法を一通り学んだことになります。\(^0^)/

以降では，名詞の**複数形格変化**の基本に取り組みます。その手始めとして数字表現のルールを学びましょう。気負わずに，少しずつ，我慢強く…

143

1 個数詞と名詞の結合について（概論）

数を数える個数詞と名詞の結合には以下のような規則があります。

1 1（**оди́н**）は，後ろの**名詞の性と数▼と格▼に従って語尾が変化**します。

主格 №1 のとき

оди́н студе́нт 1人の学生	—	два́дцать **оди́н** студе́нт 21人の学生
одна́ студе́нтка 1人の女子学生	—	два́дцать **одна́** студе́нтка 21人の女子学生
одно́ письмо́ 1通の手紙	—	два́дцать **одно́** письмо́ 21通の手紙

▶「ズボン」や「時計」「メガネ」など複数形のみの名詞は №1 では **одни́** брю́ки／часы́／очки́ となります。

▶ 特に強調しない場合の1はふつう省略し，名詞を単数で表します：№1 = Э́то ~~оди́н~~ студе́нт／Э́то ~~одна́~~ студе́нтка.

2 個数詞**2**は，後ろに男性・中性名詞が続くときは**два**ですが，**女性名詞**が続くときは**две**になります▼。

два студе́нта 2人の学生	—	два́дцать **два** студе́нта 22人の学生
две студе́нтки 2人の女子学生	—	два́дцать **две** студе́нтки 22人の女子学生
два письма́ 1通の手紙	—	два́дцать **два** письма́ 21通の手紙

▶ два／две に続く単語（単位）は**単数生格** №2 になります：студе́нт**а**, студе́нтк**и**, письм**а́**（語尾変化については第**21**課の**2**の表参照）

3 **5以上20まで**の個数詞と結びつく名詞は**複数生格** №2 に置かれます。

5－20 студе́нт**ов** 学生，5－20 студе́нт**ок** 女子学生，5－20 пи́с**ем** 手紙

（**複数** №2 については別途整理します）

4 **21**（**два́дцать оди́н**）以上の**合成個数詞**（2つ以上の個数詞からなる個数詞）に付く単位は，最後の個数詞に合わせます。студе́нт，студе́нтка の例で確認しましょう。

（男子）学生 **студе́нт**	**студе́нта**	**студе́нтов**
1（оди́н） студе́нт	**2（два），3，4** студе́нта	**5～20** студе́нтов
21（оди́н） студе́нт	**22（два），23，24** студе́нта	**25～30** студе́нтов
女子学生 **студе́нтка**	**студе́нтки**	**студе́нток**
1（одна́） студе́нтка	**2（две），3，4** студе́нтки	**5～20** студе́нток
21（одна́） студе́нтка	**22（две），23，24** студе́нтки	**25～30** студе́нток

※「手紙」は1（**одно́**）／21（два́дцать **одно́**）письмо́；2，3，4 письма́；5－20 пи́сем

♪

А：**Ско́лько▼ студе́нтов** у́чится▼ в э́той гру́ппе?
このグループでは**何人の学生が**学んでいますか。

Б：В гру́ппе у́чится **25（два́дцать пять）студе́нтов и 21（два́дцать одна́）студе́нтка**.
グループでは**25人の男子学生と21人の女子学生が**学んでいます。

▶ 疑問詞 ско́лько?「いくつの？」と**加算**（数えられる）名詞が結合するときは，その名詞の**複数生格形** №2 が用いられます。

▶ 数が**主語**になるとき，**述語動詞の現在形には**ふつう，**3人称単数形**（中性扱い）が用いられます（ただし，語り手が何らかの事情で複数であることを強調する場合は3人称複数形も用いられます）。

оди́н「1」は**男性単数形**，одна́「2」は**女性単数形**，одни́「1」は**複数形**ですが，それ以外の数はふつう**中性単数扱い**になります。過去形の述語に注意しましょう。

В на́шей гру́ппе **учи́лся▼** два́дцать **оди́н▼ студе́нт**,
а в сосе́дней▼ гру́ппе **учи́лось восемна́дцать студе́нтов**. ♪

私たちのグループでは21人の学生が**学んでいました**が，隣のグループでは18人の学生が**学んでいました**。

▶ учи́лся〔過〕男単 < учи́ться 学ぶ　▶ 合成個数詞 два́дцать **оди́н** = 21 男性単数扱い
※主語が два́дцать **одна́ студе́нтка** なら過去形の述語は **учи́лась** になる。

▶ в сосе́дней №6 < сосе́дний 形 隣の

未来時制の場合，〈個数詞＋名詞〉は通常は**単数**扱いになり，その述語もふつう**3人称単数形**で表されます。

В но́вой▼ гру́ппе **бу́дет** учи́ться 21 студе́нт／21 студе́нтка／18 студе́нтов／24 студе́нта／36 студе́нтов.

▶ в но́вой №6 < но́вый ㊮ 新しい

Ско́лько лет? 歳はおいくつですか。

А：Ско́лько вам лет? あなたはおいくつですか。
Б：Мне 22 (два́дцать два) го́да. 私は 22 歳です。

「何歳？」という聞き方は **Ско́лько лет?** です。年齢を尋ねるときは，その当人を「誰々に №3 」にします（вам，тебе́，Ива́ну...）。答えにも，「誰々には №3 」が用いられます（мне，ему́...）。直訳すると「誰々には～歳です」という表現になります。

年齢を言うときの単位としては，「1 歳」は оди́н **год**（1 年／1 歳），2～4 歳までは **го́да**（год の単数生格形），そして 5～20 歳までは "пять，шесть ... де́сять，оди́ннадцать，двена́дцать ... девятна́дцать，два́дцать **лет**" のように **лет**▼ を使います。

▶ **лет** は中性名詞 ле́то「夏」の**複数生格形**ですが，これについては後ほど説明します。ここではそのまま覚えましょう。

1 (оди́н)	**год**
2 (два)，3，4	**го́да**
5～20	**лет**
21	**год**▼

▶ 確認：
20 を超える，すなわち 21 や 32，43，54，65 などの**合成個数詞**はすべて，最後の数に合わせてそれぞれ 1，2，3，4，5 歳の扱いになる。☞ 21 год，32 го́да，43 го́да，54 го́да，65 лет. ※ 100 歳 = 100 (сто) лет

例

Моему́ отцу́ со́рок **семь лет**, а моей ма́тери со́рок **четы́ре го́да**.
私の父は 47 歳で，母は 44 歳です。

Ско́ро Ма́ше **бу́дет**／оди́н год／три го́да／оди́ннадцать▼ лет／девятна́дцать лет.
もうすぐマーシャ（Ма́ша）は 1 歳／3 歳／11 歳／19 歳になります。

▶ оди́ннадцать「11」の最後の「1」は合成数詞の「1」ではないので，単数の год ではなくて**複数生格の лет** と結合します。

Упражне́ние　練習問題

例に従って文を過去形にし，数字は文字で書き，アクセントを付けましょう。

［例］Алекса́ндр - 20　→Алекса́ндру бы́ло два́дцать лет.

1）Ири́на - 15　　　3）Наш преподава́тель - 51

2）Михаи́л - 44　　　4）Мой де́душка▼ -100　　▶ де́душка 祖父

解答は巻末 **練習問題 解答** の第 ***31*** 課参照

144

2　西暦年の表現／生年月日や日付などを言う

♪

А：В како́м году́▼ вы родили́сь▼?

［直訳］あなたは何年に生まれましたか。

Б：Я роди́лся в 1999 (в ты́сяча девятьсо́т девяно́сто девя́том) году́.

僕は 1999 年に生まれました。

▶ **в како́м году́?** 〈前置詞 в ＋ №6 ？〉何年に？ ＜ **како́й год?** 何年？

▶ родили́сь 複〔過〕生まれた＜роди́ться〃 完［д/ж/д］*(b)* 生まれる：я рожу́сь, ты роди́шься, они́ родя́тся；〔過〕男 роди́лся, 女 родила́сь, 複 родили́сь

ロシア人とのやりとりで「何年生まれ？」といえば「西暦何年？」のことです。その表現には**順序数詞**を用います。要は，最後の数詞を順序数詞にすれば全体が順序数詞になります（順序数詞については**巻末付記**の 1 数詞一覧表を参照）。

♪

Я родила́сь в 2005 (в две▼ ты́сячи **пя́том**) году́▼.　私は2005年に生まれました。

▶ ты́сяча (1000) は女性名詞なので，одна́ ты́сяча／две ты́сячи／пять ты́сяч ～のように個数詞と名詞の結合のルールに従って変化する。

▶ год と前置詞 в の組み合わせで「～年**に** №6」と言うときは «в ～ году́» (**巻末付記** 4 I－1. の №6 参照)。

Они́ родили́сь в 2000 (в **двухты́сячном**▼) году́.　彼らは 2000 年生まれです。

▶ 2000 の順序数詞は 1 語で **двухты́сячный** と言います。

«В како́м году́ вы родили́сь?» のかわりに «Когда́ вы родили́сь?» とも言います。答えは単に「～年生まれです」と言うこともあり，「年月日」で言うこともあります：

➡ Оте́ц роди́лся **в** ты́сяча девятьсо́т се́мьдесят **пе́рвом году́**. ♪

父は1971年生まれです。

「～年～月～日に」と言うときは，Он роди́лся 31 января́ 2007（тридца́ть пе́рв**ого** январ**я́** две ты́сячи седьм**о́го**）го́д**а**.「彼は2007年1月31日に生まれました」とします。このうち，「～月～日**に**」という言い方は**第23課**の生格 №2 の用法で既習です。それに西暦年の順序数詞（две ты́сячи седьм**о́й год**）も生格形（две ты́сячи седьм**о́го го́да**）にして付け加えればできあがりです。

♪

【参考】 Вели́кий▼ ру́сский писа́тель▼ Лев▼ Толсто́й роди́лся в 1828（ты́сяча восемьсо́т два́дцать восьмо́м）году́ и у́мер▼ в 1910（ты́сяча девятьсо́т деся́том）году́.

偉大なロシアの作家レフ・トルストイは1828年に生まれ，1910年に亡くなった。

▶ вели́кий 偉大な　▶ писа́тель 作家　▶ Лев レフ（トルストイの名）
▶ у́мер ㊚〔過〕< умере́ть[Ё] ㊝〔変則〕[ере/р] *(b)* 亡くなる，死ぬ：я умру́，ты умрёшь，они́ умру́т；〔過〕㊚ у́мер，㊥ у́мерло，㊛ умерла́，㊋ у́мерли

☺ある学生のノートには，「死んだら**ウメル**」とメモしてありました。

「何世紀」の表現にも同じく順序数詞を用います。「世紀」は век №1。
двадца́тый век／в двадца́том ве́ке №6；два́дцать пе́рвый век／в два́дцать пе́рвом ве́ке

в нача́ле	始めに	девятна́дцат**ого** ве́к**а**	19世紀の
в середи́не	中頃に	двадца́т**ого** ве́к**а**	20世紀の
в конце́	終わりに	два́дцать пе́рв**ого** ве́к**а**	21世紀の

♪

➡ В нача́ле восемна́дцат**ого** ве́к**а** Санкт-Петербу́рг стал▼ столи́цей▼ Росси́йского госуда́рства▼.

18世紀の初めにペテルブルクはロシア国家の首都となった。

▶ стал ㊚〔過〕〈стать + кем? чем?〉「～になる」（第**27**課 6 参照）　▶ столи́цей №6 < столи́ца ㊛ 首都　▶ госуда́рства №2 < Росси́йское госуда́рство ㊥ ロシア国家

メモ

Росси́я の「国事」に関わるなら形容詞 росси́йский を，民族・文化などを修飾するには ру́сский を用います：российский зако́н ロシアの法律，ру́сский наро́д ロシア民族，ру́сская культу́ра ロシア文化。

Тридцать второй урок

第32課 「何時に？」；大きな数字；「値段はいくら？」

145

1 時刻の表現

時刻を言うときも個数詞と名詞の組み合わせのルールが用いられます。

1時・1時間は（оди́н）час 男, その単数 №2 は **часа́**, 複数 №2 は **часо́в です**。

☞ 1 **час** ／ 2, 3, 4 **часа́** ／ 5～20 **часо́в**

1分／1分間は（одна́）мину́та 女, その単数 №2 は **мину́ты**, 複数 №2 は **мину́т です**。

☞ 1 **мину́та** ／ 2, 3, 4 **мину́ты** ／ 5～20 **мину́т**

♪

А：**Ско́лько сейча́с вре́мени▾?**　いま何時ですか。

Б：Сейча́с 14 (четы́рнадцать) часо́в 5 (пять) мину́т.　いま14時5分です。

А：**Кото́рый▾ час?**　何時ですか。

Б：Сейча́с 15:20▾ (**пятнадца́ть два́дцать**).　いま15時20分です。

▶ вре́мени 単 №2 ＜ вре́мя 中 時間　▶ кото́рый 疑 何番目の, いずれの

▶ 日常会話では, **«пятна́дцать часо́в два́дцать мину́т»**（15時20分）を **«пятнадца́ть два́дцать»** のように, 単に数字を読み下す言い方をよく使います。

※日常での時刻表記は « **:** » の代わりに « **.** » つまりピリオドを用います。

時刻を尋ねるときは **Ско́лько**（сейча́с は省ける）**вре́мени?／Кото́рый час?**「何時ですか」と言います：Ско́лько вре́мени?「時はいくつ？」／Кото́рый час?「いずれの時？」というわけで, 両者に意味の差はありません。

Ско́лько вре́мени вы спи́те? あなたは何時間寝ていますか。

継続時間の質問にも «Ско́лько вре́мени?» が使われます。時間の長さを言うときは対格 №4 で表します。

♪

1. А：**Ско́лько вре́мени** вы спи́те▾?　あなたは何時間寝ていますか。

   Б：Обы́чно я сплю **7 часо́в.**　ふつう私は**7時間**寝ています。*

   А：А **ско́лько вре́мени** вы рабо́таете?
   では**何時間**働いておいでですか。

   Б：Ка́ждый день я рабо́таю **8 часо́в.**　毎日私は**8時間**働いています。*

2. А：**Да́йте мне**▼, пожа́луйста, одну́ пи́ццу▼ и ко́лу▼.
Б：ピザ一つとコーラをください。
А：Подожди́те▼, пожа́луйста, **одну́ мину́ту**▼！
Б：**1分（＝少々）**お待ちください。

1. ▶ спи́те < спать〃 [п/пл/п] 眠る　＊直訳→「7時間**を**寝る」「8時間**を**働く」
2. ▶ Да́йте мне ～ 私に～をください（第**29**課 **2** で既出）
▶ пи́ццу №4 < пи́цца［ピーッツァ］㊛ ピザ　▶ ко́лу №4 < ко́ла ㊛ コーラ
▶ подожди́те〔命〕お待ちください < подожда́ть^Ё ㊎〔変則〕[да/д] *(b)* 〈кого́? что?〉少し待つ／ждать^Ё 不完 待つ（第**22**課 **3** 参照）　▶ одну́ мину́ту №4 < одна́ мину́та №1；«одну́ мину́ту» は「1分ほどを＝ほんの少々」のニュアンスで使われる。日常会話ではよく«Мину́точку!» < мину́точка（「1分」の指小語）も使われる。

「どのくらい…する／した」などの**継続時間**は №4 で表されますが，**数詞**＋**名詞**の場合，形は №1 と同じなので，実際には変化がありません：№4 ＝ №1。
ただし，**「1分」одна́ мину́та** №1 だけは対格では **одну́ мину́ту** №4 になることに要注意。

«Во ско́лько?»「何時に？」

「何時**に**？」と尋ねるには «**Во ско́лько?**»，あるいは «**В кото́ром часу́**» などの疑問の表現があります。単に «**Когда́?**»「いつ？」という問いもあります。

「～時～分**に**…する／した」は《**в** + **時間** №4》で表されます。前置詞 **в** に続く時刻は №4 で表されるのですが，実際の形は数詞が №1 の場合と同じと考えてください。

☞ №1 14 часо́в 5 мину́т「14時5分」→ №4 **в** 14 часо́в 5 мину́т「14時5分に」

ただし，既習ですが，одна́ мину́та ㊛ には要注意。「～時1分**に**」と言う場合も《**в** + №4》なので《в + одну́ мину́ту》となります。♪

☞ Сего́дня она́ пришла́ на рабо́ту **в 11 часо́в одну́ мину́ту／в 12 часо́в два́дцать одну́ мину́ту**.　今日彼女は11時1分に／12時21分に職場へやってきた。

以上を「～時…分**に**」の形でまとめます。

в 1 (оди́н)	час	1 (**одну́**)	мину́**ту**
в 2 (два), 3, 4	часа́	2 (**две**), 3, 4	мину́**ты**
в 5, 6, ... 19, 20	часо́в	5, 6, ... 19, 20	мину́т
в 21 (два́дцать оди́н)	час	21 (два́дцать **одну́**)	мину́**ту**
в 22 (два́дцать два), 23, 24	часа́	22 (два́дцать **две**), 23, 24▼	мину́**ты**

▶ これ以下 59，60 мину́т 等々は，上記のパターンの繰り返しになります。

日々の主な動作・日課（反復動作を表す不完了体で表現する）

Я встаю́▼ в 6 часо́в.　私は６時に起きます。 ♪

▶ встава́ть[E] 不完 [-ва] (b) 起きる：я встаю́, ты встаёшь, они́ встаю́т

В 7 часо́в я за́втракаю▼.　７時に私は朝食をとります。

▶ 朝食その他については **第9課** の練習問題を参照。

Рабо́та начина́ется▼ в 9 часо́в и конча́ется в 17 часо́в.
仕事は９時に始まり17時に終わります。

▶「始まる／終わる」については **第28課** の 3 参照。

В 20 часо́в я принима́ю ва́нну▼.　20時に私は入浴します。

▶ принима́ть[E] 不完 (a) 〈кого́? что?〉使う；ва́нна 女 風呂；принима́ть ва́нну №4 入浴する

В 23 часа́ я ложу́сь▼ спать.　23時に私は就寝します。

▶ ложу́сь < ложи́ться[И] 不完 (b) 横になる：я ложу́сь, ты ложи́шься, они́ ложа́тся；ложи́ться 不完 + спать (寝る) = 就寝する

単に12時間制で「朝の９時に」「晩の９時に」という簡略的な表現法がよく使われます。その場合，у́тро「朝」，день「昼」，ве́чер「晩（夕方）」，ночь「夜(中)」を №2 の形にした утра́，дня，ве́чера，но́чи を付けます。
※以下は，朝・昼，その他の（あくまでも）大体の目安です。 ♪

朝は４時〜11時まで	у́тро	(в семь часо́в **утра́** 朝の７時に)
昼は12時〜16時まで	день	(в два часа́ **дня** 昼の２時に)
晩（夕方）は17時〜23時まで	ве́чер	(в де́сять часо́в **ве́чера** 晩の10時に)
夜は０時〜３時まで	ночь	(в час **но́чи** 夜中の１時に)

補　足

順序数詞で時を表す方法

日常会話では０時から１時までの１時間を пе́рвый час（第１時），１時から２時までを второ́й час（第２時）と言い，以後11時から12時までを двена́дцатый час（第12時）と言う。「…時に」と言うときは以下のようになる。

в де́сять мину́т пе́рвого ча́са▼.　12時10分に ♪
в два́дцать мину́т второ́го ча́са.　１時20分に
в полови́не тре́тьего.　２時半に
в че́тверть▼ четвёртого.　３時15分に

▶ ча́са はふつう省かれる。個数詞２，３，４と用いられるときに限り часа́ となるが，それ以外の場合，たとえば順序数詞の生格とともにするときは，アクセントは最初の а に置かれて ча́са となる。：второ́го ча́са ⇄ 2 (два) часа́　▶ че́тверть は４分の１＝15分の意味

30 分以降は《без（何分前）＋個数詞の生格形》を使い「…時…分前（に）」と表現する。**個数詞の生格形**を知らなければ正確な表現はできないが，実生活では пять－без пяти́（мину́т），де́сять－без десяти́，че́тверть－без че́тверти（1/4 時間前＝ 15 分前），два́дцать－без двадцати́ を知っておけば支障ないだろう。

たとえば「8 時 45 分」は без пятна́дцати де́вять（15 分前の 9 時）ないしは без че́тверти де́вять（1/4 時間前の 9 時）のように表現される。この場合，時刻を示す数は次の正時（個数詞）にする。（《**без**＋№2》の用法については**第 23 課**の 1 参照。）

Рабо́та конча́ется в 5.40 ＝ без двадцати́（мину́т）▼ шесть. ♪
仕事は 5 時 40 分に（＝ 6 時 20 分前に）終わります。 ▶ "мину́т" は省略可

в 6.45 ＝ без че́тверти се́мь　7 時 15 分前に（← 15 分**無しの** 7 時に）
в 7.50 ＝ без десяти́ во́семь　8 時 10 分前に
в 8.55 ＝ без пяти́ де́вять　9 時 5 分前に

Упражне́ние　練習問題 1

ロシア語に訳しましょう。数字は文字で書き，アクセントも付けましょう。

1) 私は朝 6 時に起きて 8 時 15 分にオフィスに向かいます。
2) 私は 14 時にカフェで昼ご飯を食べます。
3) 私たちのお爺ちゃんはふだん晩の 8 時 20 分に就寝します。

解答は巻末 **練習問題 解答** の第 **32** 課 -1 参照

146

2 大きな数字

1 大きな数字は 3 桁で区切られる。 ♪

213 две́сти трина́дцать
756 семьсо́т пятьдеся́т шесть,
984 девятьсо́т во́семьдесят четы́ре
5.000▼ пять ты́сяч,
60.000（6 万） шестьдеся́т ты́сяч
473.500（47 万 3 千 5 百） четы́реста се́мьдесят три ты́сячи пятьсо́т

▶ 大きい数字は通常，点《.》（コンマではない）で 3 桁ずつに区切って書きます（新聞などでは区切らないケースもあります）。

2 特に「万」の単位には要注意。 ♪

単位としての **1 万**は де́сять ты́сяч，**10 万** = сто ты́сяч，
100 万 = оди́н миллио́н，**1 千万** = де́сять миллио́нов，
1 億 = сто миллио́нов，**10 億** = миллиа́рд，
100 億 = де́сять миллиа́рдов です。

※ ты́сяч 複 №2 < ты́сяча 千；миллио́нов 複 №2 < миллио́н 100万；миллиа́рдов 複 №2 < миллиа́рд 10億（巻末付記の 1 数詞一覧表を参照）

例 11 万 = сто де́сять ты́сяч
2 百 94 万 = два миллио́на девятьсо́т со́рок ты́сяч
4 千 5 百 67 万 = со́рок пять миллио́нов шестьсо́т се́мьдесят ты́сяч
8 億 2 千 3 百 45 万 = восемьсо́т два́дцать три миллио́на четы́реста пятьдеся́т ты́сяч
等々

数量を厳密に言わなくても用が足りる場合は，副詞 **приме́рно**（おおよそ）やその同義語 **приблизи́тельно**（ほぼ，およそ）を使います。 ♪

В э́том го́роде **приме́рно** миллио́н две́сти ты́сяч жи́телей▼.
この都市の住民はおおよそ 120 万人です。

▶ жи́телей 複 №2 < жи́тель 男 住民，住人

値段はいくら？　動詞 сто́ить（値段が）～する

♪

А：**Ско́лько сто́ит**▼ э́то пальто́▼?
このオーバーは**いくらですか**。

Б：**Оно́ сто́ит** пятьдеся́т две ты́сячи рубле́й▼.
それは 5 万 2 千ルーブル**です**。

▶ 値段を問うときは **Ско́лько э́то сто́ит?** と言います。сто́ит < сто́ить〃 不完 *(a)*；アクセントは常に о́ で，3 人称・単数現在は сто́ит，3 人称・複数現在は сто́ят；〔過〕男 сто́ил，中 сто́ило，女 сто́ила，複 сто́или。「(値段が) ～する」と言うときは〈個数詞＋名詞〉を №4 で用います（この課の 1 参照）。　▶ пальто́ 中〔不変〕オーバー
▶ рубле́й < рубль 男 ルーブル：ロシアの貨幣単位。補助単位はコペイカ（**копе́йка** 女）。1 ルーブル = 100 コペイカ。

оди́н рубль ／ 2，3，4 рубл**я́** ／ 5，6，～ 20 рубл**е́й** ♪

Ско́лько сто́ит э́тот уче́бник▼?　この教科書はいくらですか。
— О́н сто́ит 2 рубля́ 10 копе́ек▼.　— それは 2 ルーブル 10 コペイカです。
▶ уче́бник 教科書　▶ копе́ек 複 №2 < копе́йка

одна́ копе́йка ／ 2 (две), 3, 4 копе́йки ／ 5, 6, ～ 20 копе́ек ♪

Ско́лько сто́ят э́ти перча́тки▼?　この手袋はいくらですか。

— Они́ сто́ят ты́сячу▼ девятьсо́т девяно́сто де́вять рубле́й девяно́сто одну́ копе́йку▼.　—それは 1999 ルーブル 91 コペイカです。

▶ перча́тки ㊮ 手袋　▶ ты́сячу №4 < ты́сяча ㊛ 千　▶ копе́йку №4 < копе́йка

Э́та маши́на сто́ила три миллио́на три́ста ты́сяч иен▼.

この車は 330 万円しました。

▶ 1 円は **ие́на** ㊛：одна́ иена́ ／ 2 (две), 3, 4 ие́ны ／ 5, 6, ～ 20 иен

Э́то приблизи́тельно три́дцать три ты́сячи до́лларов▼.

それはおおよそ 3 万 3 千ドルです。

▶ 1 ドルは **до́ллар** ㊚：оди́н до́ллар ／ 2, 3, 4 до́ллара ／ 5, 6, ～ 20 до́лларов

※ちなみに，通貨ユーロ **е́вро** は ㊚ で格変化はしない。

Упражне́ние　練習問題 2

1. 数詞を／の後にある通貨単位と組み合わせてロシア語で書き，アクセントも記してください。

1) 1000／рубль →
2) 1211／рубль →
3) 2301／рубль →
4) 3413／доллар →
5) 5001／иена →
6) 6002／иена →
7) 10000／иена →

2. 和文をアクセント付きのロシア語に訳してください。

1) このレインコート▼は 7003 ルーブルです。　▶ плащ ㊚
2) このリュックサック▼は 8004 円です。　▶ рюкза́к ㊚ [リュグザーク]
3) このスケート靴▼は 9005 ルーブルでした。　▶ коньки́ ㊮
4) この新しいマンション（フラット▼）は 65 万ドルでした。　▶ кварти́ра ㊛

解答は巻末 練習問題 解答 の第 **32** 課 -2 参照

Три́дцать тре́тий уро́к

第33課 名詞の複数生格形（まとめ）;「～が多い，少ない」

この課では，これまで少しずつ馴染んで頂いた名詞の複数生格 №2 の総まとめをします。その後，その他の格の複数形（超簡単）も整理します。それに先立ち，**第5課**で学んだ名詞の複数形 №1 にザッと目を通してみてください。

147

1 名詞の複数生格 №2 のかたち

「複数変化の難点は生格だ」と言われます。が，語末の基本は5種類。つまり **-ов**，**-ев**，**-ей**，**無語尾**，**-ий** のいずれかにすぎません（詳しくは 巻末付記4 参照）。ただ注意すべきは，それらと名詞の性の結びつきがやや自由だ（たとえば語尾 **-ей** が男・中・女性名詞にまたいで使われる）ということです。下表を観察してみてください。

名詞の性	単数主格 №1 Кто? Что?	複数生格 №2 ♪ Кого́? Чего́?	№2 の語尾／語末	
он	студе́нт	студе́нт**ов**	-ов	学生
	час	час**о́в**	-ов	1時間／1時
	музе́**й**	музе́**ев**	-ев	美術館
	ме́сяц	ме́сяц**ев**	-ев	月／1か月
	жи́тел**ь**	жи́тел**ей**	-ей	住民
	гост**ь**	гост**е́й**	-ей	客人
	слова́р**ь**	словар**е́й**	-ей	辞書
	рубл**ь**	рубл**е́й**	-ей	ルーブル
оно́	письм**о́**	пи́сем	ゼロ語尾（—）	手紙
	сло́в**о**	сло́в	—	単語
	мо́р**е**	мор**е́й**	-ей	海
	пла́ть**е**	пла́ть**ев**	-ев	ドレス
	собра́н**ие**	собра́н**ий**	-ий	会議
она́	студе́нтк**а**	студе́нток	ゼロ語尾（—）	女学生
	балери́н**а**	балери́н	—	バレリーナ
	ко́мнат**а**	ко́мнат	—	部屋
	кни́г**а**	кни́г	—	本
	мину́т**а**	мину́т	—	1分
	пе́сн**я**	пе́сен	—	歌
	тетра́д**ь**	тетра́д**ей**	-ей	ノート
	пло́щад**ь**	площад**е́й**	-ей	広場
	ле́кци**я**	ле́кци**й**	-ий	講義

名詞複数 №2 形の特徴（補足）

1 №1 単数形で語末が **ж, ч, ш, щ** の男性名詞は，複数 №2 では語尾が **-ей** になる。
муж 夫 – муж**éй** ； этáж 階 – этаж**éй** ； врач 医師 – врач**éй** ；
карандáш 鉛筆 – карандаш**éй** ； плащ レインコート – плащ**éй**

2 №1 単数形で語尾が **-а**, **-о** の名詞は， №2 複数形では **-а**, **-о** が取り除かれてゼロ語尾になる。　пóчт**а** – почт 郵便局 ； жéнщин**а** 女 女性 – жéнщин ； мужчи́н**а** 男 男性 – мужчи́н
その際，一部はその語末に **-е-**, **-ё-** または **-о** が割り込む（**出没母音** — **第5課**の**3**初出）。

語末が子音（非母音字）の連続なら，それらの間に **-е-/-ё-** が加わる			左と類似だが，子音連続の語末に **-о-** が加わるケース		
дéвушка	дéвушек	女子	студéнтка	студéнток	女子学生
лóжка	лóжек	スプーン	япóнка	япóнок	日本人女性
рýчка	рýчек	ペン	китая́нка	китая́нок	中国人女性
копéйка	копéек	コペイカ	оши́бка	оши́бок	間違い
пéсня	пéсен	歌	окнó	óкон	窓
сестрá	сестёр	姉／妹			
письмó	пи́сем	手紙			

3 単数 №1 で語尾が **-ц** の語は，複数 №2 では，アクセントがある場合は語尾が **-óв** になり，アクセントがない場合は **-ев** になる。その際，
отéц 父親→отц**óв** ； япóнец 日本人男性→япóнц**ев** ； америкáнец アメリカ人→америкáнц**ев** のように， №1 にある **е** が欠落するケース（出没母音のケース）がある。

4 単数 №1 で語末が **-ие** 中, **-ия** 女 の単語は，複数 №2 では語末の形が **-ий** になる。
собрáни**е** 会議→собрáний ； упражнéни**е** 練習問題→упражнéний ；
аудитóри**я** 講堂→аудитóрий ； лéкци**я** レクチャー→лéкций
（**巻末付記6**の 3. 参照）

5 複数 №1 で語末が **-ья** の名詞→複数形 №2 語尾は **-ев**，あるいは **-ей**。
брат 兄／弟 –（複 брáтья）→ брáть**ев**；
стул イス –（複 стýлья）→ стýль**ев**；
дéрево 木 –（複 дерéвья）→ дерéвь**ев**；

друг 友人 －（複 друзья́）→ друз**е́й**；
сын 男 － сыновья́ 複 息子 → сынов**е́й**

6 特殊なケースの複数形 №2

- 個数詞と結びついて年を数える場合は，1 год ／2，3，4 го́да ／5，6，～20 **лет**▼ №2。
  ▶ лет は ле́то「夏」の複数生格形に由来。
- 人数を数えるときは，1 челове́к ／2，3，4 челове́ка ／5，6，～ 20 **челове́к** №2。
- роди́тели〔複のみ〕両親 － роди́тел**ей**
  ☞ де́ти 複 子供たち － дет**е́й**
- сосе́д 男 隣人 － сосе́д**ей**
- мать 母 － мат**ер́ей**，дочь 娘 － доч**ере́й** に関しては **巻末付記 6** の **2.** 参照。
- 女性名詞単数 №1 の неде́ля 週，дере́вня 村／田舎　は，複数 №2 では неде́ль，деревéнь の綴りになる。
- **「人が多い，少ない」** などを表すことば **мно́го**「たくさん」，**немно́го**「少しだけ」，**ма́ло**「少ない／わずか」などと組み合わせるときは челове́к の複数 №2 形 **люде́й** を用いる。
  ☞ Здесь **мно́го люде́й**. ここは人がたくさんいる。
  一方，「何人？」と尋ねるときは **Ско́лько челове́к?** と言う。「数人」と言うときは **не́сколько челове́к** を用いる。つまり，**ско́лько**「どのぐらい／いくつ」，**не́сколько**「いくらかの，若干の」と組み合わせるときは **челове́к**（これも челове́к の複数 №2 形だ）を用いる。要するに челове́к の複数生格形には люде́й と челове́к の 2 種類があり，それが上記のように使い分けられるということだ。

お金 де́ньги 複 №1 の 複 №2 形は **де́нег**。 ♪
☞ У меня́ **немно́го де́нег**. 私には少しだけお金がある。
не́сколько や **ско́лько**，**мно́го**，**ма́ло** などが**主語**の場合，**述語**は通常，**中性・単数形**で表される。
☞ У него́ **нет**／**не́ было**／**не бу́дет** де́нег.
彼にはお金がない／なかった／ないであろう。

ワンポイント

数字を表すのに便利な動詞《**составля́ть**^{E} 不完 *(a)* + №4》「…の数である」がある。この動詞は，とにかく〈**個数詞＋名詞**〉をそのまま* 付け加えるだけであらたまった文にしてくれる。 ♪

➡ **Населе́ние**▾ Япо́нии **составля́ет** приме́рно▾ 125 (сто два́дцать пять) миллио́нов челове́к.　日本の人口はおおよそ1億2千5百万人です。

▶ населе́ние 中 人口　▶ приме́рно 副 おおよそ

➡ **Высота́**▾ горы́▾ Фу́дзи **составля́ет** 3776 (три ты́сячи семьсо́т се́мьдесят шесть) ме́тров▾.　富士山の高さは3776メートルです。

▶ высота́ 女 高さ　▶ горы́ №2 < гора́ 女 山；гора́ Фу́дзи 富士山
▶ ме́тров 複 №2 < метр メートル

*ただし対格 №4 なので，1 одна́ → одну́；1分 мину́та → мину́ту；千 ты́сяча → ты́сячу など 女単 には要注意：

Высота́ э́той горы́ **составляе́т ты́сячу** ме́тров.　この山の高さは1000メートルです。

3 **мно́го** (多い)，**ма́ло** (少ない) などの数量を表す語＋№2

149

個数詞のほかにも数量を表す語 **мно́го**「多い／たくさん」，**немно́го**「少しだけ」，**ма́ло**「少ない／わずか」，**ско́лько**「どのぐらい／いくつ」，**не́сколько**「いくらかの，若干の」などと名詞が結びつくとき，「雑誌」「本」などのような数えられる（可算）名詞は**複数** №2 形，「ビール」「ウォトカ」のような数えられない（**不可算**）名詞は**単数** №2 形になります。

➡ На столе́▾ журна́лы, кни́ги и уче́бники. ♪
机の上に雑誌と本と教科書がある。

➡ На столе́ **мно́го** журна́лов▾, **не́сколько** книг▾, но **ма́ло** уче́бников▾.
机の上にたくさんの雑誌と何冊かの本があるが，教科書は少ない。

▶ на столе́ №6 < стол 男 机　▶ журна́лов 複 №2 < журна́л 男 雑誌
▶ книг 複 №2 < кни́га 女 本　▶ уче́бников 複 №2 < уче́бник 男 教科書

➡ Что вы пи́ли вчера́?　昨日あなたは何を飲みましたか。
―Я пил **мно́го** пи́ва▾, **немно́го** во́дки▾ и **мно́го** воды́▾.
―私はビールをたくさんとウォッカを少しだけ，そして水をたくさん飲みました。

▶ пи́ва 単 №2 < пи́во 中 ビール　▶ во́дки 単 №2 < во́дка 女 ウォッカ
▶ воды́ 単 №2 < вода́ 女 水

不可算名詞を数える場合は,

(однá) бутылка пи́ва ボトル１本のビール

(оди́н) стака́н во́дки コップ１杯のウォッカ

(однá) ча́шка ча́я▼ カップ１杯のティー

(оди́н) килогра́мм ри́са▼ １キログラムの米

のように容器の数や数量単位などを使います。

▶ ча́я 単 №2 < чай 男 茶

▶ ри́са 単 №2 < ри́с 男 米

Упражне́ние　練習問題

1. [　　　] 内の名詞を正しい複数 №2 形に書き換え, アクセントも打ちましょう。

1) Гру́ппа▼ [тури́ст▼] прие́хала в Москву́.
▶ Гру́ппа グループ　▶ тури́ст 旅行者

2) Вчера́ в кинотеа́тре шёл▼ но́вый фильм, но у нас не́ было [биле́т▼].
▶ шёл 男単〔過〕< идти́（歩いて）向かう／(転意で) 上映される　▶ биле́т 切符

3) За́втра не бу́дет [лекция].

4) У [студент] но́вые уче́бники.

5) У О́льги нет▼ ни [ручка], ни [карандаш].
▶ нет ни [№2], ни [№2]　…も…もない

6) Сего́дня в па́рке мно́го [человек].

2. アクセントを付けてロシア語に訳しましょう。数字は文字で書きましょう。

1) この眼鏡は 24,900 ルーブルです。

2) モスクワの人口はおよそ 1,260 万人です。

3) サンクトペテルブルクにはおよそ 535 万の住民が住んでいます。

解答は巻末 **練習問題 解答** の第 ***33*** 課参照

Трúдцать четвёртый урóк

第34課 名詞複数形の格変化 それにかかる形容詞，形容詞的代名詞などのかたち（概略）

すでに名詞の単数形を中心とする6格の機能についての学習を終えて，**複数生格** №2 の用法も学びました。以下では複数形の格変化のパターンをまとめます。凝縮度の高い表になるので，ぜひ **巻末付記④－Ⅱ**との並行学習を試みてください。

150

1 複数形の男・中・女性名詞全6格変化の見取り図

まず名詞複数形の格変化（未習も含む）を一覧しましょう。

表中の名詞の**単数主格形** №1 は：студéнт 男子学生，писáтель 作家，журнáл 雑誌，словáрь 辞書；письмó 手紙，мóре 海；студéнтка 女子学生，жéнщина 女性，кнúга 本，пéсня 歌

格	男性		中性	女性	
	動物	非動物	非動物	動物	非動物
№1 主 кто? что?	студéнты писáтели	журнáлы словарú	пúсьма моря́	студéнтки жéнщины	кнúги пéсни
№2 生 когó? чегó?	студéнтов писáтелей	журнáлов словарéй	пúсем морéй	студéнток жéнщин	кнúг пéсен
№3 与 комý? чемý?	студéнтам писáтелям	журнáлам словаря́м	пúсьмам моря́м	студéнткам жéнщинам	кнúгам пéсням
№4 対 когó? что?	**когó** 誰を ＝№2	**что** 何を ＝№1	**что** 何を ＝№1	**когó** 誰を ＝№2	**что** 何を ＝№1
№5 造 кем? чем?	студéнтами писáтелями	журнáлами словаря́ми	пúсьмами моря́ми	студéнтками жéнщинами	кнúгами пéснями
№6 前▼ о ком? о чём?	студéнтах писáтелях	журнáлах словаря́х	пúсьмах моря́х	студéнтках жéнщинах	кнúгах пéснях

▶ 実際には о，в，на などの前置詞が先行する ☞ **о** студéнтах，**в** журнáлах など。

名詞の複数対格形 №4

上の表にあるように，❶ **動物名詞の複数対格** №4 は**複数生格** №2 と等しく，❷ **非動物名詞の複数対格** №4 は**複数主格** №1 に等しくなります。確かめましょう。

1 **動物名詞**の複数形を直接補語（目的語）〈**ко́го? 誰を？**〉 №4 で用いるときはその**複数生格** №2 **と同じかたち**を用いる。 ♪

В на́шем университе́те **мно́го**▼ **студе́нтов, студе́нток и преподава́телей**▼. №2

私たちの大学にはおおぜいの男子学生，女子学生，講師たちがいます。

▶ мно́го + №2 ＝（～が）多い

▶ преподава́телей < преподава́тель 男 講師（変化は писа́тель と同じ）

☞ В ка́мпусе **мы ви́дели**▼ **студе́нтов, студе́нток и преподава́телей**. №4

キャンパスで**私たちは（複数の）男子学生，女子学生，講師たちを見かけました。**

▶ ви́дели < ви́деть[II] 不完 [д/ж/д] *(a)* 〈кого́? что?〉（～を）見る，見かける，目にする

Упражне́ние　練習問題 1

以下の［　　　］内の語を正しい複数形にしてアクセントも打ちましょう。

1) Вчера́ в ка́мпусе мы ви́дели [студент и студентка] из Япо́нии.
2) Сейча́с э́тот худо́жник рису́ет▼ [актёр▼ и актриса▼].
3) Я о́чень люблю́ [родители▼]

▶ рису́ет < рисова́ть[E] 不完 [ова/у] *(a)* ～を描く〈кого́? что?〉／完了体は нарисова́ть

▶ актёр 男優　▶ актри́са 女優　▶ роди́тели 複 両親

解答は巻末 **練習問題 解答** の第 ***34*** 課 -1 参照

動物名詞の複数形を修飾する形容詞・形容詞的代名詞なども №4 = №2 ：

мо**и́х** 私の／ на́ш**их** 私たちの／ но́в**ых** 新しい／ весёл**ых** 陽気な／ интере́сн**ых** 面白い／ сосе́дн**их** 隣の／ си́н**их** 青色の／ больш**и́х** 大きい／ хоро́ш**их** 良い，等々（**巻末付記 4** 参照） ♪

Э́то стоя́нка▼ маши́н▼ **на́ших но́вых** профессоро́в и преподава́телей.

これは私たちの新しい教授たちと講師たちの駐車場です。

▶ стоя́нка 女 駐車場　▶ маши́н 複 №2 < маши́на 女 車，自動車

В ка́мпусе я ви́дела **на́ших но́вых** профессоро́в и преподава́телей.

キャンパスで私は私たちの新しい教授たちと講師たちを見かけました。

Упражне́ние　練習問題 2

以下の [　　　] 内の語を正しい複数形にしてアクセントも打ちましょう。

1) Вчера́ в университе́те мы ви́дели [наш новый иностранный▾ студент и студентка].
2) Сейча́с э́тот худо́жник рису́ет [свой▾ любимый▾ актёр и актриса].
3) Я о́чень люблю́ [свои▾ старые▾ родители].

▶ иностра́нный 外国の　▶ свой < свой 自分の
▶ люби́мый 愛する／お気に入りの　▶ свои < свой 自分の　▶ ста́рый 老いた

解答は巻末 **練習問題 解答** の第 ***34*** 課 -2 参照

2 **複数形の非動物名詞を直接補語**〈что? 何を？〉で用いるときはその**複数主格形** №1 をそのままの形で用いる。№4 = №1

♪

На столе́ **лежа́т**▾ **журна́лы, пи́сьма и газе́ты**. №1
机の上に**雑誌，手紙，新聞などが（置かれて）ある。**

▶ лежа́т < лежа́ть[И] 不完 *(b)*（物が横にして置かれて）ある／（人・動物が）横たわっている

☞ **Я ви́дел** на столе́ **журна́лы, пи́сьма и газе́ты**. №4
僕は机の上にある**雑誌，手紙，新聞などを見た（目にした）。**

非動物名詞を修飾する形容詞も №4 = №1 となります。мо**и́**／на́ш**и**／ва́ш**и**／но́в**ые**／интере́сн**ые**／сосе́дн**ие**／си́н**ие**／больш**и́е**／хоро́ш**ие** 等々

♪

Я ви́дел на столе́ ва́ш**и** но́в**ые** интере́сн**ые** журна́лы и газе́ты.
僕は机の上にあるあなたの新しい，面白い雑誌や新聞を見ました（目にしました）。

Э́тот худо́жник▾ лю́бит рисова́ть▾ си́н**ие** моря́ и зелён**ые**▾ дере́вья▾.
この画家は青い海や緑の木を描くのが好きです。

▶ худо́жник 画家
▶ рисова́ть[Е] 不完 [ова/у] *(a)* …を描く〈кого́? что?〉／完了体は нарисова́ть
▶ зелёные 複 №4 < зелёный 緑色の　▶ дере́вья 複 №4 < де́рево 中 木

Я о́чень люблю́ э́т**и** но́в**ые** больш**и́е** ру́сско-япо́нск**ие**▾ словари́.
私はこれらの新しい大露和辞典が大好きです。

▶ ру́сско-япо́нск**ий** 露和の ⇔ япо́нско-ру́сск**ий** 和露の

形容詞・形容詞的代名詞などの複数格変化 №1 №2 №4 のまとめ

格	動物・複数形にかかる形容詞など	非動物・複数形にかかる形容詞など
№1	мои́, но́вые, интере́сные, больши́е	
№2	мои́х, но́вых, интере́сных, больши́х	
№4	мои́х, но́вых, интере́сных, больши́х	мои́, но́вые, интере́сные, больши́е

名詞の複数形 №4 を修飾する形容詞・形容詞的代名詞などの語尾（まとめ）

名詞の複数形		形容詞・形容詞的代名詞などの語尾 ▼
動物なら	№2 ＝ №4	-ых（硬変化）／ -их（軟変化）
非動物なら	№1 ＝ №4	-ые（硬変化）／ -ие（軟変化）

▼ 正書法も適用される（第6課 1）

151

2 複数与格 №3 ／造格 №5 ／前置格 №6 のかたち

名詞の複数形 №3, №5, №6 の**語尾変化**は単純で似通っています。語尾は男・中・女性名詞の区別がなくて，しかもそれぞれの格において 1 種類だけ（ただし**硬変化**と**軟変化**の**語尾**があります）なので覚えやすいでしょう。

格	男性 動物	男性 非動物	中性 非動物	女性 動物	女性 非動物
№1 主 кто? что?	студе́нт**ы** писа́тел**и**	журна́л**ы** словар**и́**	пи́сьм**а** мор**я́**	студе́нтк**и** же́нщин**ы**	кни́г**и** пе́сн**и**
№3 与 кому́? чему́?	студе́нт**ам** писа́тел**ям**	журна́л**ам** словар**я́м**	пи́сьм**ам** мор**я́м**	студе́нтк**ам** же́нщин**ам**	кни́г**ам** пе́сн**ям**
№5 造 кем? чем?	студе́нт**ами** писа́тел**ями**	журна́л**ами** словар**я́ми**	пи́сьм**ами** мор**я́ми**	студе́нтк**ами** же́нщин**ами**	кни́г**ами** пе́сн**ями**
№6 前 о ком? о чём?	студе́нт**ах** писа́тел**ях**	журна́л**ах** словар**я́х**	пи́сьм**ах** мор**я́х**	студе́нтк**ах** же́нщин**ах**	кни́г**ах** пе́сн**ях**

上掲の名詞のうち студе́нт**ы**, журна́л**ы**, пи́сьм**а**, студе́нтк**и**, же́нщин**ы** は**硬変化**（-а-）の名詞。писа́тел**и**, словар**и́**, мор**я́**, пе́сн**и** は**軟変化**（-я-）の名詞。同じく，преподава́тель 男「講師」，жи́тель 男「住人」，тетра́дь 女「ノート」や музе́**й** 男「美術館」など軟子音字 **ь** や **й** で終わる名詞も**軟変化**（-я-）です：

преподава́телям, преподава́телями, преподава́телях；жи́телям, жи́телями, жи́телях；тетра́дям, тетра́дями, тетра́дях；музе́ям, музе́ями, музе́ях

例 ♪

№3 Позавчера́ по́сле▾ ле́кций▾ я ходи́л▾ к▾ преподава́телям.
おとといレクチャーの後，僕は講師たちのところへ行ってきた。

▶《前置詞 по́сле＋ №2 》～の後で ▶ ле́кций < ле́кция レクチャー
▶ ходи́л < ходи́ть[И] 不完 [д/ж/д] (c)〔多方向動詞〕（徒歩で）行き来する
▶《к＋кому́ №3 》誰々のところへ

№5 На приёме▾ в росси́йском посо́льстве▾ в Токио мы познако́мились▾ с журнали́стами и писа́телями из Росси́и. 在東京ロシア大使館でのレセプションで私たちはロシアからのジャーナリストや作家たちと知り合いになりました。

▶ на приёме レセプションで №6 < приём レセプション
▶ в росси́йском посо́льстве ロシア大使館で №6 < росси́йское посо́льство 中
▶ познако́мились < познако́миться[И] 完 [м/мл/м] (a)《前置詞 с＋кем?》 №5 ～と知り合いになる：я познако́млюсь, ты познако́мишься, они́ познако́мятся

№6 Сейча́с они́ говоря́т о журнали́стах и писа́телях из Росси́и.
いま彼らはロシアからのジャーナリストや作家たちについて話しています。

名詞の全性に共通する複数形 №3，№5，№6 語尾のまとめ

№3 -ам／-ям	№5 -ами／-ями	№6 -ах／-ях

Упражне́ние 練習問題 3

以下の [　　] 内の語を正しい複数形にしてアクセントも打ちましょう。

1) Экскурсово́д▾ музе́я показа́л▾ [турист▾] изве́стные▾ карти́ны Ре́пина▾.

▶ экскурсово́д 説明係員（ガイド） ▶ показа́л < показа́ть[E] 完 [з/ж]〈кого́? что?〉〈кому́? чему́?〉～を…に見せる，示す ▶ турист ツーリスト，観光客
▶изве́стные < изве́стный 有名な ▶ Ре́пин レーピン（19 世紀後半ロシアの名画家）

2) Ви́ктор▾ ча́сто▾ встреча́ется▾ с [друг▾].

▶ Ви́ктор ヴィクトル（男性の名） ▶ ча́сто しばしば
▶ встреча́ется < встреча́ться[E] 不完 (a)〈前置詞 с＋кем?〉 №5 …と会う
▶ друг（男の）友人 ☞ 複数主格形 №1 は друзья́

3) Мои́ знако́мые▾ моряки́▾ не о́чень ча́сто▾ говоря́т о▾ [море▾].

▶ знакóмые < знакóмый 知り合いの　▶ морякú 複 №1 < моря́к 船乗り，海員
▶ не óчень чáсто ～ それほどしばしば～はしない／あまり頻繁に～はしない
▶ о〈前置詞 о＋чём〉…について　▶ мóре 中 海

解答は巻末 **練習問題 解答** の第 ***34*** 課 -3 参照

152

3 形容詞や形容詞的代名詞の複数形全 6 格（まとめ）

形容詞や形容詞的代名詞などの複数形語尾も，男・中・女性名詞の区別がなくて，それぞれの格において 1 種類だけです（ただし，やはり**硬変化**（**-ы-**）と**軟変化**（**-и-**）の語尾の区別はあります）。

格	新しい	面白い	青色の	大きい	あなたの	私の
№1	нóвые	интерéсные	си́ние▼	большúе	вáши▼	моú
№2	нóвых	интерéсных	си́них	большúх	вáших	моúх
№3	нóвым	интерéсным	си́ним	большúм	вáшим	моúм
№4	**動物**名詞にかかるときは №2 と／**非動物**名詞にかかるときは №1 と**同形**					
№5	нóвыми	интерéсными	си́ними	большúми	вáшими	моúми
№6	нóвых	интерéсных	си́них	большúх	вáших	моúх

▶ синий「青(紺)色の」は，сосéдний「隣の」，лéтний「夏の」などと同一の軟変化タイプ。
▶ ваш と наш の変化は同一。

形容詞複数形の用例

№2 В нáшей грýппе ýчится▼ **25** талáнтлив**ых**▼ **студéнтов**.
私たちのグループでは 25 人の才能のある学生たちが学んでいます。
▶ ýчится < учи́ться〃 不完 *(c)* 学ぶ　▶ талáнтлив**ых** < талáнтливый 才能のある

➡ На диване▼ лежáло▼ **нéсколько**▼ нóв**ых книг**, **журнáлов**, **словарéй** и **пи́сем**.　ソファーの上にはいくつかの新しい本や雑誌，辞書，手紙が（置かれて）あった。
▶ на дивáне №6 ソファーの上に < дивáн ソファー
▶ лежáло < лежáть〃 不完 *(b)*（物が横にして置かれて）ある
▶ **нéсколько** や **скóлько**，**мнóго**，**мáло**（第 ***33*** 課 3 参照）などが**主語**の場合，**述語**は通常，**中性単数形**で表される。

№3 Мы подари́ли▼ нáш**им** нóв**ым студéнтам** и **студéнткам** краси́вые цветы́▼.　私たちは私たちの新しい男子・女子学生たちにきれいな花を贈呈しました。
▶ подари́ть〃 完 *(c)*＋№3，№4 ～に～を贈る，プレゼントする　▶ цветы́ 複 花

➡ В ба́шне▾ «Токийское небе́сное де́рево» де́ти▾ ра́достно▾ подходи́ли▾ к её▾ широ́**ким**▾ **о́кнам**.

《東京スカイツリー》タワーの中では子供たちが喜んで広い窓に近寄っていた。

▶ в ба́шне №6 タワーの中で < ба́шня ㊛ タワー　▶ де́ти ㊫ 子供たち
▶ ра́достно ㊫ 喜んで　▶ подходи́ли < подходи́ть″ ㊫ **[д/ж/д]** *(c)* 〔多方向動詞〕〈к кому́? к чему́?〉～へ近寄って行く　▶ её その（＝タワーの）
▶ широ́**ким** < широ́кий 広い

➡ Я хочу́ путеше́ствовать▾ по тёпл**ым**▾ **моря́м**▾ и экзоти́ческ**им**▾ **стра́нам**▾.　私は暖かい海やエキゾチックな国を巡る旅をしたい。

▶ путеше́ствовать[E] ㊫ **[ова/у]** *(a)* 旅行／旅をする ; 旅行の行き先ではなく，旅行が行われる場所（国や都市，海や山など）を表現するときに，《前置詞 по + №3》「～を巡る旅をする」を用いる。　▶ тёпл**ым** < тёплый 暖かい　▶ моря́м < мо́ре
▶ экзоти́ческим < экзоти́ческий キゾチックな　▶ стра́нам < страна́ 国

№4 За́втра в ка́мпусе университе́та мы бу́дем▾ фотографи́ровать▾ на́ш**их** но́в**ых**▾ **студе́нтов** и **студе́нток**▾.

明日大学のキャンパスで私たちは私たちの新しい男子・女子学生たちの写真を撮るつもりです。

▶ бу́дем < быть の未来形で，不完了体動詞の инфинити́в とともに**合成未来**（第**18**課**2** 参照）をつくる　▶ фотографи́ровать < фотографи́ровать[E] ㊫ [ова/у] *(a)* + №4 ～の写真を撮る　▶ но́вых ㊫ №4 < но́вый ㊫ 新しい／新人の／新顔の
▶ на́ш**их** но́в**ых** студе́нт**ов** и студе́нток は直接目的語 №4 で，これは №2 と同形。

➡ Э́тот худо́жник нарисова́л▾ краси́в**ые** си́н**ие** **моря́** и высо́к**ие**▾зелён**ые** **дере́вья**.　画家は美しい青い海 ㊫ と高い緑の木 ㊫ を描き上げました。

▶ нарисова́л < нарисова́ть[E] ㊫ **[ова/у]** *(a)* + №4 ～を描き上げる
▶ высо́к**ие** < высо́к**ий**（背の）高い

№5 Вчера́ в теа́тре мы познако́мились▾ с но́в**ыми** **балери́нами**.

昨日私たちは劇場で新人のバレリーナたちと知り合いになりました。

▶ познако́мились < познако́миться″ ㊫ **[м/мл/м]** *(a)*〈с кем?〉（～と）知り合う

№6 Сейча́с мы говори́м о но́в**ых** краси́в**ых**▾ **балери́нах**.

いま私たちは新人の美しいバレリーナたちについて話しています。

▶ краси́вых < краси́в**ый** 美しい

Упражне́ние　練習問題 4

以下の疑問文に対する答えを [　　　] 内の語を使って完成してください。アクセントも付けましょう。

1) Каки́х▾ книг и журна́лов бы́ло мно́го▾ в библиоте́ке?
[интере́сные францу́зские▾ кни́ги и журна́лы]

▶ Каки́х < како́й〔疑問代名詞〕どんな，いかなる；каки́х はこの文中では複数生格 №2 形で книг と журна́лов にかかる。 ▶ бы́ло мно́го №2 …がたくさんあった
▶ францу́зские < францу́зский フランス(語) の

2) Каки́х пла́тьев▼ бы́ло мно́го в бути́ке▼?
[зи́мние▼ и ле́тние, тёмные и све́тлые▼ пла́тья]

▶ пла́тье (複) №1, пла́тьев №2 < пла́тье (中) ドレス
▶ бути́ке < бути́к ブティック
▶ зи́мние < зи́мний 冬の ▶ ле́тний 夏の；тёмный ダークな；све́тлый 明るい

3) По каки́м стра́нам▼ путеше́ствуют▼ тури́сты? [ра́зные▼ стра́ны]

▶ стра́нам (複) №3 < страна́ (女) 国 ▶ путеше́ствуют 旅する (第 **34** 課 **3** で既出)
▶ ра́зные < ра́зный 様々な

4) Каки́м друзья́м▼ они́ пи́шут пи́сьма? [свои́▼ ста́рые▼ друзья́]

▶ друзья́м (複) №3 < друг 友，友人 ▶ свои́ < свой 自分の
▶ ста́рые < ста́рый 古い，昔の；ста́рый друг 旧友

5) Каки́х студе́нтов и студе́нток фотографи́руют▼ э́ти ста́ршие▼
студе́нты? [но́вые иностра́нные студе́нты и студе́нтки]

▶ фотографи́руют < фотографи́ровать (不完)〈кого? что?〉～の写真を撮る，～を写真に写す (第 **24** 課 **1** 参照) ▶ ста́ршие < ста́рший 年上の，上級の

6) Каки́ми карандаша́ми▼ лю́бят▼ рисова́ть▼ де́ти▼?
[кра́сные▼, зелёные, си́ние карандаши́]

▶ каранда́ш 鉛筆 ▶ лю́бят < люби́ть 愛する，好む ▶ рисова́ть 描く；絵を描く
▶ де́ти 子供たち ▶ кра́сные < кра́сный 赤い；зелёный 緑の；си́ний 青い

7) С каки́ми худо́жниками▼ познако́мились▼ де́ти на фестива́ле▼?
[молоды́е▼ тала́нтливые▼ худо́жники]

▶ худо́жниками < худо́жник 画家 ▶ познако́мились < познако́миться (完)〈с + №5〉…と知り合いになる (第 **34** 課 **3** 既出) ▶ фестива́ль (男) フェスティバル，祭典
▶ молоды́е < молодо́й 若い ▶ тала́нтливый 才能のある

8) В каки́х газе́тах▼ писа́ли▼ об▼ э́тих новостя́х▼?
[вчера́шние▼ у́тренние▼ газе́ты]

▶ газе́тах < газе́та 新聞 ▶ писа́ли < писа́ть[E] (不完) [с/ш] *(c)* 書く；писа́ли〔3人称・複・過〕書いていた＝主語を示さず，動詞を они́ の形にした不定人称文 (第 **24** 課 **1** 参照)。
▶ 前置詞 о (…について) は，母音 (ここでは э) で始まる語の前では об になる (第 **17** 課 **3**)。
▶ новостя́х < но́вость (女) ニュース ▶ вчера́шние < вчера́шний 昨日の
▶ у́тренние < у́тренний 朝の

解答は巻末 **練習問題 解答** の第 **34** 課 -4 参照

第35課 6つの格の用法（まとめ・復習）

格（паде́ж）の基本的な用法のまとめ

これまでに学んだ全6格の主な機能と用法を復習・確認しましょう。表内にある問いと答えの和訳にトライしてください。ついでに第**8**課の**1**（格とは？ 格変化とは？）をあらためて読み返してみましょう。

格 Паде́ж	問い →	← 答え（格の機能・用法）
№1 主格	**Кто** э́то? **Кто** говори́т? **Что** э́то? **Что** стои́т▼ на столе́? **Как** вас зову́т?	Э́то **Ива́н**. Говори́т **Ива́н**. Э́то **ноутбу́к**▼. На столе́ стои́т **компью́тер**. Меня́ зову́т **Ната́ша**.
	▶ стои́т ある／立っている < стоя́ть〃 不完 *(b)*　▶ ноутбу́к ノートパソコン	
№2 生格	**Чей** э́то смартфо́н? **У кого́** есть компью́тер? **Чего́** нет у Ива́на? **Кого́** нет у Ива́на? **Чего́** он мно́го купи́л▼? **У кого́／Где** был Андрей? **От кого́／Отку́да**▼ пришёл Иван? **Отку́да** вы прие́хали?	Э́то смартфо́н **Ива́на**. Компью́тер есть **у Та́ни**. У Ива́на нет **маши́ны**. У Ива́на нет **бра́та**. Андре́й купи́л мно́го▼ **книг**. Андре́й был **у дру́га**. Ива́н пришёл **от дру́га**. Мы прие́хали **из Япо́нии**.
	▶ купи́л < купи́ть〃 完 [п/пл/п] *(c)* 買う（買い上げる）：я куплю́, ты ку́пишь, они́ ку́пят ▶ мно́го「たくさん」は生格〈кого́? чего́?〉を伴う；книг 複 №2 < кни́га 女 本 ▶ отку́да どこから？	
№3 与格	**Кому́** Ната́ша купи́ла гита́ру? **Кому́** 23 (два́дцать три) го́да? **Кому́** на́до учи́ться? **Кому́** нра́вится Москва́? **К кому́** идёт Та́ня?	Ната́ша купи́ла гита́ру **Ива́ну**. 23 го́да **Ива́ну**. На́до учи́ться **Никола́ю**. Москва́ нра́вится **Андре́ю**. Та́ня идёт **к врачу́**.

格	質問	答え
№4 対格	**Что** чита́ет Никола́й?	Никола́й чита́ет **кни́гу**.
	Кого́ лю́бит Андре́й?	Андре́й лю́бит **бра́та** и **сестру́**.
	Куда́ идёт Ива́н?	Ива́н идёт **в университе́т**.
	Когда́ Ива́н пойдёт▼ в теа́тр?	Ива́н пойдёт в теа́тр **в суббо́ту**.
	Куда́ вы е́здили▼ ле́том?	Ле́том мы е́здили **в А́нглию**.
	▶ пойти́；пое́хать〔一定方向〕については第 ***26*** 課1既出 ▶ е́здили < е́здить^{И} 不完 [д/ж/д] *(e)*（乗り物で）行ってくる〔多方向動詞〕	
№5 造格	**Кем** вы рабо́таете?	Я рабо́таю **инжене́ром**.
	Кем он хо́чет быть?	Он хо́чет быть **музыка́нтом**.
	Кем он был (бу́дет)?	Он был (бу́дет) **журнали́стом**.
	Чем она́ интересу́ется?	Она́ интересу́ется **исто́рией**.
	Чем она́ занима́ется?	Она́ занима́ется **му́зыкой**.
	С кем Та́ня разгова́ривает▼?	Та́ня разгова́ривает **с Ива́ном**.
	С чем Та́ня пьёт▼ чай?	Та́ня пьёт чай **с лимо́ном**.
	▶ разгова́ривает < разгова́ривать^{E} 不完 *(a)* お話をする ▶ пьёт < пить^{Ё} 不完 *(b)*〔変則〕[и/ь] 飲む：я пью, ты пьёшь, они́ пьют	
№6 前置格	**Где** рабо́тает Алекса́ндр?	Алекса́ндр рабо́тает **в ба́нке**.
	Где нахо́дится▼ э́тот музе́й?	Э́тот музе́й нахо́дится **на Кра́сной пло́щади**▼.
	На чём вы е́здили▼ на да́чу▼?	Мы е́здили на да́чу **на маши́не**.
	О чём они́ смотре́ли фильм?	Они́ смотре́ли фильм **о Москве́**.
	О ком ду́мает▼ Пётр?	Пётр ду́мает **о Та́не**.
	В како́м ме́сяце▼ роди́лся▼ Ива́н?	Ива́н роди́лся **в сентябре́**.
	▶ нахо́дится < находи́ться^{И} 不完 *(c)* ある，位置する：я нахожу́сь, ты нахо́дишься, они́ нахо́дятся ▶ Кра́сной пло́щади < Кра́сная пло́щадь 女〔固有〕「赤の広場」 ▶ е́здили < е́здить 行って来る（第 ***25*** 課2参照）　▶ да́чу < да́ча 女 別荘 ▶ ду́мать^{E} 不完 *(a)* 思う　▶ в како́м ме́сяце（何月に）< како́й ме́сяц 男 月 ▶ роди́лся < роди́ться 完 生まれる（第 ***31*** 課2参照）	

2 語順について

ロシア語文の語順は絶対的なものではありません。つまり，格変化があるので，英語のように，「前にある名詞が主語」とは決まっていません。

一方で，語順によって「文の意図」や「強調される語」が浮き彫りにもなります。奥の深い問題ですが，ごく基本的な最小限をメモにしておきます。

まず，質問に答えるときの語順では，聞かれていることへの答えの**核心**となる部分が文末（近く）にくるのがふつうです。

♪

Когда́ вы бы́ли на ро́к-конце́рте?

いつあなたはロックコンサートに行ってきたのですか。

— На ро́к-конце́рте▼ я была́▼ **вчера́ ве́чером**.

— ロックコンサートには**昨日の晩**行ってきました。

▶ ро̀к-конце́рте < ро̀к-конце́рт ㊚ ロックコンサート　▶ была́ ㊛㊁ < быть 行ってきました

С кем вы бы́ли на ро́к-конце́рте?

あなたは**誰と**ロックコンサートに行きましたか。

— На ро́к-конце́рте я была́ **с дру́гом**.

— ロックコンサートには**友人と**行きました。

Кто чита́ет газе́ту в кафе́?　**誰が**カフェで新聞を読んでいますか。

— В кафе́ газе́ту чита́ет **Пётр**.

— カフェで新聞を読んでいるのは**ピョートル**です。

Что чита́ет Пётр в кафе́?　ピョートルはカフェで**何**を読んでいますか。

— В кафе́ Пётр чита́ет **газе́ту**.

— カフェでピョートルが読んでいるのは**新聞**です。

Где чита́ет газе́ту Пётр?　ピョートルは**どこで**新聞を読んでいますか。

— Пётр чита́ет газе́ту **в кафе́**.

— ピョートルが新聞を読んでいるのは**カフェ**です。

Где вы бы́ли вчера́ ве́чером?

あなたは昨日の晩，**どこに**行っていましたか。

— Вчера́ ве́чером я была́ **на ро̀к-конце́рте**.

— 昨日の晩私は**ロックコンサート**に行ってきました。

会話体では答えの核心だけを口にするのがふつうです。 — **На ро́к-конце́рте**.

また，質問の答えではない文章でも，語順によって，文意の**核心**，つまり何を言いたい文章なのかがわかります。

Óчень давнó▼ э́тот худóжник жи́л▼ **в Пари́же▼**. ♪

【**Где?**「どこに」が核心の文】 ずっと以前この画家はパリに住んでいました。

▶ óчень давнó ずっと以前／かなり昔 ▶ жи́л < жить[Ё] 不完 住む／生きる
▶ Пари́ж 男 パリ

Óчень давнó в Пари́же жил **э́тот худóжник**.

【**Кто?**「誰が」が核心の文】 ずっと以前パリにはこの画家が住んでいました。

Э́тот худóжник жил в Пари́же **óчень давнó**.

【**Когда́?**「いつ」が核心の文】 この画家がパリに住んでいたのはかなり昔のことです。

疑問文の語順とイントネーションの関係

会話体では，語順とともにイントネーションの上下の動きで発話の核心を伝えます。

Вы **бы́ли** вчера́ в кинó? 【一般的な事実確認の疑問文】 ♪

あなたは昨日映画に**行きましたか**。

Вы бы́ли вчера́ в кинó? 【「誰が？」を問うとき】

あなたが昨日映画にいらっしゃったのですか。／昨日映画にいらっしゃったのは**あなたですか**。

Вчера́ вы бы́ли в кинó? 【「いつ？」を問うとき】

あなたが映画にいらっしゃったのは**昨日ですか**。／
昨日だったのですか，あなたが映画にいらっしゃったのは？

否定文における **не** の配置（語順）で変わる意味についても身近な例で確かめておきましょう。否定の核心部は強調して（⤴）発音されます。 ♪

- Я **нé** ⤴ **был** вчера́ в кинó. 僕は昨日映画に**行かなかった**。
- **Не я** ⤴ был вчера́ в кинó. 昨日映画に行ったのは**僕じゃない**。
- Я был в кинó **не вчера́** ⤴ . 僕が映画に行ったのは**昨日じゃない**。
- Я был вчера́ **не в кинó** ⤴ . 僕が昨日行ったのは**映画じゃない**。

Ме́жду про́чим,　ちなみに…

おおよその時間「～ほど，頃に」を表す言い方があります。Вчера́ я чита́л рома́н два часа́.「昨日僕は長編を２時間読んだ。」 два часа́ はここでは補語で対格形です。この順序を入れ替えると「～ほど，約～」という相対的な時間表現が出来ます。
Вчера́ я чита́л рома́н часа́ два.「昨日僕は長編を２時間ほど読んだ。」
「8時間」なら во́семь часо́в（часо́в ㊫ №2 <час）。「8時間ほど」なら同じく語順を入れ替えて часо́в во́семь にします。

また，Конце́рт начина́ется в два часа́.「コンサートは２時に始まります。」を「2時頃に」にするなら，в два часа́ の語順を入れ替えて，часа́ в два とします（часа́ два の間に前置詞 в が割って入る）。☞ Конце́рт начина́ется часа́ в два.「コンサートは２時頃に始まります。」　同様に「8時に」なら в во́семь часо́в ⇄「8時頃に」なら часо́в в во́семь と言います。

Упражне́ние　練習問題

[　　　] 内の語を適切な形にして質問に答えましょう（アクセントも記す）。
必要なところへは前置詞も補ってください。

例　Кто говорит? [Александр] —Говори́т [Алекса́ндр].

1) Что стоит на столе? [бутылка вина]
2) Чья это машина? [Наташа]
3) У кого был Пётр? [свой друг]
4) От кого пришла Ирина? [врач]
5) Откуда вы приехали? [Япония]
6) Кому понравился▼ Петербург? [японские туристы]　▶第38課2参照
7) К кому идёт студентка? [дантист 歯科医]
8) Кого сфотографировал Антон? [брат и сестра]
9) Когда Маша пойдёт в библиотеку? [среда]
10) Кем работает ваш отец? [программист プログラマー]
11) Чем он занимается? [спорт и музыка]
12) С кем профессор разговаривает? [Андрей]
13) Где гуляют дети? [парк]

解答は巻末 練習問題 解答 の第35課参照

Трúдцать шестóй урóк

第36課 複文を作る（1）

疑問詞の役目；《**потомý что** ～（なぜならば）》／《**éсли**（もし～なら）》の用法

1つの主語と1つの述語（あるいはそのいずれかの1つ）から成る文を**単文**と呼びます。ここでは単文と単文をつないで**複文**を構成する手法を学びましょう。1つの文の中に2つないしはそれ以上の文の主成分（主語・述語）がある場合，これを**複文**と言います。

疑問詞を用いて複文を作る

まず，既習の疑問詞── **кто 誰**，**что 何**，**как どのように**，**где どこで**，**когдá いつ**，**кудá どこへ**，**откýда どこから**，**скóлько いくつ／いくら**── を使った複文を見てみましょう。

この場合，たとえば Вы знáете, **кто** э́тот человéк?「この人が誰か，あなたはご存じですか。」という文は，Вы знáете, までの部分を**主文**，**кто** э́тот человéк の部分を**従属文**と呼びます。2つの動詞 **знать**[E] (不完) *(a)* 知っている №4，**пóмнить**[И] (不完) *(a)* 覚えている №4 を用いた例文中の疑問詞は「つなぎ」の役割を担います。

主文	従属文
Вы знáете, Вы не знáете, Вы пóмните, Вы не пóмните, Я знáю, Я не знáю, Я пóмню, Я не пóмню,	**кто** э́та жéнщина?（この女性が誰かを） **что** э́то?（これが何かを） **как** егó зовýт?（彼の名を） **где** туалéт?（トイレがどこかを） **когдá** бýдут экзáмены（いつ試験があるかを） **кудá** поéхала▼ Тáня.（ターニャがどこへ出発したのかを） **откýда** приéхал▼ э́тот студéнт.（この学生がどこから来たのかを） **скóлько** емý лет.（彼が何歳かを） **скóлько** стóили▼ э́ти часы́.（この時計がいくらしたのかを）

▶ поéхала < поéхать[E] (完) *(a)*（乗り物で）出発する，出かける〔一定方向動詞〕
▶ приéхал < приéхать[E] (完) *(a)*（乗り物で）到着する，やって来る〔一定方向動詞〕
▶ стóили < стóить[И] (不完) *(a)*（値段が）いくらする，かかる

Упражне́ние　練習問題 1

前ページの例を参考に，適切な疑問詞を用いて以下の和文をロシア語に訳しましょう（アクセントも記す）。

1) 彼女が誰に電話をしているのか知っていますか。
2) この男子学生が何に関心があるのか私は分からない。
3) マーシャ (Маша) はいつこの本を読了したか覚えていない。
4) 彼らはどこからこのツーリストたちがやってきたのか知らない。
5) 私たちはナターシャが昨日誰と映画に行ったのか知っています。

解答は巻末 **練習問題 解答** の第**36**課 -1 参照

154

2 接続詞　и, а, но, когда́

接続詞 и「そして」，**а**「が，だが一方」(対照・比較を表す)，**но**「しかし」(対比・対置，予期されることに反する意味を表す)，**когда́**「…のとき，…するとき」を使った例を見ましょう。まず，予習・復習をかねて導入編の 導**11**課 4 を再読してください。

1 《，и…》《そして》 ♪

Ко́нчилась▼ весна́, **и** начали́сь▼ дожди́▼.　春が終わっ**て**雨期が始まった。

▶ ко́нчилась < ко́нчиться[И] 完 (a) 終わる；現在形は 3 人称単数 ко́нчится，3 人称複数 ко́нчатся；〔過〕男 ко́нчился，中 ко́нчилось，女 ко́нчилась，複 ко́нчились

▶ начали́сь < нача́ться[Е] 完 [+н] (b) 始まる〔変則変化〕；現在形は 3 人称単数 начнётся，3 人称複数 начну́тся；〔過〕男 начался́，中 начало́сь，女 начала́сь，複 начали́сь（「-ся 動詞」第**28**課 3 参照）

▶ дожди́ 複 №1 < дождь 男 雨。複数形は「雨の季節／雨期」の意味。「梅雨」の意味にも使われます。

2 《，а…》《が，だが，一方＝対照・比較を表す》 ♪

前後関係により〖英〗and か but の意味になります。

Вчера́ бы́ло тепло́▼, **а** сего́дня хо́лодно▼.　昨日は暖かかったが，今日は寒い。

▶ тепло́ 副 暖かい　▶ хо́лодно 副 寒い

例

Э́то моя́ жена́, **а** э́то наш сын.　こちらは僕の妻で，これは私たちの息子です。

Я лёг▼ спать▼, **а** Андре́й ещё занима́лся▼.

僕は床についたが，アンドレイはまだ勉強していた（僕は就寝して，アンドレイはまだ勉強していた）。

▶ лёг は лечь[E] ㊗〔変則変化〕(a)「横になる」の男性・単数過去形；я ля́гу, ты ля́жешь, они́ ля́гут；〔過〕㊚ лёг, ㊛ легла́, ㊒ легли́
▶ спать 眠る（第11課[2]既出）；〈лечь + спать〉＝就寝する
▶ занима́лся < занима́ться 勉強する（第14課[2]既出）；〔過〕㊚ занима́лся, ㊥ занима́лось, ㊛ занима́лась, ㊒ занима́лись

ワンポイント

《**снача́ла..., а потóм...**》（まず…，そしてその後…）という言い方は動作・状態の順序を表すのに便利です。

♪

➨ Я встаю́▼ ра́но▼. **Снача́ла**▼ я иду́▼ в душ▼, **а потóм**▼ я за́втракаю▼.

私は早起きします。まず私はシャワーへ行き，そしてその後朝ごはんを食べます。

▶ встаю́ < встава́ть[E] 不完 起きる，起床する〔変則変化〕инфинити́в にある -ва- を取り除いて ё 変化にする。я встаю́, ты встаёшь, они́ встаю́т；〔過〕㊚ встава́л, ㊥ встава́ло, ㊛ встава́ла, ㊒ встава́ли　▶ ра́но ㊙ 早く　▶ **снача́ла** 初めに
▶ иду́ < идти́[E] 不完〔一定方向〕徒歩で行く，向かう（第20課[3]参照）я иду́, ты идёшь, они́ иду́т
▶ душ ㊚ シャワー　▶ потóм その後で，それから
▶ за́втракаю < за́втракать[E] 不完 (a) 朝食をとる

[3]《, но...》《しかし，けれど＝対比・対置，予期されることに反する意味を表す》

〖英〗but

♪

Сегóдня хóлодно▼, **но** я гуля́л▼ без пальтó▼. 今日は寒いけれど，僕はオーバーなしで散歩した。

▶ хóлодно ㊙ 寒い　▶ гуля́л < гуля́ть[E] 不完 (a) 散歩する
▶ пальтó ㊥〔不変〕；без + №2 ～なしで；без пальтó オーバーなしで

例

➨ Я дóлго▼ изуча́ю▼ ру́сский язы́к, **но** я ещё не▼ могу́▼ говори́ть по-ру́сски.

私は長い間ロシア語を勉強しているけれど，私はロシア語をまだ話すことができません。

▶ дóлго ㊙ 長い間　▶ изуча́ю < изуча́ть[E] 不完 (a) 学ぶ　▶ ещё не ... まだ…しない
▶ мочь[E] 不完 (c)《мочь + инфинити́в》…することができる（後述）〔変則変化〕я могу́, ты мóжешь, он мóжет, мы мóжем, вы мóжете, они́ мóгут

➨ Я дóлго ждал▼ Óльгу▼ на катке́▼, **но** она́ не пришла́.

僕は長いことスケートリンクでオリガを待っていたけれど，彼女は来なかった。

▶ ждал < ждать[E] 不完 ～を待つ〔変則〕я жду́, ты ждёшь, они́ ждут；〔過〕㊚ ждал, ㊥ ждáло, ㊛ ждала́, ㊒ жда́ли（第22課[3]参照）
▶ Óльгу №4 < Óльга 女性の名「オリガ」　▶ на + катке́ №6 < катóк スケートリンク

4 《, когда́...》《疑問詞あるいは接続詞として用いられる》 ♪

Профе́ссор зна́ет, **когда́**▾ бу́дут экза́мены.
教授はいつ試験があるかを知っている。 ▶ この когда́「いつ」は疑問詞。

Я не смотрю́ телеви́зор, **когда́**▾ я звоню́.
私は電話をするときはテレビを見ません。
▶ こちらの когда́ は接続詞（第**11**課**2**既出）。

疑問詞 когда́ が接続詞として用いられる例：

➡ **Когда́** Мари́я была́ ма́леньк**ой**, она́ хоте́ла стать певи́ц**ей**.
マリーヤが幼かったころ，彼女は歌手になりたかった。（第**27**課**6**既出）

➡ **Когда́** я получу́▾ зарпла́ту▾, я куплю́▾ хоро́ший ноутбу́к▾.
給料を受け取ったら，私は良いノートパソコンを買うでしょう。

▶ получу́ < получи́ть″ 完 *(c)* 受け取る ▶ зарпла́ту №4 < зарпла́та 女 給料
▶ я куплю́ < купи́ть″ 完 *(c)*〔変則変化〕**[п/пл/п]** 買う；я куплю́, ты ку́пишь, они́ ку́пят；〔命〕купи́(те) ▶ ноутбу́к ノートパソコン

上記のような文は先行文と後続文を入れ替えても意味は成立します。
Я куплю́ хоро́ший ноутбу́к, **когда́** я получу́ зарпла́ту.

3 155 《**почему́...?**（なぜ？）》への答え ⇒《**потому́ что**（なぜなら）》

♪

А：**Почему́** вы так▾ мно́го▾ занима́етесь▾?
なぜあなたはそんなにたくさん勉強するのですか。

Б：Я мно́го занима́юсь, **потому́ что**▾ я хочу́▾ говори́ть по-ру́сски хорошо́.
私はたくさん勉強しています，**なぜなら**私はロシア語を上手に話**したいから**です。（私がたくさん勉強するのは，ロシア語を上手に話**したいから**です。）

▶ так そのように，そんなに ▶ мно́го 副 多く，たくさん
▶ я занима́юсь, вы занима́етесь < занима́ться 勉強する，（仕事などを）する
▶ **потому́ что** ～ ～だから
▶ хочу́ < хоте́ть★；《хоте́ть + инфинити́в》…することを欲する，…したい（第**14**課**2**参照）

♪

А：**Почему́** вы изуча́ете ру́сский язы́к?
なぜあなたはロシア語を勉強しているのですか。

Б：Я изуча́ю ру́сский язы́к, **потому́ что** я люблю́▼ ру́сскую литерату́ру▼.
私はロシア語を勉強しています，**なぜなら**ロシア文学が好き**だからです**。

▶ люблю́ < люби́ть（第**14**課①参照）好き，愛好する
▶ №4 ру́сскую литерату́ру < ру́сская литерату́ра ㊛ ロシア文学

почему́ ～？**なぜ**（質問〚英〛Why?）は原因・理由を問う疑問詞。これに対して理由・原因を説明するには，よく **потому́ что** ～ **なぜなら～だから**（答〚英〛because）を用います。この表現は既習です。

例 ♪

➤ Я не люблю́ февра́ль, **потому́ что** э́то са́мый холо́дный ме́сяц в году́.
私は 2 月が好きではありません，**なぜなら**それは 1 年のうちで最も寒い月**だからです**。
（導**11**課③既出）

➤ Студе́нты мно́го занима́ются в библиоте́ке, **потому́ что** ско́ро бу́дут экза́мены. 学生たちは図書館でたくさん勉強しています，**なぜならば**もうじき試験**になるから**（試験が**あるから**）です。

➤ Э́тот япо́нский бизнесме́н серьёзно▼ изуча́ет ру́сский язы́к, **потому́ что он** ско́ро поéдет в Росси́ю.
この日本のビジネスマンは真剣にロシア語を学んでいます，**なぜなら**彼はもうじきロシアへ出発**するからです**。
▶ серьёзно ㊙ 真剣に

➤ Никола́й! Я не могу▼ тебя́ люби́ть, **потому́ что** ты не уме́ешь▼ танцева́ть▼.
ニコライ！ 私はあんたを愛せないわ，**だって**あんたダンス**できないんだもの**。

▶ могу < 動詞 мочь[E] 不完 *(c)*《мочь + инфинити́в》…することができる（一定の条件下での**可能性の表現**）〔変則変化〕я могу́, ты мо́жешь, он/она́ мо́жет, мы мо́жем, вы мо́жете, они́ мо́гут；〔過〕㊚ мог, ㊥ могло́, ㊛ могла́, ㊗ могли́
※ инфинити́в が -чь で終わる動詞（第**9**課②の 1 参照）
▶ уме́ешь < уме́ть[E] 不完 *(a)*《уметь + инфинити́в》…できる／…するのがうまい
※可能性を表す動詞 мочь にたいして，уме́ть は習得した**技能や能力**を表現する（**ウメー**かどうか，と覚えておこう）。
▶ танцева́ть ダンスをする（第**22**課③参照）。なお，мочь, уме́ть の完了体は смочь, суме́ть.

Упражнéние　練習問題 2

以下の文の文意が整うように [　　　　] のなかに потомý что か когдá のいずれかを選んで入れて和訳してください。

1) Позавчерá я не мог катáться на конькáх, [　　　　] у мен́я болéли нóги.
2) Я с моéй женóй пойдý во францýзский ресторáн, [　　　　] я получý зарплáту.
3) Я говорю́, а муж молчи́т▼, [　　　　] сейчáс он смóтрит по телеви́зору▼ футбóл.
4) [　　　　] мы шли домóй, вдруг▼ пошёл снéг▼.

▶ молчи́т < молчáть[И] 不完 (с) 黙る　▶ по телеви́зору《前置詞 **по** + №3》テレビで
▶ вдруг 突然　▶ снег 男 雪

解答は巻末 **練習問題 解答** の第 ***36*** 課 -2 参照

156

《**éсли**（もし～なら）》＝条件を表す

♪

Éсли▼ ты студéнт, ты дóлжен▼ серьёзно▼ занимáться.
もし君が学生なら，君は真剣に勉強しなければなりません。

▶ 接続詞 **éсли**（もし）は英語の **if** に相当する
▶ дóлжен 男《дóлжен + инфини́тив》＝「…しなければならない」（第 ***14*** 課 3 既出）
▶ серьёзно 真剣に，真面目に

上の例文では，「君は学生だ／君は学生なのだから／もし君が学生であるとなると」が話題になっています。このように，**現実の（実際にあり得る）条件**を示して「もし～なら」と言う場合には接続詞 **éсли** が使われます。

♪

➡ **Éсли** ты не понимáешь▼ задáчу▼, Áнна помóжет▼ тебé.
もし君が問題を理解できないなら，アンナが君に手助けする／手伝ってくれるだろう。

▶ понимáешь < понимáть[E] 不完 (а) 理解する，わかる №4
▶ задáчу < задáча 女 課題・(試験などの) 問題
▶ помóжет < помóчь[E] 完〔変則〕(с) 助ける，手伝う №3；я помогý，ты помóжешь，они́ помóгут；〔過〕男 помóг，中 помоглó，女 помоглá，複 помогли́；〔命〕помоги́(те)

éсли を用いた若干例

♪

Éсли за́втра у меня́ бу́дет свобо́дное вре́мя, я пое́ду в Диснейле́нд.
明日私に自由時間が出来るなら，私はディズニーランドへ行きます。

Éсли у меня́ бу́дут▼ де́ньги▼, я куплю́ но́вую япо́нскую маши́ну▼.
私にお金ができるなら，私は新しい日本車を買います。

▶ бу́дут は動詞 быть（ある／いる）の 3 人称複数・未来形で（第**18**課 1 参照），ここでは「お金がある／できる」の意味。 ▶ де́ньги ㊞複 お金 ▶ но́вую япо́нскую маши́ну №4 < но́вая япо́нская маши́на ㊛ 新しい日本製の車，新しい日本車

Éсли за́втра бу́дет хоро́шая пого́да▼, мы пойдём▼ ката́ться на конька́х▼. 明日天気が良ければ私たちはスケートをしに出かけます。

▶ хоро́шая пого́да ㊛ 良い天気，好天 ▶ пойти́^{Ё} 完 *(b)*（徒歩で）出かける，出発する；я пойду́, ты пойдёшь, они́ пойду́т；〔過〕男 пошёл, 中 пошло́, ㊛ пошла́, 複 пошли́；（第**26**課 1 参照）。《пойти́ + инфинитив》で「…するために出かける」という表現ができます。

▶ ката́ться на конька́х スケートをする；ката́ться^{Е} 不完 *(a)* на чём? №6 ～を乗り回す；на + конька́х №6 < коньки́ 複 スケート
※ちなみにスキーは лы́жи 複 → №6 на лы́жах；ката́ться на лы́жах スキーをする

157

1 《е́сли бы（もしも～だったなら）》＝非現実的な仮定を表す

実現不可能で，事実に反する，希望的なことがらを想定して「もしも～だったならば」と言う場合は，е́сли に **бы**（助詞）を加えて，**е́сли бы**... という**仮定法**の表現を用います。英語でよく言われる «**If** I **were** a bird...» の**仮定法**です（ロシア語では **Е́сли бы** я **был** пти́цей▼...）。

▶ пти́цей №5 < пти́ца ㊛ 鳥

♪

Е́сли за́втра бу́дет хоро́шая пого́да, мы пое́дем на экску́рсию.
もし明日晴天なら，私たちは遠足に出かけます。【現実的な条件の表現】

これを非現実的な仮定法にすると：

☞ **Е́сли бы** завтра́ **была́** хоро́шая пого́да, мы **пое́хали бы** на экску́рсию.
もし明日晴天だったならば〔副文〕，私たちは遠足に出かけられたでしょうに〔主文〕。
【非現実な条件設定と実現不可能なことの表現】

Е́сли у меня́ бу́дет вре́мя, я пое́ду в Киото.
もし私に時間が出来るなら，私は京都へ行くでしょう。【現実的な条件の表現】

非現実的な条件を示す仮定法にすると：

☞ **Е́сли бы** у меня́ **бы́ло вре́мя**, я **пое́хал бы** в Киото.
もしも私に時間があったなら，私は京都へ出かけたでしょうに。

※ **主／副文の入れ替えも可：**
Я пое́хал бы в Киото, **е́сли бы** у меня́ **бы́ло вре́мя**.

«**е́сли**...» が単なる条件を示すのに対し，**仮定法**の構文 «**е́сли бы**..., » は，現実に反する条件を示し，主文はその結果実現しない状況を示します。主文・副文とも，動詞は実際の時制にかかわりなく，すべて過去形となります（通常，主文の動詞の前後に助詞 **бы** を加えます）。

Упражне́ние　練習問題 1

現実的条件の表現 е́сли... を非現実的な仮定の表現 е́сли бы... で書き換えてください。例文と単語の意味は第**36**課末で既出。アクセントも打ちましょう。

1) **Если** завтра у меня будет свободное время, я поеду в Диснейленд.
2) **Если** у меня будут деньги, я куплю новую японскую машину.
3) **Если** завтра будет хорошая погода, мы пойдём кататься на коньках.

解答は巻末 **練習問題 解答** の第**37**課 -1 参照

158

2 接続詞《**что́бы ...**（…するために）》の用法

1 行為の目的を問う質問には **Заче́м?** 副「何のために？」（＝**Для чего́?**）がよく用いられ，答えるときは接続詞 **что́бы**「…するために」が用いられます。♪

А：**Заче́м** Андре́й позвони́л▼ Ната́ше▼?
何のためにアンドレイはナターシャに電話したのですか。

Б：**Андре́й позвони́л Ната́ше, что́бы** пригласи́ть▼ её на конце́рт.
［直訳］アンドレイはナターシャに電話しました，彼女をコンサートに招待**するために。**
（＝アンドレイはナターシャをコンサートに招待するために彼女に電話しました）

▶ позвони́л < позвони́ть〃 完 (b) ～に №3 電話する　▶ Наташе ナターシャに＋№3
▶ пригласи́ть〃 完 (b) [с/ш/с] 招待する〈кого́? что?〉～を №4

このように，**1つの主体**（アンドレイ）が**2つの行為**（позвони́ть，пригласи́ть）**をする場合は**，**что́бы** で始まる従属文の動詞（述語）は **инфинити́в** で表されます。

例

➡ **Заче́м** вы прие́хали▼ в Москву́? ♪
何のためにあなた方はモスクワへいらっしゃったのですか。
—**Мы прие́хали в Москву́, что́бы** учи́ться▼ в университе́те.
—私たちは大学で**学ぶために**モスクワへ**やってきました。**

▶ прие́хали < прие́хать[E] 完 (a)〔一方向動詞〕(乗り物で) 到着する，やって来る；〔特殊変化〕я прие́ду, ты прие́дешь, они́ прие́дут（第**23**課**5**参照）　▶ учи́ться〃 不完 (c) 学ぶ，勉学する

2 では，**異なる主体が行為をする場合**はどう表現するか：

Роди́тели▼ мно́го▼ рабо́тают, что́бы их▼ де́ти▼ жи́ли▼ хорошо́▼.
両親は，彼らの子供たちが良く暮らす（＝良い暮らしをする）ためにたくさん働いています。

Мать дала́▼ сы́ну▼ де́ньги▼, что́бы он пообе́дал▼.
母親は，息子が昼食をとるために（彼に）お金を与えた。

▶ роди́тели 複 両親　▶ мно́го たくさん　▶ их 彼らの　▶ де́ти 子供たち　▶ жи́ли < жить[E] 不完（第**16**課**1**参照）住む，暮らす，生きる；〔過〕男 жил, 中 жи́ло, 女 жила́, 複 жи́ли
▶ хорошо́ 良く；жить хорошо́ の直訳は「良く暮らす」。これは「良い暮らしをする」という意味。

▶ дала́ < **дать** 完 与える，手渡す〔不規則変化〕(第**29**課**2**参照)　▶ сы́ну №3 < сын 息子
▶ де́ньги お金 №4　▶ пообе́дал < пообе́дать[E] 完 昼食をとる・すませる

つまり，**行為をする主体が異なる場合，что́бы で始まる従属文の中の述語は，主文の実際の時制とは関係なしに，必ず過去形**で表されます。
比較のために再度，**1つの主体が2つの行為をする場合**の例文を挙げておきます。

Лю́ди▼ мно́го рабо́тают, что́бы жить хорошо́.
人々は良い暮らしをするためにたくさん働いています。

Оте́ц смо́трит телеви́зор, что́бы узна́ть▼ но́вости▼.
父親はニュースを知るためにテレビを見ています。

▶ лю́ди 人々 複；単数形は челове́к
▶ узна́ть[E] 完 *(a)*（新たに）知る，情報を得る　▶ но́вости 複 №4 < но́вость 女 ニュース

3 **что́бы**（～が…するように／することを欲する・望む・要求・指示する）の表現。
動詞 хоте́ть「欲する」，жела́ть「望む」，тре́бовать「要求する」などを用いて願望・要求・指示「～が…するように」を表すときも **что́бы** が使われます。この場合，что́бы で始まる文の中の述語はやはり，主文の実際の時制とは関連せず，**過去形**をとります。

Де́ти жела́ют, что́бы их роди́тели жи́ли до́лго.
子供たちは彼らの両親が長生きするように願っています。

Полице́йский▼ тре́бует, что́бы я показа́л▼ все▼ свои́▼ докуме́нты▼.
警察官は僕が自分のすべての身分証明書類を提示することを求めています。

▶ полице́йский 警察官　▶ показа́л < показа́ть[E] 完 [з/ж] *(c)* 示す，提示する
▶ все №4 < весь 定代 すべての　▶ свои́ 複 №4 < свой 自分の
▶ докуме́нты 複 №4 < докуме́нт 男 身分証明書／書類

Я хочу́, что́бы на Земле́▼ был мир▼.

私は，地球上に平和があってほしいです。

▶ на Земле́ №6 < Земля́ ㊛ 地球；「土地」は земля́ で，書き出しの з は小文字で記すが，天体の「地球」の書き出しは大文字の З にする。
▶ мир 平和；мир の同音異義語として「世界」もある。

Мы хоти́м, что́бы ме́жду▼ Япо́нией и Росси́ей▼ развива́лись▼ отноше́ния▼ дру́жбы▼ и добрососе́дства▼.

私たちは，日本とロシアの間で友好と善隣の関係が発展するように欲します。

▶《ме́жду №5 и №5》；前置詞 ме́жду（～と～の間）は造格 №5 を要求する。
▶ Япо́нией и Росси́ей《№5 и №5》< Япо́ния и Росси́я
▶ развива́лись < развива́ться^{E} 不完 *(a)* 発展・発達する；я развива́юсь, ты развива́ешься, они́ развива́ются
▶ отноше́ния 複 №1 < отноше́ние ㊥ 関係
▶ дру́жбы №2 < дру́жба ㊛ 友好・友情
▶ добрососе́дства №2 < добрососе́дство ㊥ 善隣

Преподава́тель▼ сказа́л▼, что́бы все студе́нты пришли́▼ за́втра на ле́кцию. 講師は，すべての学生たちが明日レクチャーに来るようにと言った。

▶ преподава́тель ㊚ 講師　▶ сказа́л < сказа́ть^{E} ㊦ [з/ж] *(c)* 言う
▶ пришли́ 複〔過〕< прийти́^{E} 完〔一方向動詞〕徒歩で行く（第 **26** 課 参照）

Упражне́ние　練習問題 2

接続詞 что́бы を使った構文が正しく意味を伝えるように，[　　　] 内の動詞を正しい形にしてください。アクセントも付けましょう。

1) Андре́й позвони́л Ната́ше, что́бы [пригласи́ть] её на конце́рт.
2) Роди́тели мно́го рабо́тают, что́бы их де́ти [жи́ть] хорошо́.
3) Лю́ди мно́го рабо́тают, что́бы [жить] хорошо́.
4) Оте́ц смо́трит телеви́зор, что́бы [узна́ть] но́вости.
5) Мы хоти́м, что́бы на Земле́ [быть] мир.
6) Профе́ссор сказа́л, что́бы все студе́нты [прийти́] за́втра на ле́кцию.

解答は巻末 練習問題 解答 の第 **37** 課 -2 参照

159

3 直接話法と間接話法

直接話法を間接話法に言い換える方法を学びましょう。基本は以下の４パターンです。

♪

直接話法	間接話法
❶ Никола́й сказа́л дру́гу: «Я позвоню́▾ тебе́ ве́чером». 【平叙文】 「僕は君に夕方電話するよ」とニコライは友人に言った。	❶ Никола́й сказа́л дру́гу, **что** он позвони́т ему́ ве́чером. 【**что** を接続詞として用います】 ニコライは友人に，（ニコライが）夕方彼に電話をすると言った。
▶ позвоню́ < позвони́ть^{И} 完 *(b)* 電話する	
❷ Та́ня спроси́ла▾ меня́: «Куда́ ты идёшь▾?» 【疑問詞のある疑問文】 「どこへ行くの」とターニャは僕に尋ねた。	❷ Та́ня спроси́ла меня́, **куда́** я иду́. 【疑問符は用いません】 ターニャは僕がどこへ行くのかを（僕に）尋ねた。
▶ спроси́ла < спроси́ть^{И} 完 [с/ш/с] *(c)* 尋ねる，問う，聞く №4　▶ идёшь < идти́^{Ё} 不完〔一方向動詞〕歩いて行く（向かう）; я иду́，ты идёшь，они́ иду́т；〔命〕иди́(те)	
❸ Учи́тель▾ спроси́л ученика́▾: «Ты сде́лал▾ дома́шнее зада́ние▾?» 【**疑問詞のない疑問文で**動作を問う ―「したかどうか」】 「君は宿題をやりましたか」と教師は生徒に尋ねた。 ※ Я спроси́л дру́га: «Ты ча́сто▾ хо́дишь▾ в кино́?» 【疑問詞のない疑問文で**副詞**を問う ―「頻繁かどうか」】 「君はちょくちょく映画に行くのかい」と僕は友人に聞いた。	❸ Учи́тель спроси́л ученика́, сде́лал ли он дома́шнее зада́ние. 【**ли** は疑問の助詞で，疑問に付される語の直後に置かれる】 教師は生徒に，彼が宿題をやったかどうかを尋ねた。 ※ Я спроси́л дру́га, ча́сто **ли** он хо́дит в кино́. ちょくちょく映画に行くのかどうかを僕は友人に聞いた。
▶ учи́тель 男 教師　▶ ученика́ №4 < учени́к 男 生徒　▶ сде́лал < сде́лать^{Е} 完 *(a)* する，やり遂げる　▶ дома́шнее зада́ние 中 宿題　▶ ча́сто しばしば，頻繁に　▶ ходи́ть 不完〔多方向動詞〕（徒歩で）行って来る／通う（第 **25** 課 2 参照）	

4 Профе́ссор сказа́л нам: «Прочита́йте▼ э́тот рома́н». 【命令文】 「この小説を読了しなさい」と教授はわれわれに言った。	**4** Профе́ссор **сказа́л** нам, что́бы мы прочита́ли э́тот рома́н. 【**чтобы**と**動詞過去形**の組み合わせになる】 われわれがこの小説を読了するようにと教授は（われわれに）言った。
▶ прочита́йте〔命〕< прочита́ть[E] ㊎ *(a)* 読了する	

Упражне́ние 練習問題 3

直接話法の文を間接話法の文に書き換え，アクセントも記しましょう。

1) Андрей сказал: «Вчера я катался на коньках».
「昨日僕はスケートをやった」とアンドレイは言った。

2) Анна сказала: «Я люблю слушать музыку».
「私は音楽を聴くのが好き」とアンナは言った。

3) Наташа всё время▼ говорит: «Мне надо отдыхать».
「私は休む必要がある」とナターシャはいつも言っている。

4) Врач сказал моему отцу: «Вам нельзя курить».
「あなたはたばこを吸ってはいけません」と医師は私の父に言った。

5) Мой друг сказал мне: «Я куплю билеты в театр».
「僕は劇場の切符を買っておくから」と私の友人は私に言った。

6) Моя́ младшая сестра говорит: «Я хочу стать актрисой».
「私は女優になりたいわ」と私の妹は言っている。

7) Мой друг спросил меня: «Ты придёшь ко мне сегодня вечером?»
「君は今日の夕方僕のところへ来るかい」と僕の友人は（僕に）尋ねた。

8) Мария спросила Ивана: «У тебя есть старший брат?»
「君にはお兄さんいるの」とマリーヤはイワンに尋ねた。

9) Преподаватель сказал студентам: «Посмотрите этот фильм».
「この映画を観なさい」と講師は学生たちに言った。

▶ всё время いつも，常に

解答は巻末 **練習問題 解答** の第**37**課 -3 参照

Тридцать восьмой урок

第38課 接続語 кото́рый …するところの（＝関係代名詞）

いよいよ最終課です☺。おもに関係代名詞の用法を理解しましょう。

160

1 関係代名詞への導入：「どの？」を問う疑問詞 кото́рый の用法

♪

Кото́рый час? 何時ですか。

Кото́рый каранда́ш вам бо́льше нра́вится, кра́сный и́ли си́ний?
あなたにはどちらの鉛筆のほうがお好みですか，赤いの，それとも青いの？

Кото́рая кни́га вам бо́льше нра́вится, э́та и́ли друга́я?
あなたにはどちらの本がよりお好みですか，この（本），それとも他の（本）ですか。

疑問詞 кото́рый は形容詞と同じ変化をし，主として次の場合に使います。

1 答えに順序数詞を予想しているとき

Кото́р**ый** час▼? 何時ですか。 ▶ час 男 1 時間
これは元来「何番目の時／なんどきですか」を意味します（第**32**課1）。

2 数個のものの中から１つを選択するとき

Кото́р**ый** каранда́ш вам бо́льше нра́вится▼, кра́сный▼ и́ли си́ний?
あなたにはどの鉛筆のほうがお好みですか，赤いの，それとも青いの？

▶ нра́вится のほうが好きだ（第**29**課1）
▶ кра́сный (каранда́ш 男)；言わなくても分かるので каранда́ш を省いている。

Кото́р**ая** су́мка▼ вам бо́льше нра́вится, ро́зовая▼ и́ли чёрная▼?
あなたにはどのバッグがよりお好みですか，ピンク色の，それとも黒色のですか。

▶ су́мка 女 バッグ ▶ ро́зовая < ро́зовый 赤色の ▶ чёрная < чёрный 黒色の

161

2 複文を構成する接続語（＝関係代名詞）кото́рый

次に，複文を構成する**接続語**（＝**関係代名詞**）**кото́рый** について学びましょう。
疑問代名詞 кото́рый はそのまま関係代名詞としても使われます。

関係代名詞 кото́рый は，①**主文と従属文を結びつける（関係づける）役割をする接続語のこと**であり，②**主文**の中のいずれかの名詞，代名詞を修飾するため**従属文**の冒頭かそれ近くに置かれます。既出の接続**詞**（сою́з）とは違い，語尾変化をするので接続**語**（сою́зное сло́во）と呼ばれます。その具体的な用法を以下で整理します。

1 кото́рый は形容詞と同じ性・数・格の変化を持つ。

例 Э́то студе́нт. **Э́тот студе́нт** прие́хал из Япо́нии.

= Э́то студе́нт, **кото́рый** прие́хал из Япо́нии.　これは日本から来た学生です。

⇦ 主文，従属文 ⇨

кото́рый の性と数は主文の**先行詞** студе́нт 男「学生」に一致しています。

従属文で кото́рый が主語に立つ例文を見ましょう。　♪

性と数	2つの単文	♪ кото́рый でつないだ複文
он	Я звоню́ дру́гу▾. **Э́тот друг** учи́лся со мной▾ в шко́ле.（**Э́тот друг ＝ Он**）	Я звоню́ дру́гу, **кото́рый** учи́лся со мной в шко́ле. 僕は，僕と一緒に学校で学んだ友人に電話している。
	▶ звоню́ дру́гу №3 友人に電話している	▶ учи́лся со мной 僕と一緒に学んだ
оно́	Э́то о́зеро▾. **Это́ о́зеро** нахо́дится▾ в Сиби́ри.（**Э́то о́зеро ＝ Оно́**）	Э́то о́зеро, **кото́рое** нахо́дится в Сиби́ри. これはシベリアにある湖です。
	▶ о́зеро 中 湖　▶ нахо́дится ある，位置する	
она́	В на́шей гру́ппе▾ у́чится▾ студе́нтка. **Э́та студе́нтка** зна́ет▾ япо́нский язы́к▾.（**Э́та студе́нтка ＝ Она́**）	В на́шей гру́ппе у́чится студе́нтка, **кото́рая** зна́ет япо́нский язы́к. 私たちのグループには日本語を知っている女子学生が学んでいます。
	▶ в на́шей гру́ппе 私たちのグループで　▶ зна́ет 知っている	▶ у́чится 学んでいる　▶ япо́нский язы́к №4 ＝ №1
они́	К нам прие́хали▾ друзья́. **Э́ти друзья́**▾ живу́т▾ в Петербу́рге▾. （**Э́ти друзья́ ＝ Они́**）	К нам прие́хали друзья́, **кото́рые** живу́т в Петербу́рге. ペテルブルクに住んでいる友人たちが私たちのところへやって来ました。
	▶ прие́хали やってきた，到着した　▶ живу́т 住んでいる	▶ друзья́ 複 友人たち < друг　▶ Петербу́рге < Петербу́рг

※**指示代名詞 э́тот** の変化は，**巻末付記 4** の各一覧表の右下に記す。

2 **кото́рый** **の格は，それ自身の従属文の中での役割（たとえば主格になるか，生格になるか等々）によって決まる。** ♪

Я чита́л кни́гу. Э́ту кни́гу подари́л▾ мой оте́ц.

⇒ Я чита́л кни́гу, **кото́рую** подари́л мой оте́ц.

私は，父がプレゼントしてくれた（ところの）本を読んでいます。

▶ подари́л プレゼントした（してくれた）

Сейча́с я чита́ю письмо́▾. В э́том письме́ мать пи́шет▾ о семье́▾.

⇒ Сейча́с я чита́ю письмо́, **в кото́ром** мать пи́шет о семье́.

いま私は，その（手紙）中で母が家族について書いている（ところの）手紙を読んでいます。

▶ письмо́ 手紙 ㊥㊤単　▶ пи́шет 書いている　▶ семье́ 家族について

Сейча́с я чита́ю пи́сьма▾. В э́тих пи́сьмах мать пи́шет о семье́.

⇒ Сейча́с я чита́ю пи́сьма, **в кото́рых** мать пи́шет о семье́.

いま私は，それら（手紙・複数）の中で母が家族について書いている（ところの・複数の）手紙を読んでいます。

▶ пи́сьма 手紙 ㊐複 < письмо́ ㊥

3 **кото́рый を含む従属文が複文の中に割り込む構文もよく使われる。** ♪

Мой родно́й го́род, **кото́рый** нахо́дится▾ в Сиби́ри, называ́ется▾ Красноя́рск.

シベリアにある（ところの）私の出身都市は，クラスノヤルスクと名付けられている。

▶ нахо́дится < находи́ться ある（第28課3）

▶ называ́ться[E] + №5 不完 (a) ～と名付けられる／呼ばれる／という

Япо́нские студе́нты, **кото́рые** занима́ются▾ ру́сским языко́м, у́чатся▾ в на́шей гру́ппе.

ロシア語を勉強する（ところの）日本の学生たちは，私たちのグループで学んでいます。

▶ занима́ются < занима́ться + №5 勉強する（第28課2）

▶ у́чатся < учи́ться 学ぶ（第28課3）

4 кото́рый の変化は，形容詞 но́вый（硬変化）と同じ。

	он	оно́	она́	они́
№1	кото́рый	кото́рое	кото́рая	кото́рые
№2	-ого	-ого	-ой	-ых
№3	-ому	-ому	-ой	-ым
№4	-ый/-ого	-ое	-ую	-ые/-ых
№5	-ым	-ым	-ой	-ыми
№6	-ом	-ом	-ой	-ых

男性対格 №4 の -ый と複数 №4 の -ые は非動物名詞に，男性対格 №4 の -ого と複数 №4 の -ых は動物名詞にかかる。その意味でも変化は形容詞と同様だ（巻末付記4）。

Упражне́ние　練習問題

2 つ単文を結びつける（関係づける）кото́рый を正しい形にして [　　　　] に入れ日本語に訳しましょう。アクセントも記しましょう。

1) Я знаю пианиста. Этот пианист учился в Москве.
⇒ Я знаю пианиста, [　　　　] учился в Москве.

2) Я знаю симпатичную девушку. Эта симпатичная девушка работает в кафе.
⇒ Я знаю симпатичную девушку, [　　　　] работает в кафе.

3) Я не знаю слово. Это слово вы сейчас сказали.
⇒ Я не знаю слово, [　　　　] вы сейчас сказали.

4) Это студент. Его не было на уроке.
⇒ Это студент, [　　　　] не было на уроке.

5) Это студент. Ему я дал▼ свой словарь.
⇒ Это студе́нт, [　　　　] я дал свой словарь.

▶ дал < дать 完 貸す（第 29 課 2 参照）

6) Вчера я был у друга. С ним я учился в школе.
⇒ Вчера я был у друга, с [　　　　] я учился в школе.

7) Вчера я говорил со студенткой. Она учится на нашем факультете▼.

⇒ Вчера я говорил со студенткой, [　　　　　] учится на нашем факультете.

▶ факультете < факульте́т 学部

8) Это журналистка. Я звонил ей позавчера.

⇒ Это журналистка, [　　　　　] я звонил позавчера.

9) Я очень люблю свою младшую сестру. Её зовут Мария.

⇒ Я очень люблю свою младшую сестру, [　　　　　] зовут Мария.

10) Это очень популярная певица▼. О ней мы говорили.

⇒ Это очень популярная певица, о [　　　　　] мы говорили.

▶ певи́ца 女（女性の）歌手

11) Вчера у меня были друзья▼. Вы их знаете.

⇒ Вчера у меня были друзья, [　　　　　] вы знаете.

▶ друзья́ 複 < друг 男 友人

12) Я была в кино с друзьями. Они учатся в нашей группе.

⇒ Я была в кино с друзьями, [　　　　　] учатся в нашей группе.

13) На приёме▼ в российском посольстве▼ в Японии мы познакомились▼ с известными▼ российскими писателями▼. Они пишут интересные рассказы▼.

⇒ На приёме в российском посольстве в Японии мы познакомились с известными российскими писателями, [　　　　　] пишут интересные рассказы.

▶ приёме < приём レセプション　▶ посольстве < росси́йское посо́льство 中 ロシア大使館　▶ познакомились < познако́миться″ 完 *(а)* 知り合いになる
▶ известными < изве́стный 著名な　▶ писателями < писа́тель 男 作家
▶ интере́сный расска́з 男 面白い／興味深い（短編）小説

解答は巻末 **練習問題 解答** の第***38***課参照

付記

練習問題 解答

付記

1 数詞一覧表

順序数詞は形容詞と同じ変化をする。

	個数詞	順序数詞		個数詞	順序数詞
0	но́ль (нуль)▼	нулево́й	21	два́дцать оди́н	два́дцать пе́рвый
1	оди́н▼	пе́рвый	30	три́дцать	тридца́тый
2	два▼	второ́й	40	со́рок	сороково́й
3	три	тре́тий	50	пятьдеся́т▼	пятидеся́тый
4	четы́ре	четвёртый	60	шестьдеся́т▼	шестидеся́тый
5	пять	пя́тый	70	се́мьдесят	семидеся́тый
6	шесть	шесто́й	80	во́семьдесят	восьмидеся́тый
7	семь	седьмо́й	90	девяно́сто	девяно́стый
8	во́семь	восьмо́й	100	сто	со́тый
9	де́вять	девя́тый	101	сто оди́н	сто пе́рвый
10	де́сять	деся́тый	105	сто пять	сто пя́тый
11	оди́ннадцать▼	оди́ннадцатый	200	две́сти	двухсо́тый
12	двена́дцать	двена́дцатый	300	три́ста	трёхсо́тый
13	трина́дцать	трина́дцатый	400	четы́реста	четырёхсо́тый
14	четы́рнадцать	четы́рнадцатый	500	пятьсо́т▼	пятисо́тый
15	пятна́дцать	пятна́дцатый	600	шестьсо́т▼	шестисо́тый
16	шестна́дцать▼	шестна́дцатый	700	семьсо́т	семисо́тый
17	семна́дцать	семна́дцатый	800	восемьсо́т	восьмисо́тый
18	восемна́дцать	восемна́дцатый	900	девятьсо́т	девятисо́тый
19	девятна́дцать	девятна́дцатый	1000	ты́сяча▼	ты́сячный
20	два́дцать	двадца́тый	2000	две ты́сячи	двухты́сячный

▶ **ноль** ㊚ のほかに **нуль** も用いる。　▶ **оди́н** ㊚ のほかに **одно́** ㊥, **одна́** ㊛, **одни́** ㊫ がある。
▶ 2 は **два** ㊚㊥ か **две** ㊛ を使い分ける。　▶ **дца** の音は [ツァ]。　▶ 無力点の **ше** は [シゥィ]。
▶ пятьдеся́т [ピィディスャートゥ]　▶ шестьдеся́т [シゥィズディスャートゥ]　▶ пятьсо́т [ピッツオートゥ]
▶ шестьсо́т [シゥィスソートゥ]　▶ **ты́сяча** は ㊛, 2000 は **две** ты́сяч**и**。

1万から上の単位に注意！

1 万	де́сять ты́сяч	десятѝты́сячный
10 万	сто ты́сяч	стòты́сячный
100 万	миллио́н	миллио́нный
1000 万	де́сять миллио́нов	десятѝмиллио́нный
1 億	сто миллио́нов	стòмиллио́нный
10 億	миллиа́рд	миллиа́рдный
100 億	де́сять миллиа́рдов	десятѝмиллиа́рдный
1000 億	сто миллиа́рдов	стòмиллиа́рдный
1 兆	триллио́н	триллио́нный

注）
1 万 = 千が 10,
10 万 = 千が 100, …
1 千万 = 百万が 10, …
1 億 = 百万が 100
などのように和 ⇄ 露では位（単位）の表現法に差異（ズレ？）がある。（ロシア語では 3 桁ずつ名称が変わる。）

2 単数形の男・中・女性名詞全 6 格の変化簡略表

単数形の名詞格変化の全体像を眺めましょう（単語の意味は次ページ参照）。

男・中・女の単数・複数形格変化の基本については 4 で別個にまとめます。

格	男性		中性	女性	
	動物	非動物	非動物	動物	非動物
№1 主格 **кто? что?**	студе́нт Андре́й жи́тель	журна́л музе́й слова́рь	письмо́ мо́ре пла́тье	студе́нтка балери́на Та́ня	кни́га пе́сня пло́щадь
№2 生格 **кого́? чего́?**	студе́нта Андре́я жи́теля	журна́ла музе́я словаря́	письма́ мо́ря пла́тья	студе́нтки балери́ны Та́ни	кни́ги пе́сни пло́щади
№3 与格 **кому́? чему́?**	студе́нту Андре́ю жи́телю	журна́лу музе́ю словарю́	письму́ мо́рю пла́тью	студе́нтке балери́не Та́не	кни́ге пе́сне пло́щади
№4 対格 **кого́? что?**	= №2	= №1	= №1	студе́нтку балери́ну Та́ню	кни́гу пе́сню пло́щадь
№5 造格 **кем? чем?**	студе́нтом Андре́ем жи́телем	журна́лом музе́ем словарём	письмо́м мо́рем пла́тьем	студе́нткой балери́ной Та́ней	кни́гой пе́сней пло́щадью
№6 *前置格 **о ком? о чём?**	о студе́нте об Андре́е о жи́теле	о журна́ле о музе́е о словаре́	о письме́ о мо́ре о пла́тье	о студе́нтке о балери́не о Та́не	о кни́ге о пе́сне о пло́щади

＊ №6 では前置詞の代表として **о** や **об** を用いる。この**付記**の 4 以降では (о) や (об) や (обо) のように ( ) で表示する。※動物の男性名詞は №2 = №4，非動物の男性と中性名詞は №1 = №4。**単数形の女性名詞の語尾は，№3 と №6 では同形 №3 = №6。**

3 人称代名詞の全 6 格のかたち

№1	**я**	**ты**	**он/оно́**	**она́**	**мы**	**вы**	**они́**
№2	меня́	тебя́	(н) его́	(н) её	нас	вас	(н) их
№3	мне	тебе́	(н) ему́	(н) ей	нам	вам	(н) им
№4	меня́	тебя́	(н) его́	(н) её	нас	вас	(н) их
№5	мной	тобо́й	(н) им	(н) ей	на́ми	ва́ми	(н) и́ми
№6	обо мне́	о тебе́	о нём	о ней	о нас	о вас	о них

注 1) №2 **生格**と №4 **対格**は同形！
注 2) №6 の обо はアクセントなしの前置詞で発音は [аба]。
注 3) он，оно́，она́ は非動物も指す。例 о рома́не = о нём
注 4) 3 人称は，前に前置詞があると **н** が加わる。例 без **н**его́. без **н**её... с **н**и́ми

4 主格以降の格変化の基本パターン一覧表

すでに**第8課**で，**主格** №1 の形をまとめました。

この**付記**では主格以外の 5 つの格（一括して**斜格**と呼ぶ）を整理します。視覚を重視した表でその全体像をつかんでください▼。ロシア語規範文法では，6 格の順番は，主格 №1，生格 №2，与格 №3，対格 №4，造格 №5，前置格 №6 とされているので，そのナンバーも示しておきます。

▶ М. Н. Лебедева を中心とするロシア語教授法専門家諸氏の表示法に準じます。

主格のときと同様，取り上げたものは，典型的な語末で終わる**名詞**群です：

- **男性名詞**：студе́нт 学生，Андре́**й** アンドレイ，жи́теl**ь** 住民，журна́л 雑誌，музе́**й** 美術館，слова́р**ь** 辞書
- **中性名詞**：письм**о́** 手紙，мо́р**е** 海，пла́ть**е** ワンピース／ドレス
- **女性名詞**：студе́нтк**а** 女子学生，балери́н**а** バレリーナ，Та́н**я** ターニャ (女性の名 Татья́на の愛称)，кни́г**а** 本，пе́сн**я** 歌，пло́щад**ь** 広場

※ **вре́мя**「時間」その他若干の名詞の特殊格変化表は別表でまとめます。

さらに**代名詞や形容詞的代名詞**，**順序数詞**，**形容詞**，**指示代名詞**なども取り上げておきます：

он，он**о́**，он**а́**，он**и́** 彼／それ，彼女／それ，彼ら／それら，
как**о́й**? どのような？，ч**ей**? 誰の？，м**ой** 私の，тв**ой** 君の，наш▼ 私たちの，
тре́т**ий** 3番目の，хоро́ш**ий** 良い，сосе́дн**ий**▼ 隣の，но́в**ый**▼ 新しい，
пе́рв**ый** 1番目の・最初の，втор**о́й** 2番目の，молод**о́й** 若い，
са́м**ый**〔最上級〕最も，больш**о́й** 大きい，э́тот この　など。

▶ **所有代名詞** наш と ваш「あなたの／あなたたちの」は同一変化。
▶ **形容詞** си́н**ий**「青い」，у́тренн**ий**「朝の」，зи́мн**ий**「冬の」，после́дн**ий**「最後の／最新の」などもこの変化パターン（**軟変化型**）です。
▶ **接続語**（**関係代名詞**）кото́р**ый** の変化パターンは（**硬変化型**）。но́в**ый**「新しい」に準じます。

「～の」という所有代名詞（его́，её，их）は不変化で用いられることに注意。

Ⅰ．単数形

1．男性および中性

№2 生格（男性・中性）

		Кого́?	Чего́?		
(у **него́**)*	**его́**	(男)	(男)	но́в	**ого**
как	**о́го**?	студе́нт**а**	журна́л**а**	пе́рв	**ого**
чь	**его́**?	Андре́**я**	музе́**я**	втор	**о́го**
мо	**его́**	жи́тел**я**	словар**я́**	молод	**о́го**
тво	**его́**		--------------	са́м	**ого**
на́ш	**его**		(中)	ру́сск	**ого**
тре́ть	**его**		письм**а́**	больш	**о́го**
хоро́ш	**его**		мо́р**я**	э́т	**ого**
сосе́дн	**его**		пла́ть**я**		
(его́, её, их)					

例 Завтра днём я бу́ду у моего́ но́вого дру́га.
明日の昼，私は私の新しい友人の所にいる（行く）でしょう。

＊人称代名詞 он，оно́ の生格形は его́ だが，それに前置詞（たとえば **у**「**～のところに**」）が付くときは **у н**его́ のように **«н»** が加わる。

注意：この項の諸表に記される **его** や **ого** の **г** の発音は в［ｳﾞ /v］。

№3 与格（男性・中性）

		Кому́?	Чему́?		
(к **нему́**)	**ему́**	студе́нт**у**	журна́л**у**	но́в	**ому**
как	**о́му**?	Андре́**ю**	музе́**ю**	пе́рв	**ому**
чь	**ему́**?	жи́тел**ю**	словар**ю́**	втор	**о́му**
мо	**ему́**			молод	**о́му**
тво	**ему́**		---------------	са́м	**ому**
на́ш	**ему**			ру́сск	**ому**
тре́ть	**ему**		письм**у́**	больш	**о́му**
хоро́ш	**ему**		мо́р**ю**	э́т	**ому**
сосе́дн	**ему**		пла́ть**ю**		
(его́, её, их)					

例 Мы идём▾ **к нему́**. 私たちは彼のもとへ向かっています。

▶ идти́[E] 不完 *(b)* 歩いて行く，向かう；《前置詞 **к** ＋与格》で「～の方へ」と運動の方向を表す。

例 間接目的，アドレス，宛先などを示す：

Я пишу́ имейл моему́ но́вому друѓу. 私は私の新しい友人にメールを書いています。

№4 対格 I.（動物・男性 Кого́?）＝ №2 生格（男性 Кого́?）と同形

		Кого́?		
(в* **него́**)	**его́**	студе́нт**а**	но́в	**ого**
как	**о́го**?	Андре́**я**	пе́рв	**ого**
чь	**его́**?	жи́тел**я**	втор	**о́го**
мо	**его́**		молод	**о́го**
тво	**его́**		са́м	**ого**
на́ш	**его**		ру́сск	**ого**
тре́ть	**его**		больш	**о́го**
хоро́ш	**его**		э́т	**ого**
сосе́дн	**его**			
(его́, её, их)				

*《前置詞 в ＋対格》で「～(の中)へ」など方向や対象などを表すことができる。動詞 влюби́ться[И] 完 **[б/бл/б]** *(c)* 〈в кого́? во что?〉を過去形で使ってみよう：

例 Она́ влюби́лась в него́. 彼女は彼に惚れ込んでしまった。

直接目的（直接補語）としての対格の用例も確認しておこう：

例 Я встреча́ю▾ на́шего но́вого студе́нта.

私は私たちの新しい学生を出迎えるところです。

▶ встреча́ю < встреча́ть[E] 不完 *(a)* 〈кого́? что?〉～を迎える

№4 対格 II.（非動物・男性 Что?）= №1 主格（非動物・男性 Что?）と同形

		Что?		
(в **него́**)	**его́**	журна́л	но́в	**ый**
как	**ой?**	музе́**й**	пе́рв	**ый**
чь	**й?**	слова́**рь**	втор	**о́й**
мо	**й**		молод	**о́й**
тво	**й**		са́м	**ый**
на́ш			ру́сск	**ий**
тре́ть	**ий**		больш	**о́й**
хоро́ш	**ий**		э́тот	
сосе́дн	**ий**			
(его́, её, их)				

例 Я покупа́ю▼ но́вый ру́сско-япо́нский слова́рь.

私は新しい露和辞典を買うところです。

▶ я покупа́ю 私は～を買う < покупа́ть[E] 不完 *(a)* 〈что?〉

№4 対格 III.（中性 Что?）= №1 主格（中性 Что?）と同形

		Что?		
(в **него́**)	**его́**	письм**о́**	но́в	**ое**
как	**о́е?**	мо́р**е**	пе́рв	**ое**
чь	**ё?**	пла́ть**е**	втор	**о́е**
мо	**ё**		молод	**о́е**
тво	**ё**		са́м	**ое**
на́ш	**е**		ру́сск	**ое**
тре́ть	**е**		больш	**о́е**
хоро́ш	**ее**		э́т	**о**
сосе́дн	**ее**			
(его́, её, их)				

［比較］сосе́днее「隣の」と同じ変化をする形容詞 ле́тнее「夏の」を使ってみよう。

〔主〕Э́то но́вое ле́тнее пла́тье.

これは新しい夏（向き）のワンピースです。

〔対〕О́на купи́ла▼ но́вое ле́тнее пла́тье.

彼女は新しい夏（向き）のワンピースを買いました。

▶ 動詞・過去・女性形 купи́ла「買いました」< купи́ть″ 完 [п/пл/п] *(c)*「～を買いあげる／購入する」：я куплю́，ты ку́пишь，они́ ку́пят

№5 造格（男性・中性）

		Кем?	Чем?		
(с ним)	**им**	студéнт**ом**	журнáл**ом**	нóв	**ым**
как	**и́м**?	Андрé**ем**	музé**ем**	пéрв	**ым**
чь	**им**?	жи́тел**ем**	словар**ём**	втор	**ы́м**
мо	**и́м**			молод	**ы́м**
тво	**и́м**		---------------	сáм	**ым**
нáш	**им**		письм**óм**	рýсск	**им**
трéть	**им**		мóр**ем**	больш	**и́м**
хорóш	**им**		плáть**ем**	э́т	**им**
сосéдн	**им**				
(егó, её, их)					

例 Я говорю́ с мои́м нóвым хорóшим дрýгом.
私は私の新しい素晴らしい友人と話しています。

Кáждый день я занимáюсь спóртом.　私は毎日スポーツをしています。

Онá интересýется крáсным плáтьем.　彼女は赤いドレスに興味があります。

Я хочý стать журнали́стом.　僕はジャーナリストになりたいです。

Он пи́шет си́ним карандашóм.　彼は青鉛筆で書いています。

Друг интересýется рýсской литератýрой.　友人はロシア文学に関心があります。

№6 前置格（男性・中性）

		(о*) ком?	(о) чём?		
(о) н	**ём**	(о) студéнт**е**	(о) журнáл**е**	нóв	**ом**
как	**óм**?	(об) Андрé**е**	(о) музé**е**	пéрв	**ом**
чь	**ём**?	(о) жи́тел**е**	(о) словар**é**	втор	**óм**
мо	**ём**			молод	**óм**
тво	**ём**		---------------	сáм	**ом**
нáш	**ем**		(о) письм**é**	рýсск	**ом**
трéть	**ем**		(о) мóр**е**	больш	**óм**
хорóш	**ем**		(о) плáть**е**	э́т	**ом**
сосéдн	**ем**				
(егó, её, их)					

例 Мы говори́м о моём нóвом рýсском дрýге.
私たちは私の新しいロシア人の友人について話しています。

*前置詞 **о** は前置格（ком-чём）とともに用いられて「〜について」を意味する。
о нём =「он（彼／それ），онó（それ）について」

母音 а, и, у, э, о の前では前置詞 **о** は，**об** になる（母音の過度の連続化を防ぐため）。ちなみに **о／об** は，前置格で使われる前置詞の一例であり，この格 №6 では前置詞 **в** や **на** が頻繁に使われる。これ以降，№6 の前置詞の代表としての о や об，обо を（　）に入れて記す。

補足 1　планета́р**ий**「プラネタリウム」，санато́р**ий**「サナトリウム」など語末が -**ий** の男性名詞や，собра́н**ие**「会議」，зда́н**ие**「建物」，общежи́т**ие**「寮」など語末が -**ие** の中性名詞は，前置格では語末が -**ии** になる。→ в планета́р**ии**，в санато́р**ии**；на собра́н**ии**，в зда́н**ии**，в общежи́т**ии**

補足 2　前置詞 **в** や **на** の後に用いられる若干の男性名詞の単数前置格形は -**ý**／-**ю́** で終わる：
сад − в сад**ý** 庭で；лес − в лес**ý** 森で；шкаф − в шкаф**ý** 戸棚／洋服ダンスの中に；
порт − в порт**ý** 港で；аэропо́рт − в аэропорт**ý** 空港で；ýгол − в угл**ý**（部屋などの）隅に；
Крым − в Крым**ý** クリミア（半島）で；мост − на мост**ý** 橋の上で；
бéрег − на берег**ý** 岸の上で；снег − на снег**ý** 雪の上に；пол − на пол**ý** 床の上で／に；
край − на кра**ю́** 端に／隅に；год − в год**ý** 1年のなかで；
э́тот год − в э́том год**ý** 今年（に）；в про́шлом год**ý** 去年；в бýдущем год**ý** 来年
　ただし，前置詞 **о** の後で用いられるとき，これらの名詞の語尾は -**е** となる。その際，語尾 -**е** にアクセントは置かれない。☞ в сад**ý** − о са́д**е**；в лес**ý** − о ле́с**е**；в шкаф**ý** − о шка́ф**е**；
... на кра**ю́** − о кра́**е**；... в год**ý** − о го́д**е** ... となる。

2. 女性

№2 生格（女性）

		Кого́?	Чего́?		
(у **неё**)	**её**	студе́нтк**и**	кни́г**и**	но́в	**ой**
как	**о́й?**	балери́н**ы**	пе́сн**и**	пе́рв	**ой**
чь	**ей?**	Та́н**и**	пло́щад**и**	втор	**о́й**
мо	**е́й**			молод	**о́й**
тво	**е́й**			са́м	**ой**
на́ш	**ей**			ру́сск	**ой**
тре́ть	**ей**			больш	**о́й**
хоро́ш	**ей**			э́т	**ой**
сосе́дн	**ей**				
(его́, её, их)					

例　（у кого́? 誰のところに？）Я была́▼ у на́шей но́вой молодо́й балери́н**ы**.
私は私たちの新しい若いバレリーナのところへ行ってきた／いたのよ。
▶ была́ < быть[E] *(a)*「ある，いる（行って来る）」（第 ***16*** 課 5 の最後部および 第 ***18*** 課 1 参照）

記憶のヒント

名詞を修飾する**形容詞や所有・指示・定代名詞，順序数詞などの単数女性形語尾**は，**主格と対格以外**の格では**すべて同形の -ой／-ей になる**。これを意識しておくと記憶の負担が軽くなる。

№3 与格（女性）

		Кому́?	Чему́?		
(к **ней**)	**ей**	студе́нтк**е**	кни́г**е**	но́в	**ой**
как	**о́й**?	балери́н**е**	пе́сн**е**	пе́рв	**ой**
чь	**ей**?	Та́н**е**	пло́щад**и**	втор	**о́й**
мо	**е́й**			молод	**о́й**
тво	**е́й**			са́м	**ой**
на́ш	**ей**			ру́сск	**ой**
тре́ть	**ей**			больш	**о́й**
хоро́ш	**ей**			э́т	**ой**
сосе́дн	**ей**				
(его́, её, их)					

例 Я пишу́ письмо́ на́шей но́вой студе́нтке.

私は私たちの新しい女子学生へ手紙を書いています。

№4 対格（女性）

		Кого́?	Что?		
(на* **неё**)	**её**	студе́нтк**у**	кни́г**у**	но́в	**ую**
как	**у́ю**?	балери́н**у**	пе́сн**ю**	пе́рв	**ую**
чь	**ю**?	Та́н**ю**	пло́щад**ь**	втор	**у́ю**
мо	**ю́**			молод	**у́ю**
тво	**ю́**			са́м	**ую**
на́ш	**у**			ру́сск	**ую**
тре́ть	**ю**			больш	**ую**
хоро́ш	**ую**			э́т	**у**
сосе́дн	**юю**				
(его́, её, их)					

例 Вчера́ я встре́тила▼ на́шу но́вую ру́сскую студе́нтку.

昨日私は私たちの新しいロシア人女子大生に出会いました。

▶ 動詞・過去・女性形 встре́тила の不定形は встре́тить〃 完 **[т/ч/т]** *(a)* 〈кого́? что?〉「出会う，出迎える」。

＊на は方向や対象を示す前置詞（対格要求）。

Я смотрю́▼ **на** Та́н**ю**. ＝ Я смотрю́ **на неё**.

「私はターニャの方を見ている」＝「私は彼女の方を見ている」

▶ смотре́ть〃 不完 *(c)* 〈на кого́? на что?〉 ～の方を見る，～に視線を向ける

№5 造格（女性）

	Кем?	Чем?	
(с **ней**) **ей*** как**óй?** чь**ей?** мо**éй** тво**éй** нáш**ей** трéть**ей** хорóш**ей** сосéдн**ей** (егó, её, их)	студéнтк**ой** балерúн**ой** Тáн**ей**	кнúг**ой** пéсн**ей** плóщадь**ю**	нóв**ой** пéрв**ой** втор**óй** молод**óй** сáм**ой** рýсск**ой** больш**óй** э́т**ой**

例 ➡ Я познакóмился▼ с молодóй хорóшей рýсской студéнткой.
僕は若い素敵なロシア人の女子学生と知り合いになった。

➡ Сейчáс я интересýюсь▼ э́той большóй нóвой рýсской кнúгой.
いま私はこの大きな新しいロシアの本に興味があります。

▶ познакóмиться[И] ㊎ **[м/мл/м]** *(a)* ～と知り合いになる
▶ интересовáться[Е] 不完 **[ова/у]** *(a)* 〈кем? чем?〉興味・関心がある
я интересýюсь, ты интересýешься, онú интересýются

№6 前置格（女性）

	(о) ком?	(о) чём?	
(о) **н** **ей** как**óй?** чь**ей?** мо**éй** тво**éй** нáш**ей** трéть**ей** хорóш**ей** сосéдн**ей** (егó, её, их)	(о) студéнтк**е** (о) балерúн**е** (о) Тáн**е**	(о) кнúг**е** (о) пéсн**е** (о) плóщад**и**	нóв**ой** пéрв**ой** втор**óй** молод**óй** сáм**ой** рýсск**ой** больш**óй** э́т**ой**

※аудитóр**ия**「講義室」, стáнц**ия**「駅」, Россú**я**「ロシア」, Áз**ия**「アジア」, Япóн**ия**「日本」, Марú**я**「マリーヤ」など語末が **-ия** の女性名詞は，前置格では語末が **-ии** になる。
→ в аудитóр**ии**, на стáнц**ии**, в Россú**и**, в Áз**ии**, в Япóн**ии**, о Марú**и**

1 前置詞 o とともに

Наш гид расскáзывает▼ о большóй Крáсной плóщади▼.
私たちのガイドは，大きな「赤の広場」について語っています。

▶ расска́зывать[E] 不完 *(a)* 〈о ком? о чём?〉 ～について語る
▶ Кра́сная пло́щадь 女 赤の広場（固有名詞）

2 前置詞 в, на とともに

В про́шлом году́▼ я был в Росси́и.	去年，僕はロシアにいました（＝行きました）。
Мы бы́ли на экску́рсии на заво́де.	私たちは工場（での）見学に行きました。
На э́той неде́ле бу́дет экза́мен.	今週には試験があります。
Я е́ду в теа́тр на маши́не.	私は車で劇場へ行くところです。

▶ 単数 №6 **前置格（男性・中性）**の表の【補足】を参照。

記憶のヒント

単数形の女性名詞の語尾は，**与格と前置格では同形**になる。**前置格** №6 を使った例文と，**与格** №3 を用いた例文で確認しておこう。

№6 Я пишу́ письмо́ о на́шей но́вой хоро́шей балери́не.
私は私たちの新しい素晴らしいバレリーナについて手紙を書いています。

№3 Я пишу́ письмо́ на́шей но́вой хоро́шей балери́не.
私は私たちの新しい素晴らしいバレリーナに（宛てて）手紙を書いています。

Ⅱ．複数形 （主格形 №1 は 第8課 参照）

№2 複数生格

		Кого́?	Чего́?		
(у **них**)	**их**	студе́нто**в**	журна́ло**в**	но́в	**ых**
как	**их?**	Андре́е**в**	музе́е**в**	перв	**ых**
чь	**и́х?**	жи́теле**й**	словар**е́й**	втор	**ы́х**
мо	**и́х**			молод	**ы́х**
тво	**и́х**		пи́сем	са́м	**ых**
на́ш	**их**		мор**е́й**	ру́сск	**их**
тре́ть	**их**		пла́ть**ев**	больш	**и́х**
хоро́ш	**их**	студе́нток	книг	э́т	**их**
сосе́дн	**их**	балери́н	пе́сен		
(его́, её, их)		Тан**ь**	площад**е́й**		

形容詞および所有・指示・定代名詞などの複数形は全性に共通する。

例 Вчера́ я был у на́ших но́вых хоро́ших студе́нтов и студе́нток.
昨日僕はわれわれの新しい素晴らしい男女の学生たちのところにいました／行ってきました。

№3 複数与格

		Комý?	Чемý?		
(к **ним**)	**им**	студéнт**ам**	журнáл**ам**	нóв	**ым**
как	**и́м**?	Андрé**ям**	музé**ям**	пéрв	**ым**
чь	**и́м**?	жи́тел**ям**	словар**я́м**	втор	**ы́м**
мо	**и́м**			молод	**ы́м**
тво	**и́м**		пи́сьм**ам**	сáм	**ым**
нáш	**им**		мор**я́м**	рýсск	**им**
трéть	**им**		плáть**ям**	больш	**и́м**
хорóш	**им**	студéнтк**ам**	кни́г**ам**	э́т	**им**
сосéдн	**им**	балери́н**ам**	пéсн**ям**		
(егó, её, их)		Тáн**ям**	площад**я́м**		

例 Мы идём▼ к нáшим нóвым хорóшим студéнтам и студéнткам.

私たちは私たちの新しい素晴らしい男女の学生たちのところに向かっています／行くところです。

▶ идём の不定形は **идти́**[E] 不完 *(b)*「(徒歩で) 向かう／行く」。向かう相手を意味するときは《前置詞 к + комý》で表す。к ним =「彼らのところへ」

Я пишý письмó моúм (своúм) роди́телям▼. Я напишý▼ егó▼ к вéчеру▼.

私は私の (自分の) 両親に手紙を書いています。私はそれを夕方までに書き上げます。

▶ роди́телям №3 < роди́тели〔複のみ〕両親　▶ напишý < написáть[E] 完 [с/ш] *(c)* 書き上げる
▶ егó №4 = письмó　▶ к вéчеру《前置詞 к + №3》夕方までに < вéчер 夕方，夜

№4 複数対格 I. (動物 Когó?) = №2 生格 (動物の複数生格 Когó?) と同形

		Когó?		
(на **них**)	**их**	студéнт**ов**	нóв	**ых**
как	**и́х**?	друз**éй**	пéрв	**ых**
чь	**и́х**?	Андрé**ев**	втор	**ы́х**
мо	**и́х**	жи́тел**ей**	молод	**ы́х**
тво	**и́х**		сáм	**ых**
нáш	**их**		рýсск	**их**
трéть	**их**	студéнток	больш	**и́х**
хорóш	**их**	балери́н	э́т	**их**
сосéдн	**их**	Тан**ь***		
(егó, её, их)				

例 Мы встречáем нáших нóвых хорóших студéнтов и студéнток.

私たちは私たちの新しい素晴らしい男女の学生たちを出迎えます／出迎えているところです。

*女性の名前の愛称 Вáл**я**，Гáл**я**，Óл**я**，Сóн**я**，Тáн**я** の複数生格および対格の語尾は -ь で終わる。☞ Вал**ь**，Гал**ь**，Ол**ь**，Сон**ь**，Тан**ь**

№4 複数対格 II.（非動物 Что?）＝ №1 主格（非動物複数 Что?）と同形

		Что?		
(на **них**)	**их**	журна́л**ы**	но́в	**ые**
как	**ие?**	музе́**и**	пе́рв	**ые**
чь	**и?**	словар**и́**	втор	**ы́е**
мо	**и́**		молод	**ы́е**
тво	**и́**	пи́сьм**а**	са́м	**ые**
на́ш	**и**	мор**я́**	ру́сск	**ие**
тре́ть	**и**	пла́ть**я**	больш	**и́е**
хоро́ш	**ие**		э́т	**и**
сосе́дн	**ие**	кни́г**и**		
		пе́сн**и**		
(его́, её, их)		пло́щад**и**		

例 Я купи́ла▼ но́вые кни́ги и журна́лы.

私は（複数の）新しい本と雑誌を買いました。

▶ купи́ла〔過〕㊛ < купи́ть^{II} ㊎ [п/пл/п] *(c)* ～を購入する

В э́том бути́ке▼ всегда́▼ продаю́т▼ хоро́шие пла́тья и костю́мы▼.

このブティックではいつも良いドレスとスーツを売っています。

▶ в э́том бути́ке №6 < э́тот бути́к ㊚ このブティック　▶ всегда́ ㊪ いつも，常に

▶ продава́ть^{E} 不完 [ва/-] *(b)* ～を売る［変則変化］я продаю́，ты продаёшь，они́ продаю́т

▶ костю́мы ㊫ №4 < костю́м 背広／スーツ／衣装

※この文では，形式主語（они́）を示さずに「～を売っている＝～が売られている」ということを意味する構文，いわゆる**不定人称文**が用いられている。

№5 複数造格

		Кем?	Чем?		
(с **ни́ми**)	**и́ми**	студе́нт**ами**	журна́л**ами**	но́в	**ыми**
как	**и́ми?**	Андре́**ями**	музе́**ями**	пе́рв	**ыми**
чь	**и́ми?**	жи́тел**ями**	словар**я́ми**	втор	**ы́ми**
мо	**и́ми**			молод	**ы́ми**
тво	**и́ми**		пи́сьм**ами**	са́м	**ыми**
на́ш	**ими**		мор**я́ми**	ру́сск	**ими**
тре́ть	**ими**		пла́ть**ями**	больш	**и́ми**
хоро́ш	**ими**			э́т	**ими**
сосе́дн	**ими**	студе́нтк**ами**	кни́г**ами**		
		балери́н**ами**	пе́сн**ями**		
(его́, её, их)		Та́н**ями**	площад**я́ми**		

例 Профе́ссор разгова́ривает с на́шими но́выми хоро́шими студе́нтами и студе́нтками.

教授は私たちの新しい素晴らしい男女の学生たちとお話をしているところです。

記憶のヒント

複数造格の語尾は，名詞，形容詞ともに**複数与格**の語尾に **и** を付け加えるだけで得られる。

№3 (к) на́шим　но́вым　хоро́шим　студе́нтам

№5 (с) на́шим**и**　но́вым**и**　хоро́шим**и**　студе́нтам**и**

№6 複数前置格 I.

		(о) ком?	(о) чём?		
(о) н	**и́х**	(о) студе́нт**ах**	(о) журна́л**ах**	но́в	**ых**
как	**и́х**?	(об) Андре́**ях**	(о) музе́**ях**	пе́рв	**ых**
чь	**их**?	(о) жи́тел**ях**	(о) словар**я́х**	втор	**ы́х**
мо	**и́х**			молод	**ы́х**
тво	**и́х**		(о) пи́сьм**ах**	са́м	**ых**
на́ш	**их**		(о) мор**я́х**	ру́сск	**их**
тре́ть	**их**		(о) пла́ть**ях**	больш	**и́х**
хоро́ш	**их**	(о) студе́нтк**ах**	(о) кни́г**ах**	э́т	**их**
сосе́дн	**их**	(о) балери́н**ах**	(о) пе́сн**ях**		
(его́, её, их)		(о) Та́н**ях**	(о) площад**я́х**		

例 Профе́ссор ду́мает▾ о на́ших но́вых хоро́ших студе́нтах и студе́нтках.

教授は私たちの新しい素晴らしい男女の学生たちについて考えています。

▶ (он) ду́мает 〈о ком? о чём?〉. (彼は)～のことを考えています／～について考えています
ду́мать[E] 不完 *(a)* 〈о ком? о чём?〉 ～について考える／思う

記憶のヒント

複数前置格の語尾は，名詞，形容詞ともに**複数与格**の語尾 **м** を **х** に替えればよい。

№3 на́ши**м**　хоро́ши**м**　студе́нта**м**「私たちの素晴らしい学生たちへ」

№6 о на́ши**х**　хоро́ши**х**　студе́нта**х**「私たちの素晴らしい学生たちについて」

定代名詞の語形変化（まとめ）

定代名詞 весь「全体の，すべての」の用法（基本パターン一覧表への補足）

	男性〔単〕	中性〔単〕	女性〔単〕	複数形
№1 主格	весь	всё*	вся	все
№2 生格	всего́		всей	всех
№3 与格	всему́		всей	всем
№4 対格	— **		всю	— **
№5 造格	всем		всей	все́ми
№6 前置格	(обо) всём		(о) всей	(о) всех

* **весь** は男性名詞の単数形を修飾し，**всё** は中性名詞の単数形を修飾するが，この両方の定代名詞は，主格以外（斜格）においては同形の変化をする。

** **非動物名詞**なら**対格は主格と同じ**。**動物名詞**なら**対格は生格**と同形。

例

Мать рабо́тала весь день.　母は一日中／終日働いた。

Оте́ц рабо́тал всю неде́лю.　父親は丸一週間働いた。

Э́того профе́ссора хорошо́ зна́ют все студе́нты на́шего университе́та.
われわれの大学の全学生がこの教授をよく知っている。

上の例のように，定代名詞が**単数**の名詞とともに用いられるときは**そのもの全体**を表す（＝一日中）。一方，**複数**の名詞と用いられるときは，**個々の**名詞の**すべて**（＝全学生／学生たち全員）を意味する。

名詞なしに独立で用いられる場合，人を指しているなら複数形が使われる。

- Я интересу́юсь все́ми.　私はすべての人たちに関心があります。
- На собра́нии бы́ли все.　会議には全員が（出席して）いました。
- Я уже́ познако́мился со▼ все́ми в э́том о́фисе.
  僕はすでにこのオフィスの全員と知り合いになった。
  - ▶「皆と／すべての人たちと」。この場合，**前置詞**は，後に続く «**вс**» という**子音との結合**が言いやすく聞き取りやすいようにということで с が **со** にされる。
- Она́ спра́шивает обо▼ всех в э́том о́фисе.
  彼女はこのオフィスの皆のことについて尋ねています。
  - ▶「すべての人たちについて／皆のことについて」という場合，前置詞は о の代わりに **обо** が用いられる。обо にアクセントはない。

◤それ以外（非動物名詞や抽象的なことがら）の「すべて」を指すなら中性単数形を使う。

➠ Я интересу́юсь всем.　私はあらゆることに興味があります。

➠ Де́ти спра́шивают обо▼ всём.　子供たちはあらゆるものごとについて質問します。

▶「あらゆるものごとについて」。この場合も前置詞は **обо** になる。

6　特殊な変化をする名詞（若干）

1．単数主格で末尾が -мя の中性名詞の変化パターン（単数・複数形）

	вре́мя* (時，時間／時代)		**и́мя** (名前)	
	単数形	複数形	単数形	複数形
№1 主格	вре́мя	времена́	и́мя	имена́
№2 生格	вре́мени	времён	и́мени	имён
№3 与格	вре́мени	времена́м	и́мени	имена́м
№4 対格	= №1	= №1	= №1	= №1
№5 造格	вре́менем	времена́ми	и́менем	имена́ми
№6 前置格**	(о) вре́мени	(о) времена́х	(об) и́мени	(об) имена́х

* 単数形は主として「時，時刻，時間」などを，複数形は「時代」を意味する。

** 前置詞 **о** が付くときは о вре́мени，о времена́х となるが，о の直後に来る語の頭文字が母音なら **об**。 例 и́мя，前置詞は об и́мени，об имена́х になる（既出）。

2．любо́вь（愛／恋）；мать（母親）；путь（道／手段）の格変化

	単数形のみ	単数形	複数形	単数形	複数形
№1	любо́в**ь**	мат**ь**	ма́т**ери**	пут**ь**	пут**и́**
№2	любв**и́**	ма́т**ери**	мат**ере́й**	пут**и́**	пут**е́й**
№3	любв**и́**	ма́т**ери**	мат**еря́м**	пут**и́**	пут**я́м**
№4	= №1	= №1	мат**ере́й**	= №1	= №1
№5	любо́в**ью**	ма́т**ерью**	мат**еря́ми**	пут**ём**	пут**я́ми**
№6	(о) любв**и́**	(о) ма́т**ери**	(о) мат**еря́х**	(о) пут**и́**	(о) пут**я́х**

- **любо́вь** 女〔単のみ〕では **о** が出没母音（**第5課**参照）となる。
- **мать** 女 は変化に際して **-ер** が加わる。дочь「娘」も同変化→ до́ч**ери**
- **путь** 男 は他に例のない，唯一の変化パターン。путь は男性名詞なので，それを修飾する形容詞・形容詞的代名詞は当然男性形が用いられる。
  → №1 = так**ой** путь「このような方法」；№6 = так**и́м** путём「このような方法で」

3. 単数主格で末尾が -ий ; -ие ; -ия の名詞の変化パターン

1 単数形の変化パターン

	男性名詞（プラネタリウム）	中性名詞（会議）	女性名詞（講義室）
№1	планета́р**ий**	собра́н**ие**	аудито́р**ия**
№2	планета́ри**я**	собра́ни**я**	аудито́ри**и**
№3	планета́ри**ю**	собра́ни**ю**	аудито́ри**и**
№4	男・中の対格＝主格 №4 ＝ №1		аудито́ри**ю**
№5	планета́ри**ем**	собра́ни**ем**	аудито́ри**ей**
№6	(о) планета́ри**и**	(о) собра́ни**и**	(об) аудито́ри**и**

2 複数形の変化パターン

	男性名詞	中性名詞	女性名詞
№1	планета́ри**и**	собра́ни**я**	аудито́ри**и**
№2	планета́ри**ев**	собра́ни**й**	аудито́ри**й**
№3	планета́ри**ям**	собра́ни**ям**	аудито́ри**ям**
№4	男・中・女ともに対格＝主格 №4 ＝ №1		
№5	планета́ри**ями**	собра́ни**ями**	аудито́ри**ями**
№6	(о) планета́ри**ях**	(о) собра́ни**ях**	(об) аудито́ри**ях**

ロシア語の基本文法用語

品詞 **ча́сти ре́чи**

動詞	глаго́л
名詞	(и́мя) существи́тельное
形容詞	(и́мя) прилага́тельное
数詞	(и́мя) числи́тельное
代名詞	местоиме́ние
副詞	наре́чие
前置詞	предло́г
接続詞	сою́з
助詞（小詞）	части́ца
間投詞	междоме́тие

動詞に関して

現在人称変化	спряже́ние глаго́ла
一人称	пе́рвое лицо́
二人称	второ́е лицо́
三人称	тре́тье лицо́
完了体	соверше́нный вид (СВ)
不完了体	несоверше́нный вид (НСВ)
現在	настоя́щее вре́мя
過去	проше́дшее вре́мя
未来	бу́дущее вре́мя
移動の動詞	глаго́лы движе́ния
副動詞（副分詞）	дееприча́стие
形動詞（形容分詞）	прича́стие

名詞に関して

動物名詞	одушевлённое 〈**кто?**〉
非動物名詞	неодушевлённое 〈**что?**〉
語幹	осно́ва
語尾	оконча́ние

性 **род**

男性	мужско́й род
女性	же́нский род
中性	сре́дний род

数 **число́**

単数	еди́нственное число́
複数	мно́жественное число́

格 **паде́ж**

主格	имени́тельный паде́ж №1 〈**кто? что?**〉
生格	роди́тельный паде́ж №2 〈**кого́? чего́?**〉
与格	да́тельный паде́ж №3 〈**кому́? чему́?**〉
対格	вини́тельный паде́ж №4 〈**кого́? что?**〉
造格	твори́тельный паде́ж №5 〈**кем? чем?**〉
前置格	предло́жный паде́ж №6 〈**о ком? о чём?**〉

構文論 **си́нтаксис**

文	предложе́ние
主語	подлежа́щее
述語	сказу́емое
補語	дополне́ние
定語（形容詞句）	определе́ние
状況語（副詞句）	обстоя́тельство
人称文	ли́чное предложе́ние
無人称文	безли́чное предложе́ние
不定人称文	неопределённо-ли́чное предложе́ние

句読法関連

ピリオド	то́чка (.)
コンマ	запята́я (,)
セミコロン	то́чка с запято́й (;)
コロン	двоето́чие (:)
ダッシュ	тире́ (—)
ハイフン	дефи́с (-)
疑問符	вопроси́тельный знак (?)
感嘆符	восклица́тельный знак (!)

練習問題　解答

第2課　p.96

1) он　2) онá　3) он　4) он　5) он　6) онó　7) онó
8) он　9) онá　10) онó　11) онá　12) онá　13) онó　14) он

第3課　p.100

ОН		ОНО		ОНА	
1) киóск	киоск	1) мóре	море	1) гитáра	гитара
2) парк	парк	2) мéтро	метро	2) пóчта	почта
3) аэропóрт	аэропорт	3) сóлнце	солнце	3) шкóла	школа
4) экзáмен	экзамен	4) óзеро	озеро	4) лéкция	лекция
5) автóбус	автобус	5) таксú	такси	5) полúция	полиция
6) банк	банк	6) úмя	имя	6) мýзыка	музыка
7) турúзм	туризм	7) пóле	поле	7) фúзика	физика
8) тéннис	теннис	8) врéмя	время	8) óпера	опера
9) балéт	балет	9) окнó	окно	9) мать	мать
10) музéй	музей	10) собрáние	собрание	10) хúмия	химия

第4課　p.106

А：ほら，僕の写真アルバムです。
Б：これはどなた？
А：これは僕の姉です。
Б：彼女の名はなんていうの？
А：彼女の名はエカテリーナです。
Б：彼女は誰ですか（何をしている人ですか）。
А：彼女は看護師です。
Б：彼女には家族はありますか。
А：はい，あります。彼女には夫と息子と娘がいます。

第6課　p.116

1) нáши　2) большáя　3) япóнские　4) мáленькая
5) рýсский　6) плохóй　7) сúнее　8) интерéсные
9) красúвое　10) совéдняя　11) хорóшая　12) ваш
13) крáсное　14) послéднее　15) скýчные（発音 ч → ш）

第7課　p.121

А：このばら色のドレス（ワンピース）は新しいですか，古いですか。
Б：それは新しくて高額です。
А：ではあちらの黒いオーバーコートも新しくて高いですか。
Б：いえ，それは古い安物です。
А：この新しくて高いドレス（ワンピース）は彼女の（もの）で，あちらの古くて安いオーバーは彼の（もの）です。
彼女にはお金がありますが，彼にはありません。

第8課－1　p.131

1) Э́то [девя́тая] страни́ца.　2) Э́то [шестóй] дом.　3) Э́то [трéтья] кóмната.
4) Э́то [восьмáя] квартúра.　5) Э́то [четвёртая] аудитóрия.　6) Э́то [пя́тый] автóбус.
7) Э́то [вторóе] упражнéние.　8) Э́то [седьмóй] ряд.　9) Э́то [деся́тое] мéсто.

第8課－2 p.131

1) これは誰の辞書ですか。
2) これは私の辞書です。
3) これは私たちの女子学生です。
4) これは私の新しいワンピース（ドレス）です。
5) これはおいしいイタリアワインです。
6) このイタリアワインはおいしいです。
7) これは彼女の鉛筆で，これは彼のペンです。
8) これは私たちの新しい男子学生たちと女子学生たちです。
9) これは彼らの教授です。
10) この小説は面白いけど，あちらのは面白くないです。
11) この白いズボンは短いですが，あちらの黒いの（ズボン）は長いです。
12) この日本の作家は最も人気があります。
13) ロシア語で読むのはもう楽（容易）ですが，ロシア語で話すのはまだ難しいです。

第9課 p.137

1) за́втракаешь 2) за́втракаем 3) обе́дает 4) обе́дают
5) у́жинаешь 6) у́жинаем 7) у́жинаете

第12課 p.152

1) Мы изуча́ем ру́сский язы́к.
2) Сейча́с моя́ мать чита́ет ста́рое письмо́.
3) Сейча́с э́тот писа́тель пи́шет интере́сный рома́н.
4) Я чита́ю статью́, а Та́ня слу́шает му́зыку.
5) Мы изуча́ем исто́рию, литерату́ру, эконо́мику, матема́тику, фи́зику, хи́мию, биоло́гию и информа́тику.

第13課 p.156

1) Сейча́с студе́нты у́чат но́вые ру́сские слова́.
2) Моя́ мать чита́ет ста́рую кни́гу.
3) Сейча́с э́тот писа́тель пи́шет интере́стные расска́зы.
4) Я открыва́ю си́нюю тетра́дь.
5) Сейча́с Та́ня у́чит но́вые ру́сские стихи́.
6) Мой друг не зна́ет мой но́вый но́мер.
7) Сего́дня худо́жник пи́шет большу́ю краси́вую карти́ну.

第15課 p.166

1　1) в　2) в　3) на　4) на，на
2　1) о́фисе　2) библиоте́ке　3) шко́ле　4) больни́це　5) поликли́нике
6) гости́нице　7) поли́ции　8) Петербу́рге　9) фа́брике　10) заво́де
11) по́чте　12) ю́ге

第16課 p.172

1) живу́т　2) живу́　3) рабо́таете，у́читесь　4) у́читесь；учу́сь
5) игра́ет　6) писа́л　7) жила́　8) занима́лась，чита́ла，учи́ла
9) учи́лся，говори́л　10) бы́ло；была́　11) был　12) рабо́тали

第17課 p.176

1) чита́л，прочита́л　2) учи́ла，вы́учила　3) написа́ли，вы́учили，прочита́ли，слу́шают

第19課 p.187

1) いま講師は新しい文法を説明しています。彼が文法を説明し終わると，学生たちは練習問題を書くことになります。
2) アントンは長いこと手紙を書いています。夜には彼は必ずそれを書き終えて，コンピュータで遊ぶでしょう。
3) オリガとアンドレイは新しい単語を覚えているところです。これらの単語を覚えてしまえば，彼らは，テキストを読むでしょう。
4) ナターシャは論文を訳しています。もうじき彼女はこの論文を訳し終えるでしょう。
5) いまイワンとニーナは試験を受けています。試験に受かれば，彼らはカフェで昼食をとるでしょう。

6) いま私たちは休んでいます。休み終われば，私たちは勉強をするつもりです。
7) (私は) テキストを読み終わり，単語を覚えてしまい，練習問題を書いてしまえば (書いてしまったときには)，(私は) 音楽を聞くつもりです。

第21課 p.199

1) Влади́мира, Ната́ши　2) геро́я, э́того, рома́на　3) них, уро́ка, япо́нского, языка́
4) нас, собра́ния　5) студе́нтки, словаря́, тетра́ди

第22課 p.206

1) меня́　2) экза́мена　3) ми́ра　4) вас, отве́та　5) Петра́, Ива́новича, боли́т/боле́ло

第23課－1 p.210

1) Япо́нии　2) на́шего, преподава́теля　3) за́втрака, библиоте́ке
4) молока́　5) популя́рного, журна́ла　6) моего́, до́ма, ста́нции

第23課－2 p.214

1) прие́хали/прие́дет, Япо́нии, а́вгусте　2) пе́рвое, сентября́
3) рожде́ния ; рожде́ния, тре́тьего, ию́ня
4) Како́го, числа́, Росси́ю ; Росси́ю, девятна́дцатого, ию́ля

第24課 p.221

1) мо́жно　2) нельзя́　3) Ива́на, Ната́шу ; нас　4) ви́жу, Серге́я, Мари́ю
5) отца́, мать　6) меня́　7) пригласи́ли, меня́, китайский

第25課 p.226

	идти	ходить	ехать	ездить
я	1) иду́	5) хожу́	9) е́ду	13) е́зжу
ты	2) идёшь	6) хо́дишь	е́дешь	14) е́здишь
он／она́	идёт	7) хо́дит	10) е́дет	е́здит
мы	идём	хо́дим	11) е́дем	15) е́здим
вы	3) идёте	8) хо́дите	е́дете	16) е́здите
они́	4) иду́т	хо́дят	12) е́дут	е́здят

第26課 p.232

1) ходи́ла, шла　2) ходи́ли, шли
3) пое́дете ; пое́ду ; е́здил(а) ; пое́ду ; пое́дете ; е́здил(а)
4) 子供たちは学校から戻ってきた。　5) ヴィクトルはスタジアムから戻ってきた。
6) 私の娘は夜遅く仕事から戻ってきた。　7) これらのツーリストたちは日本からやってきた。
8) この (女性) 作家はロンドンからやってきた。

第27課 p.241

1) кем ; мои́м, ста́ршим, бра́том
2) чем, лю́бите ; са́харом, лимо́ном
3) мои́м, мла́дшим, бра́том ; мои́м, отцо́м
4) кем ; рабо́таю, инжене́ром ; кем, рабо́тает ; рабо́тает, медсестро́й
5) хле́бом, мя́сом, пи́вом, вино́м, во́дкой ; ле́кцией, обе́даем, столо́вой ; на́шим, до́мом, стои́т
6) изве́стным, компози́тором ; мечта́ет, космона́втом ; хо́чет, певи́цей ; Но́вым, го́дом

第 30 課－1 p.255

1) [Нам] нра́вится ру́сская литерату́ра.
2) Я пи́шу име́йл [бра́ту].
3) Я покупа́ю газе́ту [дру́гу].
4) Студе́нты отвеча́ют на уро́ке [преподава́телю].
5) Он пока́зывает свою́ но́вую фотогра́фию [сестре́].
6) Ю́ра помога́ет рисова́ть карти́ну [подру́ге].
7) Продаве́ц показа́л га́лстуки [покупа́телю].
8) Ни́на подари́ла цветы́ [студе́нтке].
9) [Мне и ему́] хо́лодно в этой ко́мнате.／Хо́лодно в э́той ко́мнате [мне и ему́]. も可。
10) [Никола́ю и Мари́и] тру́дно изуча́ть францу́зский язы́к.

第 30 課－2 p.261

1 1) Спортсме́ну 2) Ребёнку 3) Анто́ну и И́горю 4) Мари́не и Мари́и
2 1) в Вашингто́н к своему́ дру́гу 2) в кли́нику к глазно́му врачу́
3) в дере́вню к матери и отцу́ 4) в Москву́ к свое́й до́чери
5) на заво́д к япо́нскому инжене́ру

第 31 課 p.265

1) Ири́не бы́ло пятна́дцать лет. 2) Миха́йлу бы́ло со́рок четы́ре го́да.
3) На́шему преподава́телю был пятьдеся́т оди́н год. 4) Моему́ де́душке бы́ло сто лет.

第 32 課－1 p.270

1) Я встаю́ в шесть (часо́в) утра́ и иду́ в о́фис в во́семь (часо́в) пятна́дцать (мину́т).
2) В четы́рнадцать (часо́в) я обе́даю в кафе́.
3) Наш де́душка обы́чно ложи́тся спать в во́семь (часо́в) два́дцать (мину́т) ве́чера.
※日常会話では часо́в や мину́т を省くことが多い。

第 32 課－2 p.272

1 1) (одна́) ты́сяча рубле́й 2) ты́сяча две́сти оди́ннадцать рубле́й
3) две ты́сячи три́ста оди́н рубль 4) три ты́сячи четы́реста трина́дцать до́лларов
5) пять ты́сяч одна́ ие́на 6) шесть ты́сяч две ие́ны 7) де́сять ты́сяч иен
2 1) Э́тот плащ сто́ит семь ты́сяч три рубля́.
2) Э́тот рюкза́к сто́ит во́семь ты́сяч четы́ре ие́ны.
3) Э́ти коньки́ сто́или де́вять ты́сяч пять рубле́й.
4) Э́та но́вая кварти́ра сто́ила шестьсо́т пятьдеся́т ты́сяч до́лларов.

第 33 課 p.277

1 1) тури́стов 2) биле́тов 3) ле́кций 4) студе́нтов
5) ру́чек, карандаше́й 6) люде́й
2 1) Э́ти очки́ сто́ят два́дцать▼ четы́ре ты́сячи девятьсо́т▼ рубле́й.
▶ 発音：20［ドゥ゙ァーッツァチ］ ▶ 900［ヂィヴィツォート］
2) Населе́ние Москвы́ составля́ет приме́рно двена́дцать▼ миллио́нов шестьсо́т▼ ты́сяч челове́к.
▶ 発音：12［ドゥ゙ィナーッツァチ］ ▶ 600［シゥィスツォート］
3) В Санкт-Петербу́рге живёт▼ приме́рно▼ пять миллио́нов три́ста пятьдеся́т ты́сяч человек.
（＝Населе́ние▼ Санкт-Петербу́рга составля́ет приме́рно пять миллио́нов три́ста пятьдеся́т▼ ты́сяч жи́телей▼.）

▶ живёт 住んでいる ▶ приме́рно の同義語に приблизи́тельно を用いても良い
▶「住んでいる」というのは人口の話なので，население（人口）を使っても良い
▶ пятьдеся́т 発音：50［ピィッヂィスャート］ ▶ жи́телей < жи́тель 男 住民

第34課－1　p.279

1) студе́нтов и студе́нток　　2) актёров и актри́с　　3) роди́телей

第34課－2　p.280

1) на́ших но́вых иностра́нных студе́нтов и студе́нток
2) свои́х люби́мых актёров и актри́с　　3) свои́х ста́рых роди́телей

第34課－3　p.282

1) тури́стам　　2) друзья́ми　　3) моря́х

第34課－4　p.284

1) В библиоте́ке бы́ло мно́го интере́сных францу́зских книг и журна́лов.
図書館には興味深いフランス（語）の本と雑誌がたくさんありました。

2) В бути́ке бы́ло мно́го зи́мних и ле́тних, тёмных и све́тлых пла́тьев.
ブティックには冬物と夏物，ダークな色と明るい色のドレスがたくさんありました。

3) Тури́сты путеше́ствуют по ра́зным стра́нам.　ツーリストたちは様々な国を巡る旅をしています。

4) Они́ пи́шут пи́сьма свои́м ста́рым друзья́м.　彼らは自分たちの旧友たちに手紙を書いています。

5) Э́ти ста́ршие студе́нты фотографи́руют но́вых иностра́нных студе́нтов и студе́нток.
これらの年長の（先輩の）学生たちは新入の外国男子・女子学生たちの写真を撮っています。

6) Де́ти лю́бят рисова́ть кра́сными, зелёными, си́ними карандаша́ми.
子供たちは赤，緑，青色の鉛筆で描くのが好きです。

7) На фестива́ле де́ти познако́мились с молоды́ми тала́нтливыми худо́жниками.
フェスティバルで子供たちは若い，才能のある画家たちと知り合いになりました。

8) Об э́тих новостя́х писа́ли во▼ вчера́шних у́тренних газе́тах.
これらのニュースについては昨日の朝の新聞（朝刊）に書いています（＝書かれていました）。

▶ 2子音（以上）が連続する直前では前置詞は в に代えて во を使う（第**14**課 4 参照）。

第35課　p.290

1) На столе́ стои́т [буты́лка вина́].
2) Э́то маши́на [На́таши].
3) Пётр был [у своего́ дру́га].
4) Ири́на пришла́ [от врача́].
5) Мы прие́хали▼ [из Япо́нии].　▶ 話者が単数なら－Я прие́хал / ла もありえる。
6) Петербу́рг понра́вился [япо́нским тури́стам].
7) Студе́нтка идёт [к данти́сту].
8) Анто́н сфотографи́ровал [бра́та и сестру́].
9) Ма́ша пойдёт в библиоте́ку [в сре́ду].
10) Мой оте́ц рабо́тает [программи́стом].
11) Он занима́ется [спо́ртом и му́зыкой].
12) Профе́ссор разгова́ривает [с Андре́ем].
13) Де́ти гуля́ют [в па́рке].

第36課－1　p.292

1) Вы зна́ете, кому́ она́ звони́т?　　2) Я не зна́ю, чем интересу́ется э́тот студе́нт.
3) Ма́ша не по́мнит, когда́ она́ прочита́ла э́ту кни́гу.
4) Они́ не зна́ют, отку́да приеха́ли э́ти тури́сты.
5) Мы зна́ем, с кем Ната́ша ходи́ла вчера́ в кино́.

第36課－2　p.296

1) потому что　おととい僕はスケートを（することが）できなかった。なぜなら僕は両足が痛かったからだ。（両足が痛かったので，おととい僕はスケートができなかった。）
2) когда　給料を受け取ったら（もらったら）僕は妻とフランス料理のレストランに行きます（行くでしょう）。
3) потому что　私は話していますが，夫は黙っています。なぜなら今彼はテレビでサッカーを見ているからです。
4) Когда　私たちが家に向かって歩いていた（家に帰っていた）時，突然雪が降りだした。

第37課－1　p. 299

1) Е́сли бы за́втра у меня́ бы́ло свобо́дное вре́мя, я пое́хал/пое́хала бы в Диснейле́нд.
2) Е́сли бы у меня́ бы́ли де́ньги, я купи́л/купи́ла бы но́вую япо́нскую маши́ну.
3) Е́сли бы за́втра была́ хоро́шая пого́да, мы пошли́ бы ката́ться на конька́х.

第37課－2　p. 301

1) пригласи́ть　2) жи́ли　3) жить　4) узна́ть　5) был　6) пришли́

第37課－3　p. 303

1) Андре́й сказа́л, что вчера́ он ката́лся на конька́х.
2) А́нна сказа́ла, что она́ лю́бит слу́шать му́зыку.
3) Ната́ша всё время говори́т, что ей на́до отдыха́ть.
4) Врач сказа́л моему́ отцу́, что ему́ нельзя́ кури́ть.
5) Мой друг сказа́л мне, что он ку́пит биле́ты в теа́тр.
6) Моя́ мла́дшая сестра́ говори́т, что она́ хо́чет стать актри́сой.
7) Мой друг спроси́л меня́, приду́ ли я к нему́ сего́дня ве́чером.
8) Мари́я спроси́ла Ива́на, есть ли у него́ ста́рший брат.
9) Преподава́тель сказа́л студе́нтам, что́бы они́ посмотре́ли э́тот фильм.

第38課　p. 307

1) Я зна́ю пиани́ста, [кото́рый] №1 учи́лся в Москве́.
私は，モスクワで学んだピアニストを知っています。

2) Я зна́ю симпати́чную де́вушку, [кото́рая] №1 рабо́тает в кафе́.
私は，カフェで働いている感じの良い娘さんを知っています。

3) Я не зна́ю сло́во, [кото́рое] №4 вы сейча́с сказа́ли.
私はあなたが今おっしゃった単語を存じません。

4) Э́то студе́нт, [кото́рого] №2 не́ было на уро́ке.　これは授業にいなかった学生です。

5) Это студе́нт, [кото́рому] №3 я дал свой слова́рь.　これは私が自分の辞書を貸した学生です。

6) Вчера́ я был у дру́га, с [кото́рым] №5 я учи́лся в шко́ле.
昨日私は，ともに学校で学んだ友人のところにいました／友人のところへ行ってきました。

7) Вчера́ я говори́л со студе́нткой, [кото́рая] №1 у́чится на на́шем факульте́те.
昨日僕は，われわれの学部で学んでいる女子学生と話をした。

8) Э́то журнали́стка, [кото́рой] №3 я звони́л позавчера́.
これは僕がおととい電話をしたジャーナリストです。

9) Я о́чень люблю́ свою́ мла́дшую сестру́, [ко́торую] №4 зову́т Мари́я.
僕はマリーヤという名の僕の／自分の妹が大好きです。

10) Э́то о́чень популя́рная певи́ца, о [кото́рой] №6 мы говори́ли.
これは私たちが話題にしていた，とても人気のある歌手です。

11) Вчера́ у меня́ бы́ли друзья́, [кото́рых] №4 вы зна́ете.
昨日僕のところには，あなたがご存じの友人たちがいました／やってきました。

12) Я была́ в кино́ с друзья́ми, [кото́рые] №1 у́чатся в на́шей гру́ппе.
私は，私たちのグループで学んでいる友人たちと映画に行ってきました。

13) На приёме в росси́йском посо́льстве в Япо́нии мы познако́мились с изве́стными российскими писа́телями, [кото́рые] №1 пи́шут интере́сные расска́зы.
私たちは駐日ロシア大使館のレセプションで，面白い（短編）小説を書いている著名なロシアの作家たちと知り合いになりました。

徳永 晴美（とくなが　はるみ）※性別はM

日露会議同時通訳者，上智大学外国語学部ロシア語学科元教授，朝日新聞客員。

福岡県立戸畑高等学校卒業後ソ連に留学。1970 年，ルムンバ大学（於モスクワ）歴史・文学部修士号（MA）取得終了。ソ連ロシア語国家試験 A 合格。

帰国後ソ連紙「トルード」,「ノーボスチ」通信社東京支局勤務。78 年よりフリー同時通訳者。80 年，初代ロシア語通訳協会会長就任。88 ～ 92 年，NHK・TV ロシア語講座講師。88 ～ 90 年，通訳ガイド国家試験・ロシア語試験委員会主任。92 ～ 95 年，朝日新聞モスクワ特派員。帰国後 2002 年まで，朝日新聞東京本社の総合研究センター主任研究員。2002 ～ 12 年，上智大学教授。02 ～ 14 年，日本国外務省および駐日ロシア連邦大使館にて通訳特別研修講師。2018 年 10 月～ 2019 年 3 月末まで NHK ラジオ「まいにちロシア語応用編」講師を勤める。

露語修士論文:『劇作家チェーホフの技巧（“カモメ” から “三人姉妹” へ）』。著書『実務のロシア語 I・II』,『ロシア・CIS 南部の動乱―岐路に立つプーチン政権』,『ロシア語通訳コミュニケーション教本』。他に『日常ロシア語会話ネイティブ表現』（監修),『ロシア語会話とっさのひとこと』（総監修),『ロシア語版　日本案内』（総監修）など。趣味はロシアの TV 討論番組をネットサーフィンすること。

[ロシア語校正] **タチヤーナ・シプコーヴァ**

極東連邦大学卒：言語学専攻（専門：ロシア語教授法)。2013 年 10 月来日。2016 ～ 2017 年，上智大学外国語学部ロシア語学科非常勤講師。2017 年 4 月～ 2017 年 9 月，NHK ラジオ毎日ロシア語講座「声に出して覚えるロシア語」講師。2017 ～ 2021 年, 立教大学非常勤講師。2022 ～現在，大阪公立大学非常勤講師／ 4 月よりバイリンガルの子供向けにロシア語教室を開校。著書：『まいにちロシア語・応用編―日本へようこそ！』

[校閲協力] **野口 福美 ／ 森田 令子 ／ 清水 陽子**

入門 ロシア語の教科書

2023 年 12 月 1 日　初版第 1 刷発行

著　者　徳永 晴美
制　作　ツディブックス株式会社
発行者　田中 稔
発行所　株式会社 語研
〒 101–0064
東京都千代田区神田猿楽町 2–7–17
電　話 03–3291–3986
ファクス 03–3291–6749
組　版　ツディブックス株式会社
印刷・製本　シナノ書籍印刷株式会社

ISBN978-4-87615-397-8 C0087
書名　ニュウモン ロシアゴノキョウカショ
著者　トクナガ　ハルミ

定価：本体 3,000 円＋税（10%）[税込定価 3,300 円]
乱丁本，落丁本はお取り替えいたします。

株式会社語研 GOKEN
語研ホームページ https://www.goken-net.co.jp/

本書の感想は
スマホから↓